城市社会的哲学自觉
——人文城市学（第二卷）

Philosophy of Urban Society:
Human Urbanology (Vol. II)

陈 忠 著

復旦大學 出版社

国家社科基金后期资助项目出版说明

后期资助项目是国家社科基金设立的一类重要项目,旨在鼓励广大社科研究者潜心治学,支持基础研究多出优秀成果。它是经过严格评审,从接近完成的科研成果中遴选立项的。为扩大后期资助项目的影响,更好地推动学术发展,促进成果转化,全国哲学社会科学工作办公室按照"统一设计、统一标识、统一版式、形成系列"的总体要求,组织出版国家社科基金后期资助项目成果。

全国哲学社会科学工作办公室

目 录

导论：城市社会，需要何种哲学自觉？ …………………………… 1

第一章　城市社会的文明本性 ………………………………………… 7

第二章　城市社会的文明效应 ………………………………………… 26

第三章　城市社会的空间逻辑 ………………………………………… 41

第四章　城市社会的空间权利 ………………………………………… 51

第五章　城市社会的政治逻辑 ………………………………………… 63

第六章　城市社会的正义问题 ………………………………………… 89

第七章　城市社会的主体性问题 ……………………………………… 103

第八章　城市社会的共同体问题 ……………………………………… 120

第九章　城市社会的生态问题 ………………………………………… 134

第十章　城市社会的生活逻辑 ………………………………………… 145

第十一章　城市社会的文化逻辑 ……………………………………… 152

第十二章　城市社会的情感逻辑 ……………………………………… 166

主要参考文献 …………………………………………………………… 178

后记 ……………………………………………………………………… 183

导论：城市社会，需要何种哲学自觉？

一

回顾文明史、思想史，哲学的一个重要功能或者说存在理由、存在合法性，是其能够为人们把握复杂世界、推进文明创造提供相对简捷、可靠、有确定性的知识、方法、理念、信念。在人类文明推进的过程中，面对日益复杂的自然、社会、世界，不同样态的哲学将多样的对象世界归类于、认定为某个元素、某些要素、某种状态、某种结构、某种来源，为人们提供了关于自然、社会与人生的构成规律、演变趋势、行为准则。人们通过不同的哲学家发现、总结、使用的知识、方法、理念、信念，可以更好地思考、行动、生活。正因为如此，哲学不断获得、证明其存在的合法性，成为人类思想、人类文明必要、必需的组成部分。

伴随文明的进步，通过不断的探索、积累，人们不断发现、发展出针对不同对象、不同领域的专业、学科，这些分门别类的多样知识、专业方法，为人们认识和改造世界、进行生产和生活，提供了更有针对性、更为便捷高效的知识、方法、工具。哲学的作用似乎日渐式微，似乎在不断丧失其存在的合法性，诸多曾经辉煌的哲学成为只有少数人需要、少数人传承的文明遗迹、思想遗产。虽然，人们会把其尊为经典，但却很少有时间、有冲动去问津这些经典。在专业化、学科化的时代，哲学遭遇了深刻的合法性危机。

如果不断专业化、分门别类化的知识与学科体系，能够解决所有问题，满足人的所有需要，有没有哲学其实无关紧要。但问题在于，当这个世界日益人工化，日益被更为精细地划分为多种专业领域，并不断加速变化时，这个世界的复杂性、偶然性、不确定性、异化性、风险性也在日益增强。人们需要对这个日益人为、多样、复杂世界的总体性、目的性、价值性、趋势性等进行新的确认，也需要在新的科学世界语境下重新具体探索、具体确认人与世界的终极关系、人自身的终极追求等问题。而目前专业化的知识生产体系无法承担、完成这些任务。这个复杂世界，仍然需要能够结合具体考虑普遍，结合有限思考无限,结合事实思考价值,为人们提供整体图景、超越式智慧的哲学。在这个意义上,哲学智慧始终为人们、为这个世界所需求,不断复杂化的世界会不断催生新的哲学。

但是,哲学总会存在、人们总会需要哲学,不等于所有样态的哲学都会永远存在,永远有其存在的合法性,不等于哲学可以固化、凝固,可以以不变应万变。从结果看,哲学往往呈现为一种总体性、一般性、普遍性、无限性的知识、方法、理念、信念,但这种一般性的知识从来不可能脱离具体而产生、存在,所有为人们所认同、接受、给人教益的哲学从来都是从鲜活的具体生活、具体世界出发的。并不存在一种终极样态的哲学,一种公式哲学、通用哲学、普适哲学、永恒哲学。这个世界需要哲学自觉,但不需要抽象的哲学自觉;这个世界需要哲学,但不需要抽象的哲学。离开了生活、离开了具体,哲学什么也不是。

哲学只能通过对具体对象、具体领域、具体问题的关注与追问,才能实现人们所希望、理解、需要的一般性、总体性、普遍性、无限性。也就是说,没有对具体对象、特殊问题、个别领域、有限实在的切入与追问,哲学无法成就其一般性、总体性、普遍性、无限性。在这个意义上,哲学也就是一种在具体中发现一般的思维方式、思维理念、精神追求。所有形态的哲学都是具体的,是立足其所遭遇、进入的具体而不断追求、追问普遍的态度、方法、理念、素质、信念。哲学是一种立足具体的总体性知识、立足特殊的普遍性方法、立足有限的无限性追问。

反思历史与现实,所谓哲学的危机,其本质是某种哲学样态、某种哲学方法、某些哲学从业者的危机。一些形态的哲学之所以走向衰落、成为少有人瞻顾的知识遗产、思想遗迹,其重要原因,正在于这些形态的哲学虽然承担过其时代使命甚至辉煌一时,却没有随着时代主题、历史语境的变化而发展,没有立足新的具体对世界进行新的总体性反思。一种样态的哲学之所以能够为人们所认可,其根本原因正在于这种哲学切入了当下时代的具体对象,并通过反思、反省具体对象通达了普遍与一般。哲学永远在路上,脚步一旦停下,就可能成为遗迹。只有不断进入新的具体,哲学之树才会常青。

二

城市是多样异质文明要素的空间化聚集。大量异质要素在有限空间中的加速聚集、加速演变,使我们所处的世界呈现前所未有的复杂性。城市社会的构成要素是高度人工化的,即使是城市中的植物、河流、山峰等自然要素,也是人们选择、营建、改造而成的景观,而不再是未经人化的自然物。城市社会的构成单元、构成领域不断增加、不断裂变并相互纠结,科学技术、生产方式、交换方式、沟通方式、生活方式、知识形态、情感方式日益多样,人们需要同时性地从属于多样的社会关系,同多种多样的不确定对象、不断产生的新事物打交道。城市社会在为人们创造更为文明生活的同时,也使人们面临、遭遇更多的不确定性、变动性、偶然性。

面对这个不断变化的复杂城市社会,这个前所未有的新具体、新对象,人们亟需新的总体性关照。虽然已有社会学、经济学、建筑学、政治学等学科也在努力把握城市社会,但作为一种总体知识、确定的方法、可靠理念的城市知识、城市方法、城市理念仍未形成。知识需求与知识供给在城市社会这个问题上存在严重的不平衡性,这在客观上为城市哲学的生成提供了动力与可能。城市社会是文明发展的新阶段,是知识生产的新语境、新具体。面对这样一个同每个人的生活、命运都息息相关的城市社会,哲学应该有所作为。

但是,城市社会需要哲学思考,不等于已有的哲学就天然具有切入、介入城市社会的能力和资质。面对城市社会这个新的高复杂对象,不仅是哲学,包括社会学、政治学、经济学等既有的学科,都不天然具有切入的资质。表面化、形式化的城市研究,特别是城市哲学研究,只是把已有的理念、方法、知识套用于城市社会,在城市问题这个新对象上阐述已有的概念、方法、理念,比如,认为城市是社会关系的总和,是内容与形式的统一,是社会存在与社会意识的统一,是精神与实在的统一,是对象性存在或意向性存在、资本性存在、经济性存在等。

这种所谓的城市哲学研究,其实质是一种"照镜子"式的研究,是通过一面旧镜子反观一下新对象的表象。由于没有进入、深入城市社会、城市问题这个对象的机理,这种"照镜子"式的研究不可能为人们提供真正有价值的城市方法、城市知识、城市理念,不可能获得知识合法性。只有走出既有知识体系、知识藩篱,真实切入城市社会,直面其问题,揭示其机理,才有可能形成新的概念、方法、理念,才有可能逐渐建立起真正有意义、价值、城市合法性的城市哲学。

具体进入城市社会,不是陷入琐碎、碎片化的城市问题,而是需要结合城市问题,重新追问人的命运变迁、关系转换、权利遭遇,重新追问什么是城市语境下的合理人性假设、价值追求、行为选择、情感方式,重新追问什么是历史与逻辑相统一、事实与价值相一致的城市社会及营建方式。城市哲学的重要任务,是使城市营建、城市研究走出与人无关的状态。

一方面,城市哲学需要立足城市,对什么是人文、什么是合理的人文精神进行追问,推动人文精神从无约束的主体性走向有约束的主体性;另一方面,城市哲学更需要以经过反思的人文性,对什么是合理的城市社会、如何营建合理的城市社会,进行总体性的人文与价值追问。在根本上,城市是由不断发展的人所营建,也会根本性地影响人的发展、生存、命运。在这个意义上,城市哲学也就是一种人文城市学,一种以经过反思的人文精神对城市本性进行追问、对城市发展的规律进行人文确认的方法、理念。

哲学是一门独特的"具体"科学,一门在新具体中生成普遍知识的"具体"科学。城市哲学是一种"具体"哲学,一门面对城市社会这个新具体,在对具体城市问题的反思中对什么是合理的城市性、人文性进行反思的"具体"哲学。城市社会需要哲学自觉,需要一种"具体"、有合理人文底蕴的哲学自觉。

三

本书是对城市社会进行哲学研究的一种"具体"尝试,希望从人文视角真实切入城市社会这个具体对象。全书共12章,按照从实到虚、从外在到内在、从宏观到微观的思路,涉及了当代城市社会六个方面的问题。

一是城市社会的文明属性问题——城市与文明的关系问题。城市是文明推进的核心载体、核心标志,不断的文明化又是城市发展的重要方向。文明总是以聚集、城市的方式进行,在这个意义上,没有城市,也就没有文明,没有城市,文明的发展将失去载体;同时,没有文明也就没有城市,离开了一定的文明基础,没有对更合理的文明的追求,城市发展将失去目标。具体揭示城市的文明本性以及文明的城市本性,揭示城市文明的多样性、共同性及其综合弹性,具体揭示城市之文明效应的复杂性、多维度性,对于呈现、把握城市社会的本质具有基础意义。第一章和第二章主要讨论以上问题。

二是城市社会的空间属性问题——城市与空间的关系问题。在有形、感性这个意义上,城市由多样的空间构成,城市发展的过程也就是不断营建与更新多样空间的过程。以列斐伏尔(Henri Lefebvre)、苏贾(Edward W. Soja)、哈维(David Harvey)等学者为代表,从空间生产的角度研究城市、城市社会已经成为城市研究的一个流派。如何在已有研究基础上,更为具体地深入空间生产的问题,而不是重复已有研究,不断地重新指认城市发展也就是空间生产,是当前城市哲学面临的一个重要挑战。本书的第三、第四章,对城市社会的空间拜物教问题以及空间生产中的权利黏性问题进行了探索。希望这种从问题出发的探索,能够对深化空间生产这个维度的城市研究有所助益。

三是城市社会的正义属性问题——城市与政治的关系问题。城市天然具有政治性,城市作为多元异质主体的聚集体,必然以政治的方式实现秩序、配置利益;同时,政治也天然具有城市性,政治生成于多样异质主体的交往、碰撞,正是在城市这个场域中,政治真正生成、不断发展。政治的核心价值是正义,一个没有正义底蕴的城市,必然不可持续;但正义又是具体的,虽然人们都追求正义,但在不同样态的城市社会,人们会具有不同的正义观;从等级、固化的正义走向流动的差异性正义,从宏观正义走向微观正义,是城市正义、城市政治的重要走向。本书第五、第六章反思城市社会的政治与正义问题。

四是城市社会的人性基础问题——城市与主体性、共同体的关系。人是城市的主体,既是城市的创造者,也是城市发展的目的;作为城市主体的人,是个体导向的主体性与整体导向的共同体的统一。本书的第七、第八章从主体性与共同体这两个方面反思城市社会的人性论基础。城市社会的推进为主体性的成长提供了更多可能,也对主体性的传统内容提出了挑战;不断出现的城市问题要求人们对主体性进行有限性确认,从无约束的无限主体性走向有约束的有限主体性。虽然个体性的成长是城市社会的重要特点,但无论如何,共同体却始终是人类的终极命运;城市社会生成了多样的共同体,人们日益同时性地关联、归属于多样的共同体,这是城市社会的重要特点。

五是城市社会的生命本质问题——生态城市的合理营建问题。城市是一种整体性存在,这种整体性既涉及社会要素,也涉及自然要素。早期的城市建设会更为强调人以整体的方式从自然中独立出来,以实现安全、发展、生活的统一;现代城市发展则日益注重引入自然要素,以营建更为完整的美好生活。第九、第十章对城市社会的生态营建、生命本性进行思考,认为城市社会是多要素、多系统构成的有机体、生态体、生命体。城市所涉及的自然、社会、技术、空间、制度等要素间,是一种相互支撑、相互制约的复杂的生命、生态关系;城市存在的功能与目的不仅仅是生产;城市作为生态体、生命体的重要目的是人们可以在其中安全、幸福地生活;生态性与生命性、生态意识与生活意识的统一,是城市社会可持续的重要基础。

六是城市社会的文化属性问题——城市与情感的关系问题。文化研究是一种自觉、反思的总体性研究。对城市社会而言,推进文化研究的意义,不仅在于凸显了城市是一个文化体,应该以文化产业等形式满足人们的文化需要,更在于提醒人们需要对城市的成就、问题、危机等进行自觉的总体性反省。本书第十一章对城市社会的文化逻辑进行探索。当人们开始关注情感这个人的深层需要时,说明城市社会的推进已经取得了巨大的成就。但什么样的情感才是城市社会的合理情感?情感在城市社会是否可以无所约束?如何培育更为合理、健康的城市情感?本书的第十二章对城市社会的情感逻辑进行反思。

实与虚、外在与内在、宏观与微观是一种相对、互文的关系。正如没有对部分的把握，也就没有对全体的把握，反之亦然。读者可以按照自己的兴趣，从本书的任何一章进入，不一定要从第一章开始，比如，从最后一章开始就是一种不错的阅读策略。

第一章　城市社会的文明本性

我们正在步入城市社会，如何实现城市社会的健康良性可持续，成为当代中国面临的一个重大课题。强调文明多样性对城市发展的意义，是当代城市研究中的一个重要趋势。但问题在于，一方面，城市社会的重要特点是文明多样性，多样异质文明是城市社会生成、发展、转换的重要动力；另一方面，城市社会又日益走向区域及全球性的命运共同体，日益需要多样文明要素与文明样态之间的融合、整合与和谐。本章尝试从城市哲学与文明批评史的角度，对城市社会与文明多样性、命运共同体的关系进行反思，以期推动城市研究、文明研究等的进一步深化。

一

城市是多样异质文明的空间化聚集、结构化整合，城市与文明共生。在斯宾格勒(Oswald Spengler)看来，"世界的历史即是城市的历史"[①]，"所有伟大的文化都是城镇文化"[②]。在雅各布斯(Jane Jacobs)看来，文明史也就是城市史，文明具有深刻的城市性。她甚至认为，城市起源于农业革命以前。"包括农业劳动在内的农村经济，乃是直接建立在城市经济和城市劳动的基础之上的。"[③]在苏贾(Edward W. Soja)看来，城市的重要特点是聚集，人类的文明正源于这种聚集，没有城市及其聚集效应，也就没有人类文明的产生及其推进。"都市历史和都市社会性发展（都市活动的历史和社会特性）则典型地有优先性。"[④]也就是说，"尽管城市与文明并非完全是同一事物，但城市确有一种独特的力量来强化和象征性地表达文明"[⑤]。城市与文明的贯通性、共生

---

① 〔德〕斯宾格勒：《西方的没落》，第二卷，吴琼译，上海：上海三联书店，2006年，第83页。
② 同上书，第79页。
③ 〔美〕简·雅各布斯：《城市经济》，项婷婷译，北京：中信出版社，2007年，第2页。
④ 〔美〕Edward W. Soja：《后大都市：城市和区域的批判性研究》，李钧等译，上海：上海教育出版社，2006年，第11页。
⑤ 〔美〕约翰·J. 马休尼斯、文森特·N. 帕里罗：《城市社会学：城市与城市生活》，姚伟、王佳译，北京：中国人民大学出版社，2016年，第207页。

性,日益得到考古学、历史学及文明史研究的证明。城市不仅在本体论上与文明具有同一性,也在方法论上为人们认识历史和文明提供了一个综合性的视域。在城市与文明的共生、互动、共进中,城市社会是人类社会发展的重要趋势。在列斐伏尔看来,人类已经深刻地进入了城市社会,需要对城市及城市社会的特点进行更为具体的把握。不同领域的学者对城市、城市社会的特点,特别是城市社会的文明效应进行了反思。诸多城市研究主要围绕文明多样性这个线索展开。

在雅各布斯看来,文明多样性是城市的重要特点,也是经济与社会创新、发展的重要机制和动力。雅各布斯从谋生方式与经济运行这个维度揭示了城市与文明多样性的关系。在她看来,"事实上,持续发展、相互依赖和独具创造性的城市经济为多种产业的出现创造了条件"①。城市是多样谋生方式与生活方式在特定空间的聚集。造成这种聚集的原因是多样的,甚至有一定的偶然性,但这种多样文明要素的聚集一旦产生,就会成为生产与生活进一步多样化的前提。正是在聚集与多样的不断互动中,人类社会不断进步、文明进程不断加速。"在城市这一聚居地中,新的工作增加到旧的工作中,从而使劳动分工更加多样化;城市的发展正是依托于这一过程。"②

对本特利(Jerry Bentley)等全球文明史专家而言,文明多样性是城市的题中应有之义。文明多样性主要指以城市为场域、核心的社会领域与社会功能的专业化分划及其空间共在,即专门化、专业化的管理、宗教、谋利、交易等功能在城市中或者以城市为中心的多样共存。社会领域、社会功能的分划、多样化,使人类社会成为一种复杂性社会。"通过政治、经济、社会和文化上的组织,复杂社会可以在一个广泛的地域内塑造人们的生活。"③政治权威和管理部门、社会分化与阶层分化、文化传统与教育体系等多样领域的全面生成与演进,使城市逐渐成为发展的极点、文明的标志。

城市的重要功能是满足人的多样需要,一个成功的城市,必然是能够全面满足人的安全、富足、信仰等需要的所在。在科特金(Joel Kotkin)看来,考察成功的城市,"有三个关键因素决定了这些城市的全面健康发展,即:地点的神圣,提供安全和规划的能力;商业的激励作用。在这些因素共同存在的地方,城市文化就兴盛;反之,在这些因素式微的地方,城市就会淡出,最后被

---

① 〔美〕简·雅各布斯:《城市经济》,项婷婷译,北京:中信出版社,2007年,第26页。
② 同上书,第94页。
③ 〔美〕杰里·本特利、赫伯特·齐格勒:《新全球史》,魏凤莲译,北京:北京大学出版社,2007年,第2页。

历史所抛弃"①。科特金其实揭示了人的多样需要与城市多样文明之间的深层结构性对应，认为，只有可以全面满足人的多样需要的城市，才会成为成功、持续的城市。一方面，人的多样需要会催生多样的城市、多样的文明；另一方面，多样的文明、多样的城市又会进一步生成人的多样需要。

人文地理条件是城市文明多样性生成的一个基本原因。在诺克斯（Paul Knox）看来，"城市地理学通过与城市相关的要素，如空间、地域性、距离和地方，形成连贯独特的研究框架。对于地理学家来说，空间不能被简单地看作是一个用于表述经济、社会、政治和历史进程的媒介。它本身也是影响城市发展模式和城市内不同社会群体差异的内在本质的重要因素"②。城市、文明及其多样性具有深刻的人文空间性、人文地理性。农业革命及第一次城市革命之所以在冰川期结束后才逐渐发生，在很大程度上源于冰川的消退、生态环境的改变，为人们的生存、劳动与生产提供了较为适宜的环境。生态的多样性是文明多样性的一个重要成员，随着人对地理环境的改变，人文地理、生态文明又逐渐成为构成文明多样性的一种重要因素。

分工是城市社会的特点，也是推动城市社会文明多样性不断深化的深层原因。城市是对多样人群等的聚集，而聚集又会导致新的多样性。在这种互动中，劳动分工的推进，是推动城市更为多样化的深层原因。正如芒福德（Lewis Mumford）所认为的，"所有这些情况都着重表明了城市的一个更为普遍的特性：它能以专门化的、职业性的、集体的形式解决人类的各种需求，这种形式所形成的终生职业分工是人们以前所不曾料想过的"③。分工的不断深化、细化、专门化，是产业不断多样、社会关系不断多样、社会空间不断多样、社会情感不断多样的重要社会实在论原因。

城市由人所创造，主体性是理解城市文明多样性生成的重要维度。在林奇（Kevin Lynch）看来，人们对同一城市的心理经验与主体意向并不相同，而是多样的。在《城市意象》一书中，林奇的本意是希望研究影响城市可读的原因，推动城市规划师把提高城市的可读性，提高城市的视觉品质作为城市设计的重要理念。但林奇却在客观上揭示了不同的人群对同一城市在主体感受及意象形成上的不同，深刻揭示了城市心理、城市感受、城市诠释

---

① 〔美〕乔尔·科特金：《全球城市史》，汪旭等译，北京：社会科学文献出版社，2006年，第5页。
② 〔美〕保罗·诺克斯、琳达·迈克卡西：《城市化》，顾朝林、杨兴柱、汤培源译，北京：科学出版社，2009年，第2页。
③ 〔美〕刘易斯·芒福德：《城市发展史——起源、演变和前景》，宋俊岭、倪文彦译，北京：中国建筑工业出版社，2005年，第113页。

的多样性,"即使城市的形态能够容易地互相仿照,但其各自的意蕴也完全不同"①。

文明多样性对城市的生成和发展具有重要作用。城市是对已有多样文明的聚集,多样文明在城市中会发生碰撞、竞争、融合、整合,并可能进一步多样化。韦伯(Max Weber)认为,多样性是城市之所以成为城市的一个重要条件。城市的"另一个特征大概可以说是所经营的行业的某种程度上的'多样性'"②,在他看来,以不断发展的分工为特点的经济多样性,是推动城市全面发展的重要力量,也是推动社会从道德社会、礼俗社会向理性社会、法理社会转换的重要力量。对《城市的胜利》的作者格莱泽(Edward Glaeser)而言,多样性的城市效应在总体上是正向的,"城市提供了合作的可能,尤其是共同创造作为人类最为重要的创造的知识"③,"城市为那种能够让人类最大限度地发光发热的合作提供了可能"④。

但文明多样性的城市效应也有其问题性、负面性。在芝加哥学派的代表人物帕克(Robert Ezra Park)看来,以多样性为特点的城市在为人们带来机会,为人们提供更多自由空间的同时,也造成了社会分离,并放大了人性的善良与丑恶。"城市生活的一个很大特征就是,各种各样的人互相见面又互相混杂在一起,但却从不互相充分了解。……他们之间的阶级和职业差别如此之大,以致在同一个城市环境中,他们各自完全可以独自居住在一起,其封闭之严密并不亚于僻远的农村社区。"⑤在这样一个分工多样的社会,人们之间"完全生活在相互依存的状态,而不是生活在情感亲密的状态中"⑥。城市为好人,也为坏人及所有类型的人提供了机会,"在城市中,各种类型的人物都可以各得其所,他们不论是变好还是变坏,他们的气质和天才总会得到一个机会去展示"⑦,"城市把人性中过度的善与恶都展示出来"⑧。

涂尔干(Émile Durkheim)、西美尔(Georg Simmel)等也对城市多样性的可能问题进行了揭示。涂尔干认为,城市让不同类型的人聚集起来,"个人和社会行为规则变得如此微弱、混乱,使得一些人感觉孤独、困惑或不知道该如

---

① 〔美〕凯文·林奇:《城市意象》,方益萍、何晓军译,北京:华夏出版社,2001年,第6页。
② 〔德〕马克斯·韦伯:《经济与社会》,下卷,林荣远译,北京:商务印书馆,1997年,第568页。
③ 〔美〕爱德华·格莱泽:《城市的胜利》,刘润泉译,上海:上海社会科学院出版社,2012年,第228页。
④ 同上。
⑤ 〔美〕R. E. 帕克、E. N. 伯吉斯、R. D. 麦肯齐:《城市社会学——芝加哥学派城市研究》,宋俊岭、郑也夫译,北京:商务印书馆,2012年,第27页。
⑥ 同上书,第29页。
⑦ 同上书,第43页。
⑧ 同上书,第46页。

何做,而有一些人容易挑战或无视社会规则"①。西美尔认为,"人们之间发生那么多的关系是为了追逐生存、财富、地位、权力、性欲和精神本能等目标"②。这种批评性思路为哈维、卡斯特(Manuel Castells)所延续。在哈维、卡斯特看来,在当代城市空间、社会、文化等多样化的背后,其实是以资本逻辑为主导的城市社会运行逻辑的单一化,社会的两极化。哈维认为,当代城市社会的深层运行逻辑是资本对利益的追求。城市作为空间生产只不过是资本新开辟的一个领域而已。

反思已有的城市性与文明多样性研究,可以发现这样几个特点和问题。

其一,不同的研究者虽然进路不同,但基本上把城市性等同于文明多样性,这当然有其道理与价值:抓住了城市的重要特点、城市社会运行的重要趋势,并符合人们希望在城市中获得更多自由、机会的愿望。但问题在于,如果正如雅各布斯、芒福德等所认为的,城市起源于各种原因所导致、引致的城镇联合、文明聚集,那么,这种聚集和联合是否仅仅意味着多样性?多样性能够聚集在一起,是否意味着存在一种作为底蕴的文明共同性支撑、保障城市的起源与发展?

其二,系统、自觉的城市研究是相对晚近的事情,只是到了工业革命相对成熟、城市问题日益突出的时期,特别是近几十年,人们才开始较为系统的城市研究,而这种研究的一个重要文化与价值背景,就是启蒙运动以来以近代自由、平等为底蕴的价值观。这种价值观有其重要意义,但其问题也在逐渐显现,日益受到质疑并需要进一步反思。但目前的城市研究者,除了芒福德等少数学者对近代启蒙有所反思外,基本上没有或没有条件对城市研究的价值底蕴进行自觉的反思。这无疑阻碍了人们对城市性的全面揭示。

其三,从文明多样性这个维度揭示城市性离不开对文明本身的历史反思、哲学批评。目前的城市性研究,基本上没有对文明、文明性本身进行系统的反省与反思,而主要是一种相对外延式的文明研究,是当代文明问题压力下的一种城市研究进路。"二战"以来,文明与文明史研究的一个重要主题与趋势是如何发现不同文明体具有平等的历史与现实主体地位,如何证成文明史本身是一部多样文明的历史。这种以多样性为目标的研究,对推翻当代帝国霸权以及影响仍然深远的帝国思维、霸权思维当然意义重大。但问题在于,人类历史、世界文明史、世界城市史,是否仅仅是一部文明多样性的历史?

---

① 〔美〕保罗·诺克斯、琳达·迈克卡西:《城市化》,顾朝林、杨兴柱、汤培源译,北京:科学出版社,2009年,第440页。

② 同上。

把不同文明的平等性单纯地等同于文明的多样性,是否符合历史本身,是否会导致新的问题?

我们认为,城市性研究、文明性研究应该深层化。对城市社会研究而言,一方面,需要对文明多样性进行更为深入的研究,揭示多样性本身的结构、本质、转换;另一方面,在揭示城市社会之文明多样性的同时,也需要从城市哲学与文明批评史的角度,具体揭示城市社会的文明共同性,揭示城市社会作为地方共同体、区域共同体、全球共同体的特点、趋势和走向。

二

文明不仅具有丰富的多样性,也具有深刻的共同性。文明共同性和人在本性、价值、需要等方面的共同性内在相关、相互生成:或生成于人类具有共同的起源与生理构成,或生成于人们之间的相互交往、交换,或生成于人们之间日益细化的相互依赖,或生成于人们需要面对共同的问题与风险。文明共同性体现在生态、制度、价值、意义等方面,是人类社会运行的深层存在论底板。城市社会的文明共同性,生成或表现在生态、秩序、社会、意义等诸多方面。

城市社会具有生态共性,是一种生态机遇、生态挑战、生态危机三重意义上的生态共同体。从起源上讲,城市是适宜地理气候的自然造物,也是人们共同应对生态环境挑战的社会创造物。"人类最终向城市文明发展过程中的决定性的一步来自外部刺激,即公元前 7000 年左右,末次冰期结束以来的气候变化。"① 生态与气候变化所形成的相对优越的自然条件,为人们进入农耕时代,进行城市革命提供了重要基础。为了在既相对适宜又充满挑战的环境中生存下来,人们历史性地选择了以城市等为载体联合起来进行共同的创造。当代城市社会语境下,不断拓宽与深刻的城市化,已经对自然生态造成了严重的破坏,已经危及到人类自身的存在和发展,这又要求人们相互沟通、相互协调、共同应对。

城市社会具有社会共性,是一种具体的主体间性存在,一种主体间性意义上的共同体。一方面,城市社会对传统社会的整合方式具有破坏作用;另一方面,城市社会又必然有其特定或者说具体的新型社会共性。滕尼斯(Ferdinand Tönnies)把农业社会、乡村的社会连接方式称为共同体,也就是以血缘、地缘为主要纽带的社会关系;而把以城市为场域、以职业为纽带的社

---

① 〔英〕A. E. J. 莫里斯:《城市形态史》,上册,成一农等译,北京:商务印书馆,2011 年,第 22 页。

会连接方式称为社会。虽然,滕尼斯对城市社会的社会连接方式持批评态度,但毕竟,在他看来,在城市语境下,人与人之间的共同性、联系纽带仍然存在。涂尔干则用机械团结、有机团结来指认农村社会与城市社会在社会连接、社会整合方式上的不同。机械团结是一种以个人之间的相似性、非异质性为基础的团结,以礼俗、习惯等为纽带,其社会实在语境是社会分工相对简单、人们生活半径相对狭小的乡村。有机团结则是一种以个体之间的差异性、异质性为基础的团结,其社会实在基础是社会分工相对复杂,人们在更大空间中流动、交往的城市。虽然,两位的观点有所不同,但在他们看来,城市社会都必然存在某种社会共性,是一种具体的社会共同体、主体间性共同体。

城市社会具有秩序共性,是一种以具体的城市机制整合多种资源与要素的结构共同体。城市是大量人口与要素的聚集,这种聚集能够产生效应的重要保障是形成特定的沟通机制、协调机制、整合机制。在弗里斯(Jane de Vries)等看来,城市化是人口城市化、结构城市化、行为城市化的统一。所谓结构城市化,也就是形成协调城市集体行动的主体、渠道与网络。城市化的重要基础内容是推进以集体行动为目的的结构化活动,"进行这些活动是因为人们要求出现协调者(用于协调大规模活动的社会职能,诸如主教、商人、银行家、地方长官)、沟通渠道(使得协调者能够开展工作)以及交叉关系(跨越亲属性、地方性和传统性联系界限的社会关系)"①。虽然,在不同的时代与技术条件下,以秩序、整体行动为目的的结构城市化的具体形式会有所不同,但秩序、结构却是任何一个城市都必须具有的,否则没有一个城市与城市社会能够正常运行,更谈不上发展。

雅各布斯将城市多样性背后的统一性、共同性称为有序性,认为城市社会的生命本质是"有序复杂性"。"城市就像生命科学一样也是一种有序复杂性问题。"②城市的多样性,是一种相互需要、相互交错、相互支持意义上的多样性,而不是一种没有共同性的多样性。"有一个原则普遍存在,并且形式多样、复杂……这个普遍存在的原则就是城市对于一种相互交错、互相关联的多样性的需要,这样的多样性从经济和社会角度都不断产生相互支持的特性。这种多样性的内容可大相迥异,但是它们必须以某种具体的形式相互补

---

① 〔美〕简·德·弗里斯:《欧洲的城市化:1500—1800》,朱明译,北京:商务印书馆,2015年,第14页。
② 〔加拿大〕简·雅各布斯:《美国大城市的死与生》,金衡山译,南京:译林出版社,2006年,第397页。

充。"①人们往往把城市的复杂性、多样性误认为无序性。其实,"城市无序的表象之下存在着复杂的社会和经济方面的有序"②。只有基于城市文明的共同性、有序性,才能真正培育起对城市的尊重与热爱。

城市作为有序多样性存在,在具有私人性的同时日益具有深刻的公共性。在克拉克看来,公共空间、公共福利、公共治理等城市公共性的水平,日益成为衡量城市品质、支撑城市发展的重要基础。克拉克之所以认为欧洲的城市领先于世界,其重要原因正是基于对欧洲城市公共性水平的认定。克拉克(Peter Clark)比较了欧洲城市与北美的城市,认为,欧洲的城市更具公共性,利益与阶层的流动性较强、固化程度较低,城市的包容性、开放性质量都较高,正是这一点使欧洲的城市优越于北美。"在北美洲的城市里,中产阶级更有可能面临向下而非向上的社会流动,与此同时,经济和社会的两极分化现象也在加剧。然而在许多欧洲城市中,社会福利的角色正在发生变化,转而与教育一道为抑制贫困和保持一定程度的社会流动性和社会凝聚力来发挥关键作用。"③城市越发展,其公共性越明显。

城市的文明共同性还表现在城市总是以非孤立的方式存在与发展,总是需要同其他城市进行物质、信息、人口、资源等的交换。弗里斯认为,"城市化有两种截然不同的模式。第一种是城市创建的模式……第二种是城市集中的模式。……在集中模式中,城市增长首先是由迁移,即移入城市的人们供应;在城市创建模式中,向城市类别的转移起到重要的作用:城市化向乡村扩散"④。但不管采取哪种方式,城市化都是以城市体系的方式推进。这就意味着并要求城市间具有一定程度的政治、经济、市场、道德方面的共同性甚至一体化。这种城市之间的政治、文化特别是经济层面的一体化、共同性,对于一个文明体的发展具有至关重要的意义。在弗里斯看来,近代中国城市体系相对落后,是近代中国整体落后的一个重要原因或重要表现。在19世纪"日本、俄罗斯和中国的三个城市网络中,第一个是最有效的网络,'将资源从低水平向高水平移动时效能最低的网络存在于中国'"⑤。构建城市体系意义、层面上的文明共同性,对于城市及城市国家的发展意义重大。

---

① 〔加拿大〕简·雅各布斯:《美国大城市的死与生》,金衡山译,南京:译林出版社,2006年,第10页。
② 同上书,第12页。
③ 〔英〕彼得·克拉克:《欧洲城镇史:400—2000年》,宋一然、郑昱、李陶、戴梦译,宋俊岭校,北京:商务印书馆,2015年,第366页。
④ 〔美〕简·德·弗里斯:《欧洲的城市化:1500—1800》,朱明译,北京:商务印书馆,2015年,第285页。
⑤ 同上书,第282页。

第一章　城市社会的文明本性

城市社会具有深刻的文明共同性,是生态共同体、社会共同体、秩序共同体、体系共同体等的统一。反思城市史,在不同的历史阶段,城市的共同体特性具有不同特点,走向更为合理的城市命运共同体,是城市发展的总体趋势。迄今为止,作为共同体的城市社会,或者说城市的文明共同性,主要经历了三个阶段。

其一,早期城市社会形成于约1万年前的第一次城市革命,并延续到罗马帝国崩溃、中世纪之前,在这个阶段,城市作为共同体,更多的具有政治与军事意蕴。早期城市、古代城市的显性属性是政治共同体。城市由国王或望族统治,其他人则依附于城市统治者,且往往具有人身依附关系。城市共同体的纽带是外部的暴力、宗教、宗族力量,其结构是一个金字塔形式的等级结构、人身依附关系。"在前亚细亚和埃及的古代,城市是要塞和国王或官府所在地,享有国王的市场特权。"[①]"在中国和日本,职业团体可能有'自治',但是城市却没有自治,恰好同农村形成鲜明对照。"[②]君主是神圣权力与宗教权力的统一,城市以君主为共同体的秩序来源。"与此相反,在美索不达米亚和叙利亚,特别是腓尼基,在早期,海上贸易和商旅贸易场所典型的城市国王,有一部分是宗教性质的,但是也有一部分(而且大部分)是世俗性质的,于是在战车作战的时代,在'市政府大厅'里,城市贵族望族的权力同样典型地在崛起。"[③]望族是城市秩序的重要主体。而古希腊等早期西方城市,则更多具有自治的特点,往往并不存在一个统一的国家层面的城市秩序主体,而是不同城市的望族对城市共同体的维系具有重要作用。"正如我们发现在古代,这种情况更加明显一样,那时城市原先就是作为贵族的所在地而产生的。"[④]可以看到,虽然在不同的区域,早期城市社会的特点有所不同,但它们都是一种具有鲜明政治特质的政治共同体。

其二,近代城市社会从中世纪后期开始形成,一直到商业革命、工业革命,这个阶段的城市复兴可以称为第二次城市革命。在这个时期,人们之间的人身依附关系开始松动,人们之间开始从人身依附性的政治纽带,向更多个体自由的经济纽带转换。城市共同体开始向经济共同体转换。在这个阶段,一方面,人们拥有了更多的选择和自由;另一方面,人们包括统治者也必须调整自己,承担必须的税收等义务,以适应新的城市生活。一方面,人们的自由度不断扩展;另一方面,人们之间又以商品交换为基础相互依赖。在这

---

① 〔德〕马克斯·韦伯:《经济与社会》,下卷,林荣远译,北京:商务印书馆,1997年,第586页。
② 同上。
③ 同上书,第587页。
④ 同上书,第595页。

个阶段,城市共同体的主要纽带是利益,社会关系从早期城市的金字塔结构开始向扁平结构转换。正如韦伯所说,"城市市民悄悄地冲破领主的权利——而同所有其他城市相比,这是中世纪西方城市的一种伟大的、本质上是革命的革新"①。社会结构开始出现更多的流动性,"等级的差异在城市里是摇摆无定的,至少在它们意味着一般的自由和不自由的不同时,差异更是摇摆不定的"②。契约成为城市共同体的重要基础。"城市作为一种按强制机构社会化的、拥有特殊的和典型机构的'市民'团体的品质,是具有决定意义的,他们在它的这种品质上隶属于一种只有他们能够企及的共同的法,即他们是'等级内'同一个'法的成员'。"③城市成为经济共同体的重要特征是利益和契约成为人们之间的重要纽带。

其三,商业革命和工业革命,一直到20世纪后期并至今,世界范围的城市化浪潮标志着人类开始了第三次城市革命,进入了当代城市社会。在这个阶段的早期,工业革命的推动,使城市社会的面貌和功能发生了重大变化,出现了一批以大规模生产为特征的专业城市。到了20世纪后期,专业城市出现了危机,人们开始探索以服务业等新型产业为基础的城市化之路。在不断的探索中,一方面,城市在空间、产业、文化等方面更为多样,人们的选择和机会、自由度更大;另一方面,城市也日益成为一种综合性的共同体,人们也日益需要形成、学习、遵守城市规则,承担更多的城市义务。高密度、快节奏、高流动,是当代城市社会的重要特点。这就必然要求人们树立与现代城市的密度、节奏、速度等相适应的共同性的思维与行为规范。"城市,必须作为经济和社会的一部分来观察研究。城市的研究也不能脱离城市历史、经济发展、社会文化以及在世界经济中的地方间日益增长的相互依赖。"④城市社会必须作为一种人们共存、相互依赖的有机共同体来规划、设计、管理。

当代城市化进程在取得巨大成就的同时,也面临着更多的生态、疾病、社会、经济、宗教等危机、冲突,这个城市世界日益成为一种需要大家共同面对、共同建构的命运共同体。这就需要我们具体把握城市社会的文明张力、文明弹性,具体建构一种有弹性的城市社会、城市文明共同体。

三

当代城市与文明研究中的一个基础性问题,是弹性思维相对不足,相对

---

① 〔德〕马克斯·韦伯:《经济与社会》,下卷,林荣远译,北京:商务印书馆,1997年,第594页。
② 同上。
③ 同上书,第595页。
④ 〔美〕保罗·诺克斯、琳达·迈克卡西:《城市化》,顾朝林、杨兴柱、汤培源译,北京:科学出版社,2009年,第2页。

忽视具体揭示城市与城市社会的文明弹性,而是用一种乡村与城市相对立、自然与城市相矛盾、城市与区域相冲突等对立性、非弹性思维认识城市。弹性是一种状态,也是一种能力。有弹性的文明,也就是一种文明、一个文明体能够处理好开放与封闭、多样与统一等复杂关系,能够在复杂关系与环境中,既不断吸纳有利因素,又较好地调适自身、保持自身主体性。一个丧失弹性的文明也就是一种利益固化、体制僵化、关系极化、活力弱化、意识僵化的文明,也就是一种已经或正在丧失应变能力、创新能力、更新能力的文明。

在列斐伏尔看来,城市是一种综合性的韵律存在,一种多要素的复杂有机体,也就是一种弹性存在。韵律是时间、空间、能量的统一[①],是多要素的动态共存、动态互动、动态统一。以单一的要素为基点理解或建构世界,往往导致研究与实践的异化。一个有弹性的城市、文明,必然是一种历史、空间、主体能够有机共存,多样文明要素能够和谐互动的城市体、文明体。列斐伏尔用机体与音乐来比喻文明与城市的这种状态。认为,正如一个机体或一曲音乐,城市的正常状态是一种多因素和谐共处的状态,而这种正常的多样和谐状态,并不能被抽象为单纯的理性或其他单一线索。不能把由多样政治、多样经济、多样文化、多样情感、多样生态构成的弹性城市变成单一样态的政治体,或单一样态的经济体、单一样态的文化体。多样性与共同性的具体、有机并存,是文明弹性、城市弹性的重要内容。

在斯宾格勒那里,文明的周期兴衰往往通过城市的兴衰来体现,而决定城市兴衰的重要原因是具体的城市往往在发展中走向僵化与固化,也就是我们所说的丧失弹性。一个结构开始趋于单一的文明,是没有希望的;同样,一个过分多样的文明,也是没有希望的;而当一种文明从多样走向了极化、固化,回落到文明的单一性时,也必然衰落。斯宾格勒认为,文明的进程是农村到城市,再到世界城市,然后走向衰落,而贯穿这个过程的就是文明的弹性。"如果说文化的早期阶段的特点便是城市从乡村中诞生出来,晚期阶段的特点是城市与乡村之间的斗争,那么,文明时期的特点就是城市战胜乡村,由此而使自己摆脱土地的控制,但最后必要走向自身的毁灭。"[②]"有三个阶段可以清晰地分辨出来——文明从文化中解脱出来;优雅精致的文明形式的产生;以及最后,文明的僵化。"[③]文明走向僵化的空间表现是世界城市的产生,心性表现是人们把理性作为评判一切的标准,也就是从内心到外在都失去了

---

① Henri Lefebvre, *Rhythmanalysis: Space, Time and Everyday Life*, London and New York: Continuum, 2004, p.18.
② 〔德〕斯宾格勒:《西方的没落》,第二卷,吴琼译,上海:上海三联书店,2006年,第95页。
③ 同上书,第96页。

弹性。"文明不是别的,就是张力。"①弹性对文明极为重要。弹性也就是一种有张力的状态,一种既多样又统一的活力、平衡状态。当这种平衡被打破,被一种力量和要素比如理性所左右时,文明与城市就进入了衰落的阶段。斯宾格勒的文明观虽有悲观色彩,但其对文明弹性的理解,却对人们认识文明的本质与趋势有重要启发。

在《城市文化》与《城市发展史》中,芒福德对城市的文明弹性进行了深刻的分析。芒福德认为,现代城市在快速变大、快速增长的同时,往往会丧失其弹性,变成由单一逻辑主宰的异化存在。在理想与历史、现实与人性相统一的意义上,城市应该是一种总体性存在,是一种具有无限文明可能的弹性存在。"仅仅从城市的经济基础层面是没有办法发现城市的本质的。因为,城市更主要是一种社会意义上的新事物。城市的标志物是它那目的性很鲜明的、无比丰富的社会构造。"②城市的文明弹性来源于自然、社会、人文的复杂共存、有机互动,当这种有机的关联被理性、利益、机械等主导时,或许会产生短期的效用,但也会损害城市的文明活力、变迁可能。芒福德认为,相对于主宰现代城市的刚性的机械秩序,生物秩序是一种更具弹性的秩序。以片面性、固化性的机械秩序、权力秩序为底蕴设计城市,必然导致人本性的片面、固化、僵化。建构弹性文明、弹性城市,才是城市与文明发展的正确方向。

在汤因比(Arnold Joseph Toynbee)看来,任何一种文明都会不断遭遇来自自然环境及人为环境的挑战。如果一种文明能够不断地找到合适的方法进行应战,能够有弹性地应对各类挑战,这种文明就能够保持存在、实现生长、获得发展,反之就会走向衰落。在汤因比看来,文明衰落的根本原因是"自杀",是自身体制的僵化、没有弹性。"外部敌人的最大作用只是能在一个社会自杀而还没有断气的时候,给它最后一击。"③"其衰落的原因都在于自决方面的某种失败。"④"文明衰落的实质可以总结为三点:少数人的创造能力的衰退,多数人的相应的撤销了模仿的行为,以及继之而来的全社会的社会团结的瓦解。"⑤其本质就是文明体内部构成之间关系弹性的丧失,文明成

---

① 〔德〕斯宾格勒:《西方的没落》,第二卷,吴琼译,上海:上海三联书店,2006年,第90页。
② 〔美〕刘易斯·芒福德:《城市文化》,宋俊岭、李翔宁、周鸣浩译,郑时龄校,北京:中国建筑工业出版社,2009年,第5页。
③ 〔英〕阿诺尔德·汤因比著,D. C. 萨默维尔编:《历史研究》,中,刘北成、郭小凌译,上海:上海人民出版社,1997年,第36页。
④ 〔英〕阿诺尔德·汤因比著,D. C. 萨默维尔编:《历史研究》,下,刘北成、郭小凌译,上海:上海人民出版社,1997年,第380页。
⑤ 〔英〕阿诺尔德·汤因比著,D. C. 萨默维尔编:《历史研究》,中,刘北成、郭小凌译,上海:上海人民出版社,1997年,第4页。

员被固化、束缚于一种僵化的体制。汤因比主要是从文明的自身内部构成来揭示文明的弹性。一种有弹性的文明,也就是一种基本内部和谐、内部合理分工协作,能够有效应对不断出现的复杂挑战的文明。

我们认为,文明弹性是文明体的综合状态、综合能力。对城市而言,在状态与能力的统一中,文明弹性也就是一个城市体在生存、创新、适应、应变等方面的综合状态、综合能力。文明弹性是自身与环境、内涵与外延、内容与形式等的统一,是公共性与私人性之间、多样性与共同性之间、稳定性与变迁性之间、柔性与刚性之间的动态和谐。过于绵柔、松散,或者过于刚硬、密集,都是弹性不够或丧失的表现,都是城市体出现危机的表征。当代城市社会,尤其需要关注以下文明弹性问题。

其一,空间弹性。对城市而言,空间弹性不仅指一个城市必须需要一定的空间体量、空间纵深,以容纳多样文明要素、多样城市人口;指一个城市可以根据需要把相对定量的空间分划为不同的专业化空间,从而为人们的不同活动提供空间条件;更指城市可以根据发展条件、竞争语境等的变动对空间的所有方式、使用方式、具体形态等进行变动,以为城市发展提供基础与可能。考察城市变迁,可以发现,在不同的社会历史条件下,城市营建、使用空间的方式是不同的。比如,在政治型城市时期,市中心往往被政治精英占据,一个城市最显著的建筑往往是政治建筑;在宗教型城市时期,市中心往往被宗教精英占据,一个城市最显著的建筑往往是教堂;在经济城市时期,市中心往往被商业精英所有,一个城市最显著的建筑往往是商业中心。也就是说,城市空间形态虽然有一定的历史延续性,但从较大的历史跨度看,城市空间的使用方式、构成形态又必然是变化的。一个城市具有发展活力的重要表现就是其城市空间的构成与使用方式可以随着时代主题的转换而较为顺利的转换,也就是城市空间具有较好的变迁、调适弹性。

城市具有良好空间弹性的一个重要条件,或者说重要表现,是空间的私人性与公共性的关系能够得到较为合理的处理。任何空间、城市空间都是私人性与公共性的统一,并不存在绝对的私人空间或绝对的公共空间。在一定意义上,空间弹性的最核心问题,就是如何实现空间的公共性与私人性的有机统一、具体转换。片面地强调空间的公共性或片面地强调空间的私人性,都会使城市发展失去基础。在现代启蒙逻辑语境下,人们更多地要求和注重空间的私人性,注重把空间固化为永恒的私人所有物、占有物。这种以私人化为核心的空间固化的倾向,正在成为制约城市发展的一个重要原因。如何防止空间生产及其归属、使用的固化、片面私有化,以保持良好的空间弹性,保持空间更新的可能,日益成为当代城市社会面临的突出课题。

其二,制度弹性。从形式构成看,城市制度由习俗、道德、规范、法律等构成。不同层次或形式的城市制度生成并对应于不同类型的城市关系,不同形式或层面的城市制度调节不同类型的城市关系。这样,一种有弹性的城市制度,在形式上就表现为可以充分发挥不同类型城市制度的作用,实现不同类型与层次城市制度的协调。任何一种城市制度都有其效果,也都有其边界。当过分依赖某一种城市制度时,就会导致城市制度刚性化、固化、非弹性化。反思城市史,任何阶段与区域的城市都需要法律、道德、习俗等不同城市制度的配合、协作,泛法律化或泛道德化,泛政府化或无政府主义化,都是城市制度缺少形式弹性的表现。

在目标与作用这个层面,一种较为理想、有弹性的城市制度,也就是能够在秩序与活力、存在与发展间取得相对平衡的制度。城市有其发展周期、发展阶段,对一个正在兴起的城市而言,其主要任务是聚集更多的发展资源、激活发展活力,这时,人们会更为注重城市制度的发展作用、活力作用。对一个已经到了相当体量、较为发达的城市而言,人们会更为注重城市制度的秩序、稳定功能。但问题在于,即使对于正在崛起的城市而言,也需要面对秩序与稳定的问题;即使对于一个已经发展起来的城市而言,也需要面对新活力的激活问题。过于注重某种形式的城市制度,过于注重城市制度的某种目标,都是城市制度弹性不足、走向僵化的表现,都会妨害城市发展。

其三,意义弹性。城市由诸多异质性的主体构成,不同的主体对意义往往具有不同的看法与追求,同一个主体对意义的理解与追求也具有多样性。在城市发展的每个阶段,对于每一个具体的城市而言,都存在如何理解与处理城市意义的问题。城市是承载人类的所有可能意义的一种价值综合体、意义综合体。所谓城市的意义弹性,也就是不同背景、来源、发展阶段的人们都可以在城市中找到实现、体现其多样意义的方法、场所,也就是城市能够同时性地满足多样人群的不同层面的意义需要,并能够使不同的意义与价值在总体上处于平衡、不冲突、相互和谐,并不断形成具体的意义共同性。

综观当代城市世界,一方面,存在城市意义的马赛克化现象,也就是城市意义的碎片化,甚至城市被具有不同意义、宗教趋向的人们分割为不同空间的现象;另一方面,也存在某些城市的意义过于单一化甚至意义排斥现象,也就是具有一种意义信仰的人们排斥具有其他意义信仰的主体;同时,还存在城市的无意义化倾向,人们只追求暂时性、个体性的世俗生活,而对整体性、超越性的意义则没有追求。当一个城市体只允许一种、一个层面的意义存在时,这个城市体可能繁荣一时,但必然会走向衰落;当一个城市体只能满足某一类人的意义追求、意义需要时,这个城市体也往往会丧失活力;当一个城市体被某一类型的意义体系固化时,这个城市体往往不具有综合吸纳力、发展潜力。启蒙主义的片面化,理性主义的片面化,世俗主义的片面化,神圣主义的片面化,都会导致城市意义弹性的减弱,都会从根基处危害城市的健康可持续。

城市是多种功能的统一,是一种综合性的空间性、制度体、意义体。保持城市的空间弹性、制度弹性、意义弹性及其相互协调,并以此为基础,把握城市的类型构成与历史,建构城市命运共同体,对于城市社会的健康发展意义重大。

四

反思文明史,城市是人作为社会存在物进入、营建社会生活的历史选择,城市作为人的社会创造物,具有深刻的共同体意蕴。城市作为共同体,一方面,具有与人的多样能力、多样需要相契合的文明多样性;另一方面,又具有与人的相互依赖、共同需要相契合的文明共同性。在文明多样性与文明共同性的具体统一与历史转换中,城市共同体的重要文明趋势是日益成为一种具体的命运共同体,并向更为合理的新型共同体转换。

在《法哲学原理》中,黑格尔(Georg Wilhelm Friedrich Hegel)对世界历史也就是人类共同体的四个逻辑阶段或者说四种类型进行了分析。第一种是普遍性占主导地位,个体性处于潜在地位的共同体。"在这种形态中,个别性依然沉没在它的本质中,而且还没有得到独立存在的权利。"[①]"尘世政府就是神权政治,统治者也就是高级僧侣或上帝;国家制度和立法同时是宗教。"[②]第二种是个体性理想、抽象发展,普遍性被隐形于背景之中的共同体。一方面,"出现了个人的个体性这一原则,但它还不是关闭在自身中,而是保持在它的理想的统一中的"[③];另一方面,整体性"作为神秘的基础而被排挤在模糊的记忆中、在洞穴中和在传统的画像中"[④]。第三种是个体性与整体性都得到一定发展,却处于两极对立的共同体。一方面,人们成为平等的抽象的私人,"一切单个人降格为私人";另一方面,个人又构成一种抽象的普遍整体,"民族个体性消亡在一种万神的统一中"[⑤]。第四种是个体性与普遍性开始走向具体自觉和谐统一的共同体。人们开始认识、把握"神的本性与人

---

① 〔德〕黑格尔:《法哲学原理》,范扬、张企泰译,北京:商务印书馆,1961年,第356页。
② 同上书,第357页。
③ 同上书,第358页。
④ 同上。
⑤ 同上书,第359页。

的本性统一的原则,客观真理与自由——表现在自我意识和主观性内部的客观真理与自由——的调和"①。在黑格尔看来,虽然普遍性、整体性与个体性的自觉和谐统一是理想的"彼岸世界",但却是处于"此岸世界"的共同体无穷向其靠近的必然方向。

在《1857—1858年经济学手稿》中,马克思(Karl Heinrich Marx)把人类共同体的发展分为三个阶段,或者说三种类型。

第一种类型是以血缘、地缘为纽带,一种在技术与分工相对不发达,处于相对狭小范围和地点上的共同体。"个人或者自然地或历史地扩大为家庭和氏族(以后是共同体)的个人,直接地从自然界再生产自己,或者他的生产活动和他对生产的参与依赖于劳动和产品的一定形式,而他和别人的关系也是这样决定的。"②这种共同体可以称为宿命共同体,人们服从于一种不可改变的宿命力量,人们无力改变共同体等级结构,也无法选择进入或离开其所处的共同体。在综合空间意义上,这种共同体基本上对应于以农业革命为基础的早期城市社会。

第二种类型是以职业、利益为纽带,是一种在技术与分工相对发达,处于更大地理范围和区域上的共同体。"毫不相干的个人之间的互相的和全面的依赖,构成他们的社会联系。"③"活动的社会性质,正如产品的社会形式和个人对生产的参与,在这里表现为对于个人是异己的东西,物的东西。"④这种共同体可以称为命运共同体。同宿命共同体相比,人们对进入或离开某种共同体有了一定的选择,人们之间的关系趋向平等。但是,人们对共同体的整体运行规律还没有完全把握,仍然存在诸多人们没有或无法具体把握与控制的力量和偶然性。这种共同体基本上对应于由商业革命、工业革命所开启的现代城市社会。

第三种类型是私人性与公共性和谐互动,技术与分工更为发达,以自觉的、可控的全球化为语境的共同体。这种共同体是对前两种共同体的扬弃,是一种以"共同占有和共同控制生产资料的基础上联合起来的个人所进行的自由交换"为基础的共同体⑤。当然,这种共同体的实现,"以物质条件和精神条件的发展为前提",建构这种共同体,要以"必需的物质生产条件和与之

---

① 〔德〕黑格尔:《法哲学原理》,范扬、张企泰译,北京:商务印书馆,1961年,第356页。
② 《马克思恩格斯全集》,第30卷,中共中央马恩列斯著作编译局编译,北京:人民出版社,1995年,第107页。
③ 同上书,第106页。
④ 同上书,第107页。
⑤ 同上书,第109页。

相适应的交往关系"为前提,否则就是"唐·吉诃德的荒唐行为"①。这种共同体可以称为自由共同体,基本上对应于人们所希望建构的理想城市社会。

人类共同体与城市共同体具有同构性。在二者的同构性转换中,目前的人类共同体、城市共同体,在总体上处于命运共同体这一阶段。这个阶段的共同体或者说这种类型的共同体的重要特点,是人们由于复杂的生存、竞争、环境等压力而处于相互需要与相互依赖之中,但对整体环境与整体关系还缺少或无力进行更为全面的规律把握、更为自觉的干预和控制。"普遍的需求和供给互相产生的压力,作为中介使漠不关心的人们发生联系。"②"个人从属于像命运一样的存在于他们之外的社会生产;但社会生产并不从属于把这种生产当作共同财富来对待的个人。"③也就是处于具有一定强制性的命运性的力量左右之下。在黑格尔看来,命运是一种整体性、环境性的作用于人的力量,其重要特点是"在人类自由及其范围之外",即"一个外来的规定事物的 fatum(命运)"④。

这样,所谓命运共同体,就具有三方面的含义:一是指必然性,共同体是人们的历史选择,人们只有以共同体的方式才能获得共同的利益,进入共同体是人类生存与发展的必然选择;一是指不可控性,共同体作为一种整体关系,在相当程度上仍是一种虽由人所构成,但人们却没有清晰把握其特征、不能自由控制其运行的整体存在;一是指选择性,处于共同体的这个发展阶段,在复杂多样的命运性的力量与环境语境下,人们最合理的选择就是相互依赖、相互支撑,通过共同行动实现共同利益、共同发展。我们身处其中或正在进入的命运共同体、城市命运共同体,主要具有以下特征。

其一,命运共同体是一种区域性和全球性的空间共同体。空间性、人文地理性是共同体的一个基础属性。当人们只能聚集于相对孤立、狭小的地方时,所形成的共同体是一种地方性共同体。人们受到各种自然力量的左右,但对这些力量却往往缺少反思、认知,更少干预,往往只能盲目地服从。地方共同体往往是一种宿命共同体。空间的相对狭小与封闭,意味着比较视野的缺少、缺失。对规律、必然、命运等的认知,只有在人们进入区域性空间、异质性空间时才会出现。反思文明史,随着生产力、生产方式的发展,区域性交往空间、全球性交往空间的拓展,人们开始从宿命性共同体走向命运性共同体,

---

① 《马克思恩格斯全集》,第30卷,中共中央马恩列斯著作编译局编译,北京:人民出版社,1995年,第107页。
② 同上书,第108页。
③ 同上。
④ 〔德〕黑格尔:《法哲学原理》,范扬、张企泰译,北京:商务印书馆,1961年,第299页。

从地方性的共同体走向区域性的共同体、全球性的共同体。地方性共同体、区域性共同体、全球性共同体是共同体的三个空间阶段,或者说三种空间类型。命运共同体是区域化、全球化推进的产物,推进区域化、全球化的进一步合理化,是完善命运共同体,并促使其向更高阶段转换的重要条件。

其二,命运共同体是一种风险社会压力语境下的利益共同体。在应对各类风险与危机中,共同体不断生成、不断转换,从生存共同体到发展共同体再到后发展共同体。在地方性共同体这个阶段,人们面对的风险与问题主要是一种生存性危机,人们应对的风险主要来自自然环境、客观生态。随着人们实践能力的提升、人口的增多、交往的扩大,共同体在成为区域性共同体的同时,也成为一种发展共同体。在这个阶段,发展成为人们的追求,而人们面对的风险也日益从自然性危机向社会性危机转换,人与人之间、共同体与共同体之间的矛盾、冲突、不协调成为风险与危机的主要来源。对发展共同体而言,一方面,以扩大自身利益为目的,推动经济、技术、科学、社会等的发展,是一种竞争语境下的必然选择;另一方面,如果只追求自身利益,甚至损害其他主体的利益,其结果又会造成自身及所有相关共同体的利益普遍受损。这样,兼顾其他主体的利益,追求发展公正性,就成为发展共同体的命运性选择。

其三,命运共同体是一种多样认识与价值共存的意义共同体。以宗教、道德、伦理等形式存在的意义、超越性知识,是共同体的重要内容。在早期共同体这个阶段,与其地方性相契合,共同体的宗教、道德、伦理等构成也具有地方性特征,不同地方的共同体往往具有不同形态的伦理、宗教,具有不同的宗教领袖、意义领袖。到了区域共同体、全球共同体这个阶段,交往的普遍化催生了认识与意义的融合,多元性的宗教融合、整合为几大主要宗教,人们开始形成区域共同价值、全球共同价值。但这并不意味着在区域共同体、发展共同体、命运共同体这个阶段,人们已经达成了完善的区域性、全球性的价值与意义共识。能否处理好不同区域之间、不同共同体之间的不同意义世界的相互关系,对命运共同体的合理推进、不断完善有重要制约。

共同体的类型与城市社会的类型有深刻的对应关系。从宿命共同体、地方共同体、生存共同体,向命运共同体、区域共同体、发展共同体,再向自由共同体、全球共同体、后发展共同体的转换过程,也就是由少数人可以幸福生活的地方性城市,向多数人可以幸福生活的区域性城市,再向所有人可以幸福生活的全球文明城市的转换过程。推进城市社会、城市命运共同体的合理化,需要共同体的综合文明自觉。

其一,减少结构固化,促进资源与人才在共同体内部及共同体之间的合理流动。制约城市与共同体发展的一个重要原因是资源特别是人才的横向流动与纵向流动不足。纵向流动的重要性在于保持共同体的结构活力,使优秀人才能够获得上升的机会,以带动、引领城市与共同体的创新。横向流动的重要性在于使城市之间、共同体之间能够实现资源特别是人才的共享,防止不同城市、共同体之间的发展差异过大。正如奥尔森在《集体行动的逻辑》中所指出的,优秀人才不能获得上升机会,是导致共同体停滞甚至分裂的重要原因。也正如雅各布斯所认为的,不同城市之间的相互学习、相互借鉴、相互融通,对所有的相关城市都有发展效应。

其二,减少区隔壁垒,进一步提高不同城市共同体的开放度、兼容度。现代共同体、现代城市社会由诸多相对独立的城市体、城市单元构成,每个共同体与城市的单元往往有相对独立、相互封闭的空间区隔、运行体系、单元文化。这种单元性的自治和认同,对城市、对共同体的整体有序具有一定的作用。但在运行中,单元自治、单元认同往往演变成一种封闭与排外。在保持城市单元、共同体单元的相对独立性、自治能力的同时,克服城市单元、共同体单元的封闭、排外倾向,提高城市与共同体单元的开放性、兼容性,对于城市命运共同体的进一步合理化,具有重要意义。

其三,改进运行规则,进一步提高城市命运共同体的共治度、共享度。城市社会、命运共同体的重要趋势是其所有相关主体都有权利共同参与城市和共同体的决策、运行与治理,并在共同付出的基础上共享发展成果。但在历史与现实中,由于各种原因,城市和共同体的管理权、发展收益权往往会向少数人身上集中。权力与利益的差异化在一定程度上会激发人们的竞争意识、创新活力,但权力与利益的固化,又会损害发展的动力。在保留适度差异的同时,防止差异的固化,对于城市社会的稳定繁荣、可持续创新,具有基础意义。

其四,调适心性基础,进一步提高城市共同体成员的包容度、宽容度。成功的城市共同体,其成员往往具有较高的文化包容性、文化宽容度。城市共同体同其成员相互生产、相互建构,其结果是每一个共同体成员都会形成其心性之城。封闭性的城市,往往生成封闭性的心性,封闭的心性也会生成封闭的共同体;而包容性的城市运行与包容性的城市心性,也会相互生成。通过城市启蒙、城市教化、城市治理等,促进城市成员不断营建包容性、兼容性的心性之城,是推动共同体发展的文明自觉的重要内涵式路径。

第二章　城市社会的文明效应

这是一个城市焦虑的时代,也是一个文明焦虑的时代。在列斐伏尔看来,城市社会是人类文明的进步方向,人类正在进入城市社会、城市现代性。在芒福德看来,城市社会、城市现代性的深化,推动了文明的巨大进步,也激活了诸多深层次问题,甚至呈现出反人性、反文明的倾向。那么,城市与文明的关系究竟怎样?应该如何认识和确认城市的文明效应?如何规范和引导城市社会、城市现代性的发展方向、发展方式?厘清城市与文明的关系,具体历史地把握城市的文明效应,对于建构一个更为合理、具有伦理底蕴的城市社会、城市现代性,无疑具有基础性意义。

一

文明是人类实践与创造的成果的总称。从器物、建筑、工具到制度、习俗、文字、符号等,文明以多种形式和样态存在。在不同的文明与世界文明史研究者那里,文明的内涵与外延、内容与形式,包括考察文明的线索都有所不同。

在斯宾格勒看来,文明是与文化、人性相对应的概念。文化是主体的创造过程,文明是文化的既成状态。"文明是一种发展了的人性所能达到的最外在的最人为的状态。"[①]文明是不同时代与区域的人们所取得的创造成果的一个总称。一方面,不同的时代与区域有不同的文明,作为人类创造成果的文明由不同形态的具体文明所构成;另一方面,每一个时代的每一种文明都是一种有机体,都有一个从生长到衰落的过程。不同文明体的交替兴衰构成人类文明的总画卷。

在麦克高希(William McGaughey)看来,从以帝国为核心的文明,以宗教为核心的文明,到以商业为核心的文明,再到以大众娱乐为核心的文明,以及以现代信息技术为核心的文明,这将是人类文明转换的总体趋势。文化技术

[①] 〔德〕斯宾格勒:《西方的没落》,第一卷,吴琼译,上海:上海三联书店,2006年,第30页。

及其变迁是划分和区分文明阶段的主要指标。从表意文字、字母文字、印刷术到电子通信技术,再到计算机技术,"每一种文明都是以一种新的占主导地位的文化技术的引入为开端的"①。"当一种新的文化技术被引入,就会产生一个新型的公共空间。""尽管文化技术和权力组织两者都是文明中的决定因素,但以文化技术的回顾作为开始可能更好。"②在麦克高希那里,虽然世界文明的具体形式和样态具有多样性、变动性,但背后其实存在统一的线索和趋势。

在苏贾看来,文明是一个历史性范畴、社会性范畴,也是一个空间性、城市性范畴,空间性、城市性是考察文明及其变迁的一个不可或缺的重要维度、基础视域。一般认为,城市产生于农业革命以后,农业革命所带来的剩余产品是城市革命的前提。苏贾则提出了不同的观点,他认为,城市革命可能产生于农业革命之前,正是在城市革命的推动下,才促使农业革命的产生。因此有必要把城市、把村镇联合"看作整个人类社会发展序列中的基本和持续的动力"③。

在文明的起源与变迁的研究中,苏贾的这种空间优先、"首先是城市"观点,其实并不孤单。在雅各布斯看来,"我们对城市和整个经济发展的理解都被农业发展在先的教条歪曲了"④。"当前诸多领域的理论,如经济学、历史学和人类学,都认为城市是建立在农村经济基础之上的。但如果我的观察和推理没有错的话,那么事实恰好与此相反:包括农业劳动在内的农村经济,乃是直接建立在城市经济和城市劳动的基础之上的。"⑤也就是说,在苏贾和雅各布斯看来,空间性、城市性是文明的内在属性,应该从城市、空间的角度对文明的起源、变迁等进行新的考察与研究。

在列斐伏尔看来,城市社会是工业社会之后的人类发展新阶段。在《城市革命》等著作中,列斐伏尔认为,后工业社会、后现代性、知识社会、信息社会等概念,都没有真正揭示出20世纪中后期以来人类社会发展的新特征。他认为,当代社会的真实属性是城市社会,当代现代性的真正本质是城市现代性。城市社会、城市现代性是人类文明的新阶段。城市社会具有区别于工业社会的诸多新特点。空间代替传统的产品、商品成为人类社会生产的新对象,空间生产成为一种新的生产方式,空间权利成为新的社会权利,空间斗争

---

① 〔美〕威廉·麦克高希:《世界文明史——观察世界的新视角》,董建中、王大庆译,北京:新华出版社,2003年,第3页。
② 同上书,第40页。
③ 〔美〕Edward W. Soja:《后大都市:城市和区域的批判性研究》,李钧等译,上海:上海教育出版社,2006年,第35页。
④ 〔美〕简·雅各布斯:《城市经济》,项婷婷译,北京:中信出版社,2007年,第3页。
⑤ 同上书,第2页。

成为社会竞争、社会冲突的新形式。

文明是人类的实践与创造的成果,城市是人类文明的重要体现,空间性、城市性是文明的重要属性。在一定意义上,甚至可以说,城市是人类文明的最重要成果,对人类文明的进步与保存具有核心作用。对此,诺克斯在《城市化》一书中进行了揭示。他认为"文明和城市在历史上就是珠联璧合的——拉丁文中的 civitas(城市)就是文明(civilization)的词源。从一开始,城市就一直是在人类进步中创造某些最不可思议的突破和发明的试验炉。古代苏美尔(位于伊拉克南部)被称为'文明的摇篮',因为那里的早期城市中有无数的发明"[①]。城市与文明具有同义性,城市与文明具有深刻的历史与现实关联。也许正基于此,诸多考古学家和世界文明史的研究者把城市遗迹作为一种文明是否存在的重要象征。把城市与文明结合起来进行研究,具有重要的历史本体论、历史方法论、历史价值论的意义。

但主张城市是文明的重要核心成果,城市是认识、区别与确认文明的重要尺度,不等于说城市是人类文明的独立甚至孤立形态,城市社会是社会与文明发展的断裂式的独立阶段。当雅各布斯认为城市革命先于农业革命,当列斐伏尔认为城市社会是后工业社会、后现代社会的真实含义,当苏贾主张在文明研究中需要强调"首先是城市"这个观点时,他们可能片面、断裂式地强调了城市同其他文明要素的区别,以及城市化同工业化、城市性同现代性、城市社会同工业社会,城市革命同农业革命、工业革命、商业革命的区别,而没有再回归式地反省城市同其他文明要素和领域的有机统一。

笔者以为,城市与文明的关系比人们设想的更为具体、更为复杂。城市既是科技、经济、政治、文字、语言等众多人类文明要素中的一种,也同其他文明要素存在区别。城市既具有文明共性,作为人类创造的成果而存在,又具有文明特殊性。但城市的文明特殊性,不是一种断裂式的特殊性,而是一种"有机区别"同"有机关联"相统一的特殊性。由此我们需要更为具体地把握城市的文明特殊性。要言之,城市的文明特质、文明特殊性,主要表现在以下几个方面。

其一,贯穿性。相对于传统理论对城市、城市性、空间性的重视不够,苏贾等强调空间、城市同其他文明要素和领域的断裂式区别有其提示、提醒意义。但问题在于,反思世界文明史、社会发展史,一方面,城市从来不是一种单独的文明现象,城市从来没有离开技术、经济、政治等文明现象单独存在;

[①] 〔美〕保罗·诺克斯、琳达·迈克卡西:《城市化》,顾朝林、杨兴柱、汤培源译,北京:科学出版社,2009年,第23页。

另一方面,城市又是一种贯穿性的现象,所有阶段的文明,都在不同程度上具有空间性、城市性。从前现代社会到现代社会,城市始终发挥着重要的文明作用。既存在农业城市,也存在军事城市、商业城市、工业城市、消费城市、信息城市等;既存在前现代、近代城市,也存在现代城市、后现代性城市。城市性与前现代性、现代性、后现代性都存在融通性与交汇性。城市作为一种贯穿性的文明而存在。贯穿性是城市的重要文明特性。

其二,整体性。城市几乎是与文明同义的概念。"'文明'最通常的定义包括我们称之为'城市'之大规模的、复杂的共同体所常见的全部特性或部分特性。"[1]城市涵盖经济、文化、政治等所有文明要素,但政治、经济、文化等要素却无法涵盖城市。在自然性、生态性的意义上,城市这个概念的外延,甚至大于文明。城市的存在必需一定的自然、生态、资源等条件,当这些条件没有经过人类的改造和加工、没有经过人化时,并不能称之为文明。可以看到,城市是一种整体性的文明,涉及人与自然、人与人、人与社会等诸多方面,甚至关联、涉及自然生态等人类文明所必需的外围条件、边界因素。

其三,复杂性。虽然所有的文明要素、文明领域都具有复杂性,但城市的复杂性尤其突出。"不断增加的经济、社会和政治复杂性也伴随着城市的形成。这种复杂性意味着许多人、许多职业、许多物品、许多观念汇集在一个单独的居住点,从而满足不同的需求。"[2]"复杂性不仅是人口多的、不断发展的共同体的必要条件,也是这种共同体的结果。"[3]城市文明的复杂性不仅涉及与涵盖所有具体的文明领域,更表现在所有的文明领域与要素都会因为其聚集于城市而不断产生变化甚至加速变化,并不断产生、分裂出新的文明领域与新的文明要素。多样而不断变化的文明要素,同多样而不断细化的人类需要相互作用、相互推动,使城市成为日益复杂的文明巨系统,甚至表现出一定程度的不可知、不可控的特性。

其四,裂变性。城市是多样文明的聚集,其核心内容是多样、差异性人口在一定空间中的聚集。多样异质人口在一定空间中的聚集为人们的交往和创新提供了条件,也提供了根本性的内生动力。"生活的多样性和差异性是伴随城市中心的兴起而急剧发展的。"[4]聚集推动了创新,创新又产生新的聚

---

[1] 〔美〕坎迪斯·古切尔、琳达·沃尔顿:《全球文明史——人类自古至今的历程》,陈恒、李若宝、谭顺莲、汤艳梅、奚昊杰译,上海:格致出版社,2013年,第77页。
[2] 同上。
[3] 同上书,第75页。
[4] 同上书,第73页。

集。两者不断互动,推进城市规模不断扩大,城市功能不断完善,城市构成的要素与领域不断增多。纵观世界城市史、世界文明史,可以发现,虽然也曾经出现过城市衰退的现象,比如在西方中世纪的早中期,但城市变化的总体趋势是规模不断扩大、数量不断增加、功能日趋复杂、形态日益多样。由此观之,裂变式发展是城市的重要文明特质。

总之,从传统社会到现代社会,城市与文明一直相互生成。人类之所以选择以城市的方式发展文明,有着深刻的历史原因、人性原因、哲学原因。城市具有深刻的文明效应,需要更为具体地把握这种效应的深层机制。

二

文明是人类作为实践主体的创造性成果。没有人的主体性的增强与对象化,也就没有文明的发展。城市是人的创造物,是人类文明的重要标志性成果。城市一旦产生,就成为保存文明、推动文明进步的重要场域与力量。反思城市史与文明史,城市对文明的作用具有辩证性。城市不仅保存、聚集、激活着人类的创造性力量,也在一定程度上保存、聚集、激活了人类的破坏性力量。城市对于文明既具有正效应,也具有负效应。

雅各布斯、格莱泽等更为注重城市的正效应。比如,在《城市的胜利》的作者格莱泽看来,"城市放大了人类的力量。我们人类最重要的能力就是相互学习的能力。当我们面对面地聚在一起的时候,我们的学习就会更加深入和彻底"[1]。城市把诸多异质性人口聚集在一起,使人们可以更为便捷地相互学习、寻找合作、共同进步。"城市提供了合作的可能,尤其是共同创造作为人类最为重要的创造的知识。"[2]"城市让观察、倾听和学习变得更加方便。人类的最基本特征是我们相互学习的能力。因此,城市让我们更加成其为人。"[3]"不论一座城市的起源多么的普通,城市的集聚都有可能产生神奇的效果。"[4]而雅各布斯之所以突出批评,特别反对现代城市规划对便于交流、易于交往的传统社区的破坏,正缘于她对城市传统社区所具有的安全、生活、交流等效应的体验、观察与肯定。"城市是一个极富动态的地方。"[5]城市在其发展过程中,生成了一些推动发展的普遍原则。其中一个"普遍存在的原

---

[1] 〔美〕爱德华·格莱泽:《城市的胜利》,刘润泉译,上海:上海社会科学院出版社,2012年,第230页。
[2] 同上书,第228页。
[3] 同上。
[4] 同上。
[5] 〔加拿大〕简·雅各布斯:《美国大城市的死与生》,金衡山译,南京:译林出版社,2006年,第11页。

则就是城市对于一种相互交错、互相关联的多样性的需要。这样的多样性从经济和社会角度都能不断产生相互支持的特性"①。聚集、保存并激活多样性,是城市推动文明发展的重要机制、重要原因。

格迪斯(Patrick Geddes)、霍华德(Ebenezer Howard)、芒福德等则揭示了城市特别是大城市的负面性。比如,在芒福德看来,现代城市特别是现代大都市已经在向违反人性的方向发展。在他看来,在应然与传统的意义上,"贮存文化、流传文化和创造文化,这大约就是城市的三个基本使命了"②。城市特别是传统城市对人类文明的发展发挥了重要作用。但是,现代城市在聚集与传承人类文明的同时,也聚集、传递了诸多反文明甚至反人类的东西。在发展人们之间"积极的共生关系",推动人类文明不断进步的同时,城市,特别是工业革命以后的城市也积累、传播人们之间的"消极的共生关系"。"城市文明除了这改善的一面,我们必须看到它的较黑暗的一面:战争、奴役、职业上分工过细,在许多地方,总是在走向死亡。"③在现代城市中,人们"日益感到,他们自己'是陌生人并感到害怕',身处在一个他们过去从未制造的世界上,这个世界对人类直接指挥的反应比以往任何时候都少,也比任何时候缺少人类的意义"④。极权、暴力、对精神自由的压制等问题,并没有随着城市化的推进而销声匿迹,"不幸的是,伴随城市兴起而来的罪恶的习俗制度在我们这一时代又复活而且扩大了,因此最后的结果仍然悬而未决"⑤。

我们认为,任何变革、任何发展、任何力量都具有两面性、辩证性。社会发展必然有代价、有风险。对城市发展而言,并不存在抽象、单纯的文明正效应,也不存在抽象、单纯的文明负效应。我们需要从哲学、历史哲学层面,更为具体地把握城市的文明效应的深层本质、作用机制与总体趋势。

其一,从深层本质看,城市之文明效应的本质是主体效应。城市是人类应对人地矛盾,人与资源、人与人等矛盾的一种历史选择。"城市化并不是一个偶然事件,就人口寻求大规模定居的安全性、发展性和多样性而言,城市化是人类共同体比较完美的形式。"⑥城市及其发展对人的主体性的拓展、增强

---

① 〔加拿大〕简·雅各布斯:《美国大城市的死与生》,金衡山译,南京:译林出版社,2006年,第10页。
② 〔美〕刘易斯·芒福德:《城市发展史——起源、演变和前景》,宋俊岭、倪文彦译,北京:中国建筑工业出版社,2005年,"中文版序言"第14页。
③ 同上书,第579页。
④ 同上。
⑤ 同上书,第583页。
⑥ 〔美〕坎迪斯·古切尔、琳达·沃尔顿:《全球文明史——人类自古至今的历程》,陈恒、李若宝、谭顺莲、汤艳梅、奚昊杰译,上海:格致出版社,2013年,第77页。

发挥了重要作用。人是一种可能性存在。人类不断地探索着人的内在尺度与物的外在尺度相统一的具体方式，不断地展开、呈现甚至开放、开发内在尺度与外在尺度及其统一的新内容、新形式、新可能。在两种尺度的具体历史统一中，人的主体性、可能性具体地呈现为人的社会性、实践性、创造性。而城市正为人的社会性、实践性、创造性的实现与发展提供了空间可能与场域条件。城市是多样文明要素在一定自然与人化空间中的聚集，这种人与物的综合聚集，使人的社会性得以具体实现，也使人的实践与劳动本质得以实现，并不断激活、激发人类创造、创新的潜能。城市是作为实践主体的人的创造物，但城市一旦产生，就成为人的主体性的成长的核心机制、核心场域。城市特别是大都市为主体性的成长提供了充分条件与无限可能。城市对人的主体性的综合激发、综合促进，是城市之文明效应的深层本质。

其二，从作用机制看，不断推动社会分工的发展，是城市发挥其文明效应的核心机制。所谓文明的发展，在实现形式上，也就是人类所创造的器物、制度、精神等成果的不断增长。文明的发展与进步需要诸多条件，其中一个重要条件，就是社会分工的不断拓展与深化。在一定意义上，文明的进步过程，也就是社会分工不断发展的过程。没有分工的发展，也就没有文明的进步。在主体层面，所谓社会分工的不断发展，也就是人们日益被分化为、分属于从事不同专业化、领域化、部门化生产的各类专业人士。社会分工的不断深化，使人们可以分别、专业地从事某个领域、局部的工作与创新，并汇合成推进社会整体文明进步的巨大整体力量。正如诸多城市学家、文明史研究者所指出的，城市发展的重要趋势，就是把日益多样甚至异质性的人口，聚集、整合于一定的空间。正是这种聚集与整合，推动着社会分工的分化，推进着人类实践方式的多样性、精细化。反思世界文明史，可以看到，一部城市发展史，也就是一部社会分工的发展史，也就是一部社会分工不断多样化的历史。对社会分工的保存、促进与激发，是城市发挥其文明效应的核心机制。

其三，从历史趋势看，城市的文明效应虽有其负面性，但在总体上是正面的。城市与文明的关系，城市与文明的作用具有辩证性。一方面，城市作为容器与放大器，聚积并放大了人类的理性、人性的善的一面；另一方面，城市也聚积并放大了人的非理性、人性的恶的一面。卢梭（Jean-Jacques Rousseau）等站在浪漫主义的立场、怀旧主义的立场，把城市指认为邪恶之物，揭示与批判城市的负面性，对提醒人们注意城市发展中的问题有重要启示。但问题在于，不能因为城市有其负面性，就否认城市对文明与社会发展的正面效应。反思世界文明史，我们可以看到，文明的进步过程，社会的发展过程，也就是人类不断寻找解决人口与资源、人与人矛盾的合理方式的过程。

在世界总人口不断增长的背景下,城市是人类目前能找到的解决人地矛盾、人口与资源、人与人之间矛盾的最现实、最合理的方式。虽然,目前的城市与城市发展仍存在诸多问题,但是,如果没有城市,没有不断深化的城市化,社会发展中的问题将会更加突出。怀旧式的浪漫主义有美学批判意义,但正如一位历史学家所说,"我们所失去的那个世界并不是天堂,也不是一个充满平等、宽容和友爱的黄金时代"①。需要具体历史地肯定城市之文明效应在总体与趋势上的正面性。

三

面对城市之文明效应的辩证性,出路不在于从乡愁出发否定城市,而在于厘清城市问题产生的原因,规范城市发展的方向与方式,具体推进城市发展、城市社会的伦理化。把握城市化负面效应的形成原因,对约束、减少城市发展的负效应,具有基础意义。城市发展具有负效应的原因是多方面的,我们可以从不同的学科维度进行多样反思。从城市哲学、城市伦理学视域观之,其原因主要表现在以下几个方面。

其一,对城市的问题属性缺乏自觉的哲学与伦理反思。在雅各布斯看来,城市问题既不是一个"简单性问题",也不是一个"无序复杂性问题",而是一个"有序复杂性问题"。"那些传统的现代城市规划理论家们一直都错误地把城市看成是简单性问题和无序复杂性问题,而且也一直试图从这个方面来分析和对待城市问题。毫无疑问,他们并没有意识到这样做实际上是在模仿物理科学的分析方法。"②雅各布斯认为,这种方法其实是对城市本身特性的不尊重和蔑视,她认为,城市是一个有机生命体,应该从城市本身出发,更多地借鉴生命科学的方法来看待城市问题。"城市就像生命科学一样也是一种有序复杂性问题。……这些问题表现出很多变数,但并不是混乱不堪,毫无逻辑可言;相反,它们'相互关联组成一个有机整体'。"③笔者以为,城市问题不仅是一个生命科学意义上的有序复杂性问题,而且是一个以人为核心,具有深刻伦理底蕴的有序复杂性问题。人性的成长、主体的需要及其实现,始终处于城市发展与城市问题的核心。人的需要、人性的构成、人与城

---

① 〔美〕丹尼斯·舍曼、A.汤姆·格伦费尔德、杰拉尔德·马科维茨、戴维·罗斯纳、琳达·海伍德:《世界文明史》,李义天、黄慧、阮淑俊、王娜译,李义天统校,北京:中国人民大学出版社,2012年,第338页。
② 〔加拿大〕简·雅各布斯:《美国大城市的死与生》,金衡山译,南京:译林出版社,2006年,第399页。
③ 同上书,第397~398页。

市的关系,具有全面性、复杂性、变动性。没有对城市问题的人性论、伦理性自觉,没有对人与城市关系的哲学与伦理自觉,也就没有对城市问题的真正把握。对城市问题的人性论、伦理本质认识不足,是导致诸多城市问题的重要原因。

其二,对城市构成的全面性缺乏自觉的哲学与伦理反思。我们往往从经济、政治、社会、文化等方面确认与反思城市的生成和作用。比如,霍华德注重揭示城市的生态性、田园性,认为好的城市需要融合乡村田园与现代生活的好处。芒福德注重揭示城市的文化属性,认为城市是文化的容器。科特金注重揭示城市的安全、财富与宗教属性,认为城市的作用在于为人们提供安全、财富、有宗教归属。雅各布斯注重揭示城市的社会属性,认为城市的基本作用在于为人们的生存、发展提供社区感。格莱泽则注重揭示城市的经济属性,认为城市的重要作用在于为人们的创新与经济增长提供重要的动力。我们认为,城市还具有深刻的伦理属性,城市作为经济、政治、文化、生态、社会等的综合体,在本质上是人与政治、经济、社会等领域相互作用的综合有机体。只有共时性地处理、理顺人与社会构成所有领域的关系,城市才能健康地存在、可持续发展。也就是说,城市在本质上是一种伦理存在,是一种以人为主体和价值中心的综合性的关系存在。把握了城市的伦理本质,也就把握了城市的深层属性。伦理是统筹城市本质的一个基本维度。对城市的全面性缺少自觉的伦理确认,是导致诸多城市问题的重要原因。

其三,对城市与人的关系缺乏自觉的哲学与伦理反思。人是城市的创造者,城市是人为了解决日益突出的人地等矛盾而做出的实践性选择,在这个意义上可以说,人是城市的核心,人的需要是评价与认识城市效应的基础性指标。但问题在于,强调人的尺度的重要性,强调人的需要的首位性,强调人在城市发展与变迁中的核心地位,并不意味着人的尺度、人的需要、人的地位可以无限化、绝对化。城市是人的尺度与物的尺度的具体历史统一,反思城市发展史,这种统一具有不同的方式和形态。在城市发展的初期,在人口相对较少,人的需要还没有充分开发,人对自然环境等的破坏在总体上处于自然修复能力之内等语境下,强调以人为中心建设与发展城市,甚至强调人的需要的至上性,人的需要的无限性,可能不会遭遇太多的问题。但随着世界总人口的不断增加,人的需求水平与内容的不断拓宽,人的实践与改造、破坏能力的不断提升,再无限度、无约束地强调人的需要与人的尺度的无限性、至上性,就会使城市发展成为一种破坏性的恶实践。由此也就需要对人与城市的关系进行更为全面的伦理反思,需要对人的需要、人的尺度进行伦理约束、伦理规范。没有自觉地推进人的尺度、人的需要的合理化、伦理化,没有对人与城市的关系进行自觉的"有限伦理"反思,是造成诸多城市问题的重要原因。

现代性的进程、城市化的进程,当下日益进入需要进行自觉伦理反思与伦理规范的阶段。没有对现代性、城市性的自觉伦理反思、伦理确认、伦理规范,也就没有城市的文明效应的合理化。推进城市-文明的发展,需要我们对以下问题进行更为具体、自觉的伦理确认。

其一,对城市-文明的多样性进行伦理确认。文明历来是多样的,城市亦然。在当代全球史、世界文明史视域中,自早期文明始,人类社会就是一种多样的复杂社会。"在公元前3500到前500年间,世界上的很多地方,包括美索不达米亚、埃及、印度北部、中国、中美洲以及安第斯山脉中部都独立发展了复杂社会。"①而不同的复杂社会,都形成了各具特点的城市,各具特点的经济、政治关系,"不同的复杂社会形成的文化传统也各不相同。某些社会致力于组织宗教活动,寻求神与人之间的交流;而在另外一些社会中,宗教仪式很大程度上由个别的家庭团体所把持"②。在历史的变迁中,一方面,城市与文明相互促进;另一方面,城市-文明有机体,在不同的时代与区域始终具有不同的特点。忽视城市-文明的多样性,也就是忽视城市发展的自然环境基础的差异性,忽视城市发展的社会历史条件的差异性,否定人具有根据条件进行具体、多样创造的可能性。在城市发展中缺少多样性思维,是放大城市发展负效应的一个重要原因。确认与尊重城市-文明的多样性,对减少城市之文明效应的负面性,具有基础意义。

其二,对城市-文明的可创造性进行伦理确认。城市是人的创造物,人具有创造具体多样的城市-文明的能动性、可能性。确认城市-文明的多样性、可选择性,也就是从城市-文明这个维度,具体确认不同主体根据不同条件进行具体创造的主体性、创造性。在当代现代性与全球化语境下,在诸多因素作用下,不同区域与地域的城市往往在建筑、产业、生产与生活方式等方面表现出雷同性。城市的空间与功能个性有减弱甚至消失的趋势。这种以复制、模仿为特点的城市发展,往往发展速度较快,经济效率较高,但也会深层影响不同城市与区域之间的分工与协作关系,从而在总体上影响城市与文明的发展。一种更为合理、可持续的状态是,不同的城市或区域具有不同的空间与建筑特色,拥有各自特点的产业,不同的城市与区域间形成产业、产品、观念

---

① 〔美〕杰里·本特利、赫伯特·齐格勒:《新全球史》,魏凤莲译,北京:北京大学出版社,2007年,第2页。
② 同上书,第3页。

等方面的互补关系。由此观之,复制、模仿有余,创造、创新不足,是导致当代城市-文明出现问题和危机的一个重要原因。

其三,对城市-文明的制度实现形式进行伦理确认。城市不仅是一个空间有机体,也是一种制度有机体。对于规模不断扩大,结构日益精细,功能不断细化的现代城市而言,建构合理的城市制度尤其重要。反思历史与现实中的城市,一些城市之所以缓慢发展,一些城市由盛而衰,甚至成为失落的文明,其重要原因是没有进行自我调整,不断营建适合自身环境约束、社会历史条件、城市发展趋势的城市假设、城市理想、城市制度。城市制度的核心问题是以什么样的主体性假设来设置城市运行的基础规则。近代以来,个体自由、个体权利、个体理性成为城市制度设置的重要主体性假设。在近代早期,以个性主体性假设来设置城市制度有其历史合理性。但对于日益复杂的当代城市社会而言,个体自由、个体理性的过度张扬已经成为影响城市运行与发展的重要原因。"通过别人的假设而不是我们自己的假设回顾过去,这是非常困难的。"①以别人的假设为基础建构未来将更为困难。面对不断增多的城市问题,我们亟需调整城市制度、城市建构的人性假设。扬弃以极化的个体性为基础的城市人性假设,建构一种以多极主体性、主体间性假设为基础的城市制度,不断增加城市发展、城市制度的可兼容性,是减少城市负效应,建构更为合理的城市现代性的重要选择。

四

城镇化的背景、过程及结果日益呈现出综合性、复杂性,从城市哲学与城市批判史的角度,运用总体性思维,具体把握城镇化的多样文明特质及其变迁逻辑,对把握城镇化的深层本质,解决日益突显的城镇化问题,探索中国特色城镇化道路,建构符合我国国情的城市社会,具有重要意义。

城市是人类文明的重要成果、重要标志,城市与文明多样性内在关联。城市是文明多样性的产物,也是保存文明多样性、促使多样文明进一步发展的重要场域。城市区别于村落的一个重要特点正在于城市具有文明多样性。村落所包含的生产方式、生活方式、文化价值观念等文明要素往往相对单一,文明的同质性是村落的一个基本特点。城市是多样、异质文明在一定空间中的积累,文明多样性是城市的一个本质属性。

---

① 〔美〕丹尼斯·舍曼、A.汤姆·格伦费尔德、杰拉尔德·马科维茨、戴维·罗斯纳、琳达·海伍德:《世界文明史》,李义天、黄慧、阮淑俊、王娜译,李义天统校,北京:中国人民大学出版社,2012年,第340页。

关于城市的起源,有商业与经济起源论、军事与宗教起源论、社会与地理起源论等不同的理论①。但不论城市如何起源,在反思的意义上,城市都与文明多样性内在相关。在雅各布斯等学者看来,城市是交换与交往的产物,多样产品、观念、人口等文明要素的交往需要推动了作为空间形态的城市产生。而城市一旦产生,又往往成为促使多样文明发展的重要动力。雅各布斯之所以认为城市革命早于农业革命,城市是推进社会发展的核心动力,正是因为城市对多样文明的聚集使城市具有内在的竞争与创新冲动。

反思全球城市史与世界文明史,可以发现,多样生产方式、多样价值观念、多样生活方式的交往、聚集与碰撞,是城市产生与发展的重要动力。没有早期多样文明要素的交往与聚集,也就不会有美索不达米亚、埃及、印度北部、中国北部等区域的早期城市;没有以战争、宗教等为推动形式的古典时期的多样文明的碰撞,也就没有罗马、亚历山大、君士坦丁堡等古典城市的兴盛;没有近代早期由商业革命所推动的多样文明汇集,也就没有威尼斯、佛罗伦萨等近代商业城市的异军突起;没有与工业革命相伴随的多样生产方式的碰撞、竞争、汇集,也就没有曼彻斯特、芝加哥等近代工业城市的兴起。而纽约、伦敦、东京、上海等之所以成为当代的世界性城市、全球城市,其重要原因,正是这些城市因为各种原因成了世界多样文明的交汇节点,保持了对多样文明的包容与吸纳能力。

反思城市发展的经验与教训,可以看到,不管以什么因素为城市的发展起点,不管是出于政治原因、宗教原因,还是经济原因、社会原因、文化原因,只要一个区域能够成为多样文明要素的积累地,能够不断地吸纳、聚集多样、异质的人口、产业、技术、文化、资源等文明要素,这个区域就可能成长为一个城市。如果一个城市能够在此基础上不断激发文明要素的进一步创新与多样性,这个城市甚至可能成为一个比较重要的中心城市甚至首位城市。反之,当一个城市和区域因各种原因丧失了对多样发展要素、文明要素的吸纳、包容与激发能力时,一个曾经繁荣的城市也会走向衰落,甚至成为历史的遗迹、失落的文明。可以说,文明多样性是城市崛起的原因,也是城市繁荣的原因。不管具体原因如何,一个丧失了文明多样性的城市,必然走向衰落。

城市是一种文明多样性存在,保持、促进文明的多样性是健康、可持续城镇化的重要条件。城市与文明多样性的内在关联、城市的文明多样性,主要包括四个方面的内容。

----

① 〔美〕斯皮罗·科斯托夫:《城市的形成——历史进程中的城市模式与城市意义》,单皓译,北京:中国建筑工业出版社,2005年,第31页。

其一，从城市的构成与功能看，不断促进社会分工的专业化、多样性，是城市的重要特点，任何一个城市都是人们从事政治、经济、文化等多样活动的场域，是多种文明要素与功能的综合有机体。虽然，不同的城市所内含的具体文明要素及其具体功能会有不同，但在反思的意义上，并不存在只具有单一功能的城市。这一点，正如乔尔·科特金所说，任何一个健康而持续发展的城市都需要同时具备三个要素：安全、繁荣与意义。缺少其中任何一个，城市都不可能健康存在。"一般而言,城市在这三个方面只要有一个薄弱环节，都会损毁其生活，甚至最终导致其衰亡。"[1]

其二，从城市的活力与动力看，一个有活力的城市，往往是能够吸纳、包容、促进不同样态和类型的多样甚至多元、异质文明要素及其发展的城市，其核心内容能够包容具有不同能力、素质、个性，背景多样、异质的人口，能够促进多样人口的多样、自由发展。这一点正如芒福德所说，城市是文化的容器与磁石，能否包容、促进人们进行多元发展是决定城市活力的重要指标，"将来城市的任务是充分发展各个地区，各种文化，各个人的多样性和他们的特性"[2]。

其三，从城市之间的结构与关系看，任何一个城市都不可能单独发展，城镇化往往以城市群、区域城镇化的方式进行，也就是以多样城市相互补充、相互竞争的形式进行，这些相互关联的城市往往具有不同的产业、文化、区域等文明特色。吉登斯（Anthony Giddens）认为，城市关系、城市发展的这种多样共存特点，在古希腊就已存在，"只有在与其相对毗邻的地区也有其他城邦存在时，这些城邦才会存在下去"[3]。可以说，每个城市都是一个小的文明体，正是这些不同的多样文明体之间的既竞争又合作，促进了城市的繁荣、城市的发展。

其四，从城镇化的道路与模式看，虽然城镇化是世界文明的发展的总体方向，但对具体的文明主体而言，并不存在一个普适、一般、唯一模式的城镇化道路。这一点，正如贝利（Brian J. L. Berry）所说，东方与西方的城镇化，美国与欧洲之间的城镇化，都具有深刻的文化差异性。"尽管城市化存在很多共性，但可以肯定不会只有一种，而是有多种路径，各自的成因及相应后果

---

[1] 〔美〕乔尔·科特金：《全球城市史》，汪旭等译，北京：社会科学文献出版社，2006年，第3页。
[2] 〔美〕刘易斯·芒福德：《城市发展史——起源、演变和前景》，宋俊岭、倪文彦译，北京：中国建筑工业出版社，2005年，第580页。
[3] 〔英〕安东尼·吉登斯：《民族-国家与暴力》，胡宗泽等译，北京：生活·读书·新知三联书店，1998年，第49页。

不同。"①

一部城市发展史也就是一部城市的多样文明特性不断展开和丰富的历史。在以农业为基础的人类早期城镇化阶段,在相对有限的科技、实践水平条件下,城市所包容的文明要素虽然多样但毕竟有限。近代以来特别是当今世界,随着人口的增长,商业革命、工业革命、科技革命等的推进,人类的分工日益细化,生活方式、价值观念等也日益多样化,城市所包容的文明要素日益多样,城市与文明多样性的关系日益突显。能否自觉地包容、推进文明多样性,已经成为能否实现城市可持续繁荣,决定城镇化的质量与水平的决定性因素。

在贝利看来,城镇化具有人类学、人学后果,我们有责任"就20世纪的城市化及其人类后果发表实在的和意识形态领域的看法"②。人是城镇化的根本主体,城市是人的创造物,是"人的尺度"与"物的尺度"相统一的一种具体空间实现。人的主体性、总体性是理解、把握城市及其文明多样性的重要支点。

迄今为止的世界历史在总体上是一个人口增长与资源稀缺的矛盾不断加大的过程。城镇化正是人类解决这种矛盾的一个自觉的文化调适过程,也就是人类不断将"人的尺度"运用于环境,不断在"物的尺度"与"人的尺度"这两个尺度的统一中,具体实现人的总体性的一种综合空间生产过程。历史转换中,城镇化的过程也就是城镇的生产、生活、交换、消费等功能不断分化、细化,城镇的各种软硬设施、设置不断方便、满足人的多样生理、心理、社会、政治、文化等全面需要的过程,而这个过程在本质上也就是人的总体性、可能性的不断实现。

城市与城镇化的文明多样性,对应于人的总体性、"人的尺度"的非单一性、综合性。所谓文明的多样性,所谓城市文明多样性,其人性论、人学本质,也就是人的总体性的不同维度、不同层次的内涵通过人的创造和实践,以人工环境、人化空间、城市制度等形式所得到的感性呈现与具体实现。人的总体性与城市的多样文明性是一种双向互动、相互确认的关系。一方面,人的总体性是推进城市文明多样性及其不断发展的重要人性论、"先天综合"动力;另一方面,城市的文明多样性作为一种感性的实在,又对人的总体性具有重要的实现、确认与推动作用。在这个意义上,所谓城镇化的合理化,所谓城镇化水平与质量的提升,也就是不断探索展开、实现人的总体性的具体空间

---

① 〔美〕布莱恩·贝利:《比较城市化》,顾朝林译,北京:商务印书馆,2010年,第5页。
② 同上书,第4页。

形式、合理多样方式。

在"人的尺度"与"物的尺度"的具体统一中,城镇化是一个人口、资源、生态、经济、政治、文化、社会、心理等多样文明要素相互作用的总体变迁过程,这个过程是系统性与非系统性的统一,科学逻辑、人文逻辑与生态逻辑的统一,确定性与非确定性的统一,线性逻辑与非线性逻辑的统一,成就逻辑与风险逻辑的统一,理性与非理性的统一。面对仍处于过程中的复杂城镇化,仅仅运用系统方法、科学逻辑、确定性思维等一元、知性思维,已经不足以把握、应对、治理城镇化的本质与问题。立足人的总体性,运用总体性思维,从城市哲学与城市批评史的维度,进一步具体揭示城市、城镇化的多样文明特质,对探索符合世界城市发展规律、符合亚细亚生产方式、符合我国实际的城镇化道路,具有方法论意义。

第三章　城市社会的空间逻辑

　　快速与普遍城市化语境下,我们在享有不断增长的综合城市文明的同时,也日益患上"空间饥渴症""空间压迫症",历史性地面对日益严重的空间悖论。一方面,我们的生存与居住等空间在总体上日益扩大与改善;另一方面,空间又日益现实性地走向紧张与稀缺,与空间相关的紧张感、压迫感、不平等感、受伤害感日益加剧。一方面,空间是我们生存、发展、获得自由的必要条件;另一方面,空间日益成为限制我们的自由与发展的现实场域。一方面,我们创造了由道路、广场、住房等空间构成的城市;另一方面,作为人之创造物的空间与城市日益脱离我们的控制,成为阻碍、压制人们创造能力的异化物。在列斐伏尔看来,不断扩张与拓殖的城市化给人类带来始料未及、不断加重的城市幻象、空间异化。"城市主义是双重意义上的拜物教",它是一种与社会需要相矛盾的关于特权的"自恋拜物教"(fetishism of satisfaction),也是一种"空间拜物教"(fetishism of space)。"空间是创造的。不管是谁,他创造了空间,也就创造了与空间相关的一切。"(Space is creation. Whoever creates space creates whatever it is that fills space.)①面对日益辩证推进的城市化进程及其复杂人类学、生态学等后果,面对不断严重的空间与城市问题,我们应该如何存在、如何选择、如何作为?直面城市问题,揭示当代城市问题的异化与空间拜物教本质,呈现空间拜物教的历史生成与深层逻辑,对树立合理、正义、可持续的空间意识、城市伦理、城市制度,具有基础意义。

一

　　"二战"后,西方及世界的城市化进程不断推进,与城市化进程相伴的诸多社会、经济、文化、政治、生态等问题,引起了诸多领域学者的关注。在城市史学家与城市文化学家芒福德看来,现代城市发展表现出深刻的问题性。

---

① Henri Lefebvre, *The Urban Revolution*, Minneapolis, University of Minnesota Press, 2003, p. 159.

"将城市视为一个纯粹的物质事实的观念已经被无数调查研究所修正。"[①]社会学家、政治学家、经济学家、心理学家等从不同侧面与维度对城市问题给予了关注。但在列斐伏尔看来,这种以专业学科为背景的城市研究,在方法上都只是实证主义、经验层面的片断化研究,一种片面的意识形态化的城市研究,一种停留在表面与现象的白描式研究,往往夸大了对象、城市的某个侧面或要素,而忽视了对象、城市的其他方面,不是真正理论层面的城市研究[②]。如果以片面专业化、片面意识形态为基础,推进所谓的城市改造、城市发展,其结果不仅不能解决问题,反而会带来更为深刻与严重的城市与社会问题。

列斐伏尔认为,随着城市化率的不断提高,我们所处的这个世界正在日益成为不同于以往所有社会形态的全新社会——城市社会(urban society)[③]。城市社会从原始社会、农业社会、商业社会、工业社会一路发展而来,是社会发展及社会问题的全新阶段。正如工业社会从农业社会发展而来,却成为主导农业社会的新阶段,城市社会是对工业社会的全面超越,也必将成为统领、主宰工业社会的全新社会。全新的社会阶段、社会问题需要全新的研究视域与研究方式,需要克服既有的城市研究与城市实践中存在的意识形态性,建构一种与城市社会的复杂性、总体性相适应的新范畴、新理论、新方法,一种既整合又超越地理学、经济学、社会学、符号学等专业科学方法的总体性方法,以实现对城市的总体性阅读(total reading)[④]。

在《城市革命》一书英译本"前言"的作者尼尔·史密斯(Neil Smith)看来,列斐伏尔城市研究的风格在方法论上与黑格尔、马克思等的风格有些类似,但他为了把辩证法向前推进,往往夸大了辩证关系中的对立性。史密斯认为,列斐伏尔为了强调城市化的作用与城市问题的严重性,把现代社会定位为城市社会,可能夸大了城市化与工业化的断裂性。但同时,史密斯也认为,列斐伏尔的研究虽有夸张的特点,但他在1970年代就预见到了城市问题的全球性、普遍性,并倡导城市与社会研究的新方法,这一点对开启、深化今天的城市问题深度研究具有重要意义[⑤]。

我们认为,这个世界是否会成为完全的城市社会有待时间的验证,列斐

---

① 〔美〕刘易斯·芒福德:《城市文化》,宋俊岭、李翔宁、周鸣浩译,郑时龄校,北京:中国建筑工业出版社,2009年,第506页。
② Henri Lefebvre, *The Urban Revolution*, Minneapolis, University of Minnesota Press, 2003, p. 2.
③ 同上书,第1页。
④ 同上书,第172页。
⑤ Neil Smith, "Foreword", p. XX, in Henri Lefebvre, *The Urban Revolution*, Minneapolis, University of Minnesota Press, 2003.

伏尔的研究方法是否夸张也可以商榷,但列斐伏尔倡导对城市问题进行深层理论研究、新哲学研究,无疑为把握现代性、当代社会及城市问题的深层本质提供了一个重要维度。列斐伏尔对当代社会理论、城市理论、城市哲学研究的贡献是多方面的,他对城市问题的复杂性、总体性的深刻指认,用空间生产、城市幻象、空间异化、空间拜物教、空间乌托邦等概念对城市及其问题的本质进行深刻的哲学揭示,把"城市社会"作为把握发展趋势的一个范畴与概念,为人们进一步进行城市反思、城市问题研究提供、奠定了一个颇具特色与高度的理论平台。

在列斐伏尔看来,城市发展的重要本质是空间生产,当代城市社会的一个基础性问题是城市异化。城市异化是一种有问题的城市现象、城市实在,其本质是城市作为人的创造物,作为客体,反客为主,成为左右人们命运的主体、主宰。列斐伏尔认为,城市问题具有深刻的总体性、复杂性,而这种总体性、复杂性并未被人们真正把握。一方面,城市是片断的、碎片的。城市日益多中心化,城市中的文化、习俗、生产与生活方式日益多样,人们无法全面地认识和掌控城市;另一方面,虽然人们并没有认识城市的本质,但城市作为一种总体存在对人的压制与控制,又能被人感性地体验到。城市是一个有问题的总体性存在,是一个人们还未把握其本质的"盲区"(blind field)、"黑箱"(black box)[①]。人们只知道城市有问题,却未知产生城市问题的内在机理。人们只能无法选择地生活、生产于城市有机体之中,已经无法回归到传统的生活之中。城市已成为一种新的全面控制力量。过去的田园式生活甚至工业化生活都只能以一种乡愁、回忆的方式存在于人们的情感与想象之中。

城市异化与城市幻象(urban illusion)密切相关。城市幻象也就是错误的城市认识、城市观念、城市认识方法,其本质是一种只揭示了事物的一个维度、一种片断的方法,自我合法化甚至自我固化、意识形态化为唯一科学、合理、排他性的方法,不加反省地认为唯有这种方法能够科学全面地认识事物与城市的本质,唯有这种方法能够主导城市发展、推进城市合理发展,从而成为一种具有深刻危害的城市意识形态、幻象性的城市知识。列斐伏尔认为,城市幻象的重要结果或者说危害是使城市的"使用者"成为被动、无语、无参与权利的城市中的沉默者(silence)。城市发展与运行的决策从别处、高处、远处而来,生活于城市中的多数人只能被动地接受这种决策,甚至沦为意识形态化的决策实现其所谓理论、理想的牺牲品。正是由于看到了城市发展与

[①] Henri Lefebvre, *The Urban Revolution*, Minneapolis, University of Minnesota Press, 2003, p. 27.

运行中的城市幻象、城市意识形态的深刻问题，列斐伏尔提出了城市权力（right to the city）这个概念，确认、主张作为日常生活主体的多数人在城市中的权力与地位。列斐伏尔之所以区分"居住"（habiting）与"居所"（habitat），强调作为过程的"居住"相对于作为场所与栖息地的"居所"的优先性[①]，其意图正在于希望通过作为实践过程、生活过程的居住，克服城市异化与城市幻象，逐渐实现广大普通人参与城市发展与运行的权力。

二

城市异化与城市幻象的统一构成"空间拜物教"。所谓拜物教，也就是作为人的创造物的客体、对象，反转、异化为主宰人的主体、力量，而人们又把这种异化物作为自己的至上追求与价值轴心。所谓空间拜物教，也就是作为人的创造物的空间异化为被人自觉服从的主宰与对象，也就是人们把空间作为至上追求与价值轴心的一种认识、行为及其后果。空间拜物教的生成有一个历史过程。

任何具体物的存在都需要并构成空间，人类的生存与发展更离不开空间。但空间的不可缺失，与人们对空间有自觉的体验、情感，特别是正确的态度和认识是两个问题。反思人类文明史，人类空间感的自觉、空间认识的形成，与人口的增长、人们能力的增长，特别是与人们的聚集与交往密不可分。不断升级的生存、发展竞争，使人们的空间感不断形成、不断自觉。同人类文明形态的转换相契合，空间观的具体内容和所指也经历了具体的历史转换。人类文明主要经过了游牧和采集、农耕、商业和工业以及被列斐伏尔称为城市社会的当代高密度高聚集复杂社会几个阶段。与此相应，空间观的内容、所指，也经过了"流动的自然空间"（与游牧和采集相对应的土地、洞穴等）、"固定的弱人化自然空间"（与农耕相对应的经过人工整理或生产的土地、道路、居所等）、"固定与流动相结合的强人化空间"（与商业和工业相对应的由人生产、营建的集市、广场、厂房、居所等）、"高密度复杂流动性空间"（与城市社会、高密度高聚集复杂社会相对应的城市、海洋、外层空间等）几个阶段。

反思这个过程，可以发现，人与空间的关系在演变过程中呈现出这样几个特点或趋势。其一，空间不断走向稀缺。游牧和采集阶段，与总量有限的人口相比，土地等空间具有相对的无限性。而在今天的工业社会或者城市社会，相对于七十多亿的人口总量，人们不断增加的扩张与占有欲望，以及社会

[①] Neil Smith, "Foreword", in Henri Lefebvre, *The Urban Revolution*, Minneapolis, University of Minnesota Press, 2003, p. XII.

和世界结构的不合理,使得土地、岛屿、海洋甚至外层空间都表现出相对甚至绝对的有限性。其二,空间不断走向人化。由于多样异质人口的聚集、交往、互动,以及科技水平等人的实践与认识能力的提升,人类日益有能力按照自己的尺度与需要生产、改造、再造自然空间。在这个过程中,人与自然的距离日益拉大,人日渐生活、生产于经过人化的空间之中。不断从自然空间走向人化空间,是迄今为止人与空间关系的主要趋向。其三,与以上两个过程同步,人们的空间意识不断觉醒,对空间的竞争也日趋激烈。面对稀缺而必需的空间,人们的空间权利意识不断觉醒、不断扩张、不断转换。本来是外在于人的空间,被日益情感化、利益化地内化为主体性、主体意识的基本构件。在空间的地位与作用不断提升的过程中,人们日益发现自身以及这个世界就是一种空间性的存在。人的肉体是空间性存在,人的精神是空间性存在,人的生态环境是空间性存在,人所生活的社会关系是一种空间性存在,民族、国家、全球,政治、经济、文化、心理等都是一种空间性存在。由此,空间成为人们竞争的节点、利益的中心、价值的主轴。当这种认识同权力与资本相遇时,空间拜物教的生成就具有了逻辑与历史必然。在市场逻辑与资本逻辑的参与下,空间日渐成为人们信仰与追求的新上帝。

在列斐伏尔看来,城市社会语境下,空间拜物教的主要观念形态是城市主义(urbanism)。所谓城市主义,也就是方法论与价值论层面上的城市中心主义。人们,特别是所谓专家与权力精英,作为上层建筑与国家权力的直接与非直接占有者,把城市作为价值、利益、情感的中心,把城市作为维护自己利益与统治的工具,或作为实现自己意志、意识形态的可以随意进行形态与结构改变的对象。城市主义在本质上是以一种以自我或特定的利益集团为中心的政治运行与上层建构的存在、维护与再生方式。在城市主义主导下,城市特别是城市的特定区域成为只有权力可以自由进入和"游戏"的神圣场所。城市在总体上成为超越于所有人包括普通人甚至精英控制的自足物。在人与城市的关系中,城市成为主人,人成为城市繁殖的工具。城市成为"铁打的营盘",人成为"流水的兵"。

在列斐伏尔看来,城市化具有全球性,城市社会正在取代工业社会成为人类社会发展的新阶段。按照这个逻辑,空间拜物教正在取代商品拜物教成为人类的主要意识形态。我们认为,列斐伏尔在1970年代对空间拜物教进行的指认、批判,有其超前性,也有其直接的政治与情绪所指。他所直接针对与批评的,是"二战"后苏联、法国等所发生的政府过于干预日常生活的大规模城市重建、城乡改造运动。在今天的语境下,应该对空间拜物教进行更为客观、冷静的逻辑分析与问题呈现。我们认为,工业化与城市化的关系可能远比列斐伏尔当时所想象的要复杂。人类还未超越工业社会、市场社会,空间拜物教还未成为超越、统领商品拜物教的新型拜物教。空间拜物教是商品拜物教、资本拜物教的当代形态。空间拜物教的深层秘密也就是商品拜物教,商品拜物教是空间拜物教的深层本质。

在《资本论》中,马克思深刻揭示过商品拜物教的历史本质。他认为,"商品世界的这种拜物教性质,像以上分析已经表明的,是来源于生产商品的劳动所特有的社会性质"①。从人所生产与创造的产品,到成为以交换为目的的商品,再到成为人们无限追求利润、金钱的工具与上帝,是商品拜物教的生成逻辑。人与人之间的社会关系被物化为物与物之间的关系,物与物之间的关系成为左右人与人社会关系的主体,人与人之间的劳动关系及全面的社会关系被片面化为利益关系、商品关系,利益交换、商品关系、货币关系成为人与人之间社会关系的主宰,货币增殖成为人们的追求目标,是商品拜物教的重要特点。这些特点正为空间拜物教所具有。

"拜物教是同商品生产分不开的。"②空间拜物教的形成需要诸多条件,其中一个重要条件就是空间成为商品,成为人们追求权力与利益的工具,成为交换价值的一种载体,成为资本增殖的一种形式与载体。随着科技的发展、生产能力的提高,传统商品进入过剩的阶段,通过传统商品已很难获得高额利润或者垄断利润。而随着人口的不断增加,土地、住房等空间却日益表现出稀缺性,空间的稀缺性及空间对人的必需性,正好为资本以空间为载体获得高额利润或者垄断利润提供了天然条件。住宅等空间在本质上是人的社会创造物,但在无制约的商品与资本逻辑主导下,空间成为超越于人的独立主体。"在那里,人脑的产物表现为赋有生命的、彼此发生关系并同人发生关系的独立存在的东西。"③空间拜物教与商品拜物教具有同构性,空间拜物教是资本全球化语境下商品拜物教的一种新形态。

人的生命活动、文明构成具有全面性,同商品拜物教一样,空间拜物教的问题在于把人的全面本质、社会生活的全面性,片面化为作为商品与利润工具的空间这一个层面或维度。任何形式的拜物教在本质上"只是人们自己的一定的社会关系,但它在人们面前采取了物与物的关系的虚幻形式"④。问题的本质,往往指示了解决问题的方向。在马克思看来,调整社会关系、生产

---

① 〔德〕马克思:《资本论》,第1卷,中共中央马恩列斯著作编译局译,北京:人民出版社,2004年,第90页。
② 同上。
③ 同上。
④ 同上。

关系、生产制度是破解拜物教的重要路径。"一旦我们逃到其他的生产形式中去,商品世界的全部神秘性,在商品生产的基础上笼罩着劳动产品的一切魔法妖术,就立刻消失了。"①对当代空间生产而言,采取商品生产的形式有其历史合理性,但也有其问题性。制约资本逻辑,突破权力垄断,改变空间生产的方式与机制,是制约空间拜物教的一个重要条件。在没有制约的资本逻辑主导下,在权力与资本的勾结下,任何物品与对象,特别是人们普遍需要的物品与对象,都可能成为自然稀缺物,或被人为地创造为稀缺性的商品、交换价值,都可能成为拜物教的具体对象。空间拜物教只不过是资本与权力在再生产自身的一种当代形式。未来,只要条件合适,完全可能出现新形态的商品拜物教。

三

空间拜物教是价值理念、行为选择、统治策略的统一。作为一种价值理念,空间拜物教表现为人们把空间生产作为谋取利益的重要工具。作为行为选择,空间拜物教表现为人们在空间稀缺的现实语境下,往往只能选择从事空间生产或空间交换,以获得或保持自己的现实利益与货币价值。作为一种统治策略,空间拜物教表现为占有上层建筑的所谓精英,把垄断空间生产、神圣化特定空间作为谋求自身统治合法性、获得统治"红利"的新手段。作为空间生产主要表现的当代城市化,正综合性地具有以上三个特征。也正是基于此,列斐伏尔把城市异化、城市主义作为空间拜物教的主要表现。

呈现当代城市化进程中的空间拜物教问题,并不是要非历史地建立与走向空间乌托邦。所谓空间乌托邦,也就是以乌托邦式的方式理解和解决空间生产中存在的问题。或者认为,可以不受历史条件制约,建立一种与历史无关的理想空间;或者认为,可以不受现实环境制约,在一定范围内建立一种孤岛式的理想空间。正如所有乌托邦一样,空间乌托邦有其情感与现实价值,以一种特定的方式反映了人们对现实空间的不满,反映了人们对更合理的空间结构与空间条件的渴望,并具有一定的社会团结作用。但问题的关键在于,乌托邦本身往往是少数人的抽象构想物,具有相当的虚假理性色彩与深刻的意识形态性。这一点,正如列斐伏尔所揭示的,城市社会作为空间生产的过程,其本性还处于过程之中,城市性本身还具有未确定性。面对这种未确定的空间生产、城市未来,用任何一种空间乌托邦、意识形态作为城市发展

---

① 〔德〕马克思:《资本论》,第1卷,中共中央马恩列斯著作编译局译,北京:人民出版社,2004年,第93页。

的排他策略,都是有问题的,都可能带来城市与社会发展的停顿甚至退步。

以意识形态与乌托邦的方式推进空间生产与城市发展,其最大的问题是对普通人的日常生活的压制、剥夺与伤害。在这个意义上,从其本质与效果看,乌托邦式的空间与城市策略,只是另一种形式的空间拜物教。空间乌托邦与空间拜物教具有深层的共谋性。它们都成就了少数人,伤害了多数人;维护了权力者的利益,侵害了普通人的权利;建构了一种所谓的宏观繁荣,造成了对社会微观基础的破坏。突破与制约空间拜物教,建构空间与城市正义,需要对人与空间的关系进行深层哲学反省,需要一种历史与现实、自我与环境相统一的综合伦理策略。

第一,确认空间的历史性、"流动性",树立有限与无限相统一的人化时空观。当人们把目光放在当下、当代,特别是我们所面对的诸多复杂现代性问题时,会发现,时间与空间都具有社会性、政治性,而不仅仅是与人的主体性无关、人只能被动地生存于其中的纯客观形式。现代性条件下,人们逐渐发现,人被既有的时空所控制、创造,同时,人也社会性地干预、创造着时间与空间。但问题在于,面对原本被认定为纯客观而现在被认定为主体可干预的时间与空间,当人们的主体性与干预能力不断增强时,人们也往往会走向另一个极端,把时空理解为纯主观的,认为人们可以无限制、无限度地对时空进行干预、控制、创造,并希望自己能够获得永恒无限的时间与永恒无限的空间。比如,能够长生且永生,能够疆土无限、宫殿万间。反思人类文明变迁史,我们会有一个感性的发现,对于任何主体、任何个体与集团而言,都会不可避免地遭遇时空的有限性。对于任何现实主体而言,时间与空间都是有限的、流动的,没有任何主体能够永生,能够永久地占有某个空间。面对日益严重的城市问题,空间生产与分配中的垄断、不平等、无限度的私有化趋势等问题,从人的历史本性与现实需要出发,在确认时空具有属人性、关系性的同时,自觉确认时空特别是空间的有限性、流动性,对解决当下面临的诸多城市与空间等问题具有基础意义。

第二,确认空间的辩证性、"公共性",不断营建私人性与公共性有机统一的空间运行体制。其实,最希望获得永恒、无限时间与空间的,往往是那些掌握权力、有既得垄断利益的所谓精英、权贵。在资本逻辑与财富逻辑主导下,权力精英往往出于各种自觉或不自觉、集体有意识或无意识的目的或者考虑,建构、再生产一种排他、垄断、私有化的空间生产与分配体制。公共权力的个体或集团私有及其与资本的勾结,造成了空间生产、分配、流通、消费过程中的垄断,放大、加剧甚至创造了空间的稀缺,通过这种垄断与稀缺,垄断集团、既得利益者维持自身、增殖自身。在这个意义上,并没有抽象、孤立的空间生产、分配、流通、消费,空间行为只是整体社会运行体制的一个侧面、表现、有机构成。与社会整体机制的市场化、资本化相契合,空间运行中的私有幻象不断增加。私有幻象有其意义,也有其深层问题。以城市发展史、变迁史为例,可以发现,城市作为空间的重要载体,总是私人性与公共性的统一,在私人空间不断获得尊重的同时,公共空间不断扩大是城市发展的一个总体趋势。我们需要空间,但仅有空间是不够的,空间并不能够承载我们的一切。我们需要私人空间,但仅有私人空间也是不够的,无限追求私有空间的扩张并不能解决我们的所有问题,并不能带给我们追求的永续安全与终极安慰。在丛林竞争体制下,空间已经寄托了人们太多的希望。逐渐建立私人性与公共性相统一的空间运行体制,是空间与城市获得永续发展、永续和平的一个必然选择。

第三,确认空间伦理的多层性、"微观性",不断建构宏观与微观相统一的城市与空间正义。在《建筑的伦理效应》的作者卡斯腾·哈里斯(Karsten Harries)看来,建筑具有重要的伦理功能,对人的伦理关系与伦理观念的生成、转换具有基础意义。"对建筑的伦理功能,我指的是它帮助形成某种共同精神气质的任务。"[①]"建筑的伦理功能最终不能同它的政治功能相分离。"[②]其实,空间与伦理是一种相对生成与相互作用的关系。但这种相互作用的方向、结构、方式,并不一定就是合理的、正义的。这种相互关系既可以形成服从于少数人的威权型空间伦理,也可能形成服从于多数人的平等型空间伦理。正如列斐伏尔所说,不同的意识形态与统治集团,都把空间与城市及其生产、改造,作为形成与维持自身合法性的重要场域与方式。反思已有的空间伦理史、城市发展史,可以发现,城市伦理在本质上由宏观领域与微观领域共同构成,宏观与微观是空间正义的两个互补层面,缺一不可。但迄今为止的城市与空间伦理仍以宏观与政治力量为主导,以掌握资本与权力的政治精英、技术与管理专家等为主体,微观与社会力量、日常生活主体很少能作为主体参与空间运行、空间实践。这是造成城市失序甚至城市反叛的一个重要原因。普通人无法真正参与的城市,借用汪峰歌曲《再见青春》中的歌词,是一种"满目疮痍的繁华"。面对日益繁荣的城市,没有权力与资本的大众只能日感沧桑与失落。"日常生活与城市,是不可分割地联系在一起的。"[③]"需要确定一个结合点,确定这两种'标准',即微观与宏观、近端秩序与远端秩序、分

---

① 〔美〕卡斯腾·哈里斯:《建筑的伦理功能》,申嘉、陈朝晖译,北京:华夏出版社,2001年,第3页。
② 同上书,第12页。
③ 〔法〕亨利·勒菲弗:《空间与政治》,李春译,上海:上海人民出版社,2008年,第1页。

邻与交流等等的连接。"①建构空间正义、城市正义的关键或者说一个基础内容,就在于如何保障、实现微观领域、日常生活领域中的普通人、居住者,空间的真正使用者,在空间的生产、再生产中的主体地位。面对现实问题,突显城市正义的微观基础,对推动空间与城市伦理转换,重构城市正义、空间正义的伦理具有基础意义。微观正义是城市正义、空间伦理转型的重要方向。

---

① 〔法〕亨利·勒菲弗:《空间与政治》,李春译,上海:上海人民出版社,2008年,第15页。

第四章　城市社会的空间权利

随着我国城市化进程的深化，我们开始遭遇复杂的空间权利问题。一方面，人们日益把空间作为一种基本的甚至核心性的主体权利看待，为了获得、保有、增大自身的权利而进行空间营建、空间竞争、空间交换等空间行动。通过这种空间行动，社会整体的空间生产能力不断提升，空间景观、空间样态不断优化，空间成果不断累积。可以说，空间权利的生成与拓展，人们空间权利意识的提升，人们对空间权利的追求，具有巨大的发展与文明效应，是推动整体社会经济等文明发展的重要动力。另一方面，空间权利的发育、演变也表现出某些令人担忧的趋势。当人们过度追求自身的空间权利，甚至把空间权利作为至上性的主体权利，至上性的个人化、区域化权利看待时，空间权利就可能走向固化，当权利日益丧失弹性而成为一种黏稠性权利时，其发展效用、动力效用就会发生反转，从正向动力反转为一种发展阻力，成为一种阻碍整体及个体发展的梗阻性力量、逆文明因素。

所谓权利黏性，就是由于权利的过度个体化或区块化、区域化、国家化，由于微观、区域或体系主体对自身权利、利益的理性或非理性坚持，也由于国家宏观制度对权利确认与设置的片面化、刚性化，所导致的不同层面的权利主体围绕空间、物品、财富等权利对象所形成的一种相互纠缠、胶着、无法改变与推进的状态。在这种相互胶着、扭结的状态下，所有主体都丧失了行动可能，所有主体的权利都无法进一步改善。

城市发展与更新中日益难以解决的拆迁难、钉子户、过度维权等现象，是我国空间生产开始遭遇复杂权利黏性问题的重要表现。空间生产是当代社会变迁、社会发展的重要内容、重要发动机、重要标尺。空间生产的停滞，既是经济社会总体发展进入相对停滞的状态的表现，也是其重要原因。空间权利的黏稠化、黏性化，其后果是使空间生产丧失了变迁、更新的可能，并最终危及所有人的空间权利，危及区域与整体的综合发展。在充分激活、运用空间权利的动力效用的同时，防止与克服空间权利的黏性化，对保持空间生产的活力、可持续，对增进个体及社会的综合权利、权益，促进社会整体发展具有基础意义。

一

当列斐伏尔用空间生产来指认城市化、城市变迁的本质时,其重要贡献在于从本体论、方法论的高度揭示、确认了以城市为代表的空间不是固化或既成的纯自然、纯客体,而是人与客体、人与自然相互作用的过程性的社会实践创造物。这一点正如安迪斯(Andrzej Zieleniec)所说,"认识空间也就是认识社会世界,并最终导向对我们自身的认识。……空间不仅是计划、逻辑与科学的世界,不仅是意识形态和权力的世界;空间也是我们以自己的方式生存、居住、交谈、使用的世界。……空间在本质上是社会的并需要进行批判性分析"①。

当列斐伏尔、哈维、苏贾等认为城市权利(right to the city)是一种基本的主体权利时,认为当代城市发展存在严重的空间不正义时,他们更是直接指向当代空间生产中存在的一个重大问题:人与人之间、不同主体之间在空间占有、规划、使用、治理等进程中的社会不平等、权利不平等。"城市权利本身就标示着一种处于首位的权利:自由的权利,在社会中有个性的权利,有居住地和主动去居住的权利。进入城市的权利、参与的权利、支配财富的权利(同财产权有明晰的区别),是城市权利的内在要求。"②哈维认为,空间生产是当代资本主义再生产自身的一种方式。"空间和时间实践在社会事务中从来都不是中立的。它们始终都表现了某种阶级的或者其他的社会内容,并且往往成为剧烈的社会斗争的焦点。"③

列斐伏尔等对空间权利与社会不平等关系的揭示,无疑抓住了当代以城市化为主导的空间生产中存在的一个重要问题,他们对平等空间权利的呼吁也具有巨大的理想建构与道德批判意义。但问题在于,从历史看,空间生产与空间权利究竟是一种什么样的关系?如果空间生产停滞了,空间权利包括其他权利还有增长与平等的可能么?我们认为,空间与权利关系的合理化,空间权利与社会发展、社会正义关系的合理化,不是通过道德批判就可以实现的。权利本身、空间与权利的关系都有一个历史生成的过程,空间的权利

---

① Andrzej Zieleniec, *Space and Social Theory*, London, SAGE Publications, 2007, "Preface", p. 8.
② 参阅 Don Mitchell, *The Right to the City*, New York and London, The Guilford Press, 2003, p. 18。
③ 〔美〕戴维·哈维:《后现代的状况——对文化变迁之缘起的研究》,阎嘉译,北京:商务印书馆,2003年,第299页。

化也不是一个可以无限推进的进程。需要对权利本身以及空间与权利的关系,进行更为具体的逻辑与历史考察。

正如诸多法学家所揭示的,权利在本质上是一种内向性的以个体为导向的主体资格与主体能力。权利是处于具体的社会关系中的主体之主体性的一种对象性实现,一种获得具体资源、利益、权益的主体资格、正当理由。"权利概念之要义是一种资格"①,是处于社会关系中的人们接受或获取对象性资源、利益的一种比较优势、主体资格。权利是人们主张、获得某利益、益处的一般理由,为人们采取某种行动提供正当性,为人们所承认的合理的"权利给予我们法律'正当'的信心"②。当我们说"这是我的权利"时,也就是说这种行为是正当、正确、没有错误、无可置疑的。

虽然,权利是自我导向的,但从权利生成与实现的结构看,权利也是一种社会性、关系性存在,孤立的人无所谓权利。"在享有一项权利时,他人的角色至关紧要。"③只有在特定的社会条件下,在人与人关系的意义上,才有所谓的权利问题。只有社会整体发展到一定阶段,作为整体存在的社会能够为个体的主体性的发展提供必要的物质条件保障与文化知识语境时,个体导向的权利才有可能生成、实现、维系。从获得的方式看,权利有消极与积极,或者说被动与主动两种。消极的权利,来自具体社会环境中的传承与让渡,所谓天赋人权,正是指这种消极的权利;积极的权利来自主体以社会化的方式所进行的生产与创造,所谓劳动创造自由,正是指这种积极的权利。对主体而言,权利是消极权利与积极权利的统一。"权利有两种:行为权与接受权。享有行为权是有资格去做某事或以某种方式去做某种事的权利。享有接受权是有资格接受某种或以某种方式受到对待的权利。"④不管是积极权利还是消极权利,都具有深刻的非个体性、社会性。也就是说,权利是一种处于私人性与公共性之间的张力性存在。

权利的内容是多样的,涉及同人的主体性相关的所有的自然物与人化物、身体、精神、人格等。在文明的演进与变迁中,权利日益与空间相关联,权利的空间化以及空间的权利化,是一个不断清晰的趋势。"主体性与空间连接在一起,而且不断与空间的特定历史定义重新绞合在一起。在这个意义

---

① 〔美〕A. J. M. 米尔恩:《人的权利与人的多样性——人权哲学》,夏勇、张志铭译,北京:中国大百科全书出版社,1995 年,第 111 页。
② 〔美〕罗纳德·德沃金:《认真对待权利》,信春鹰、吴玉章译,北京:中国大百科全书出版社,1998 年,"中文版序言"第 3 页。
③ 〔美〕A. J. M. 米尔恩:《人的权利与人的多样性——人权哲学》,夏勇、张志铭译,北京:中国大百科全书出版社,1995 年,第 112 页。
④ 同上。

上,空间和主体性都不是自由漂浮的:它们相互依赖,复杂地结构成统一体。"①虽然在文明的早期,主体与空间就已经自在地相联,但空间的权利化与权利的空间化,空间成为一种权利的对象与内容,空间成为一种主体权利,却需要诸多条件。空间的权利化,主要是一个近代现象。没有近代以来人口的增多,没有以工业革命为代表的主体能力的提升,没有以地理大发现为标志的全球性的发展与空间竞争,空间及空间权利也许会一直只是作为一种背景因素、自在因素而存在。

在近代工业文明、商业文明的推动下,空间日益成为一种稀缺性资源,成为人们实现权利的重要甚至第一资源。"消极的主体(感觉)和积极的主体(劳动)在空间中交汇。"②也就是说,在商业与工业文明背景下,不论是消极权利、接受权利,或者积极权利、行动权利,都日益密切地同空间相关涉。一方面,权利日益表现出对空间的依赖,离开了空间这个载体与场域,权利无法生成、无以存续;另一方面,空间日益成为权利的内容与对象,谁拥有了空间,谁也就拥有了权利。如果说,在前现代条件下,在人口与土地等空间的矛盾还不十分激烈的情况下,在人们可以用拓展新空间这种方式解决人地、人与空间矛盾的情境下,空间对主体存在的意义更多是自在性的、背景性的。那么,在现代性语境下,在全球适于人生活与居住的空间基本上被拓殖与分割完毕,在人口不断增多这个语境下,土地、海洋甚至外太空间都日益成为发展主体必须直接关注与竞争性获得的权利对象,空间对主体性的意义日益走向前台。历史转换中,空间权利的内容日益丰富、丰满、多样。现代社会,空间权利主要有:进入空间的权利、接受空间的权利、命名空间的权利、交换空间的权利、管理空间的权利、生产与更新空间的权利等。

在拥挤的大城市,人们对空间所表现出的寸土必争,正是空间与权利、空间与主体性的关系日益紧密的一种表现。人们日益认识到,获得空间是获得权利的重要方式,空间是财富的重要形态,是权利的重要甚至核心因素。空间权利甚至上升为一种不可剥夺的人身性权利,成为一种同人的身体权、名誉权、社会政治权利等同等重要、相互嵌入的基本权利。可以说,人的权利与主体性的每一个方面,都有其相关、对应的空间内容。或者说,空间相关、内含于人的权利与主体性的每一个方面。可以说,没有空间内容、不能以空间形式对象化的权利往往是抽象的权利,非现实的权利。能否空间化、能否具

---

① 〔英〕凯·安德森、〔美〕莫娜·多莫什、〔英〕史蒂夫·派尔、〔英〕奈杰尔·思里夫特主编:《文化地理学手册》,李蕾蕾、张景秋译,北京:商务印书馆,2009年,第439页。
② Henry Lefebvre, *The Production of Space*, Malden, Blackwell Publilsing, 1991, p. 405.

有空间内容,是衡量权利的实现程度的重要尺度。

空间权利如此重要,以至人们日益倾向于从个体、自我导向看待空间权利。个体化、区块化是空间权利变迁的一个重要当代趋势——日益把占有、拥有的空间意向性地看作自身的私人性空间,作为维护自身存在与利益的内生性对象、载体。应该说,这种趋势具有巨大的文明与发展效应。空间的权利化、个体化、区块化,有利于激活空间占有者的发展动力,从而推动社会整体的进步。但同时也应该看到,空间的权利化及其效应具有深刻的辩证性,具有复杂的人类学、政治学等后果。空间的过度权利化、个体化、区块化,也会形成一种空间垄断,成为阻碍空间流动,阻碍社会整体的创新、进步、发展的黏性力量。空间私人性的无序无限扩张,空间的无序无限私人化、权利化,使当代空间生产出现了停滞的趋势。

空间的权利化、空间权利的生成,是空间生产、社会发展的重要动力,但如果空间的权利化倾向走向了极端与片面,固化为一种由某种主体垄断的权利,这种动力就为成为阻力。我们把权利的这种固化、垄断化称为权利黏性。对空间生产而言,当空间权利走向垄断、固化,当空间归属的流动性减弱时,空间权利也就从一种有活力的动力性因素变成为阻碍发展的黏性力量、反向力量。一些国家和区域之所以发展乏力,原因是多样的,其中一个重要原因就是空间被过度地私人化、固化,使新的发展方式、发展主体无法获得必需的空间条件。

二

现代性语境下,人们往往更多地从个体性、私人性这个维度确认空间权利。但从深层构架看,空间权利其实具有多维的双重性,是个体性与整体性、私人性与公共性的统一。

财产是权利的对象性实现,权利是财产的主体性本质。财产与自由的关系也就是权利与自由的关系。黑格尔对财产、主体性、自由之间关系的分析对认识空间权利的辩证性具有借鉴意义。在黑格尔看来,一方面,权利、财产是自由的定在,以财产等形式存在的权利是主体性的定在,在这个意义上,权利具有私人性。"真正的观点在于,从自由的角度看,财产是自由最初的定在,它本身是本质的目的。"① 对任何一个主体而言,没有具体权利、财产内容的主体性,只是一种抽象的存在。在这个意义上,权利是一种自我导向的主体性。在现代性条件下,空间作为一种财富,具有私人性、排他性。"占有,就

---

① 〔德〕黑格尔:《法哲学原理》,范扬、张企泰译,北京:商务印书馆,1961年,第54页。

是所有权。在这里自由是一般抽象意志的自由,或者,因而是仅仅对自己有关的单个人的自由。"①"由于我借助于所有权而给我的意志以定在,所以所有权也必然具有成为这个单元的东西或我的东西这种规定。这就是关于私人所有权的必然性的重要学说。"②"唯有人格才能给予对物的权利,所以人格权本质上就是物权。"③也就是说,在特殊性这个环节,权利具有排他性。

另一方面,公共性又是权利生成与存在的客观结构。"每一方虽说确信它自己的存在,但不确信对方的存在,因而它自己对自己的确信也就没有真理性了。"④"自我意识只有在一个别的自我意识里才获得它的满足。"⑤任何个体只有回归到家庭、社会、国家中,成为社会性、公民性的存在时,才可能获得真正的自由,其权利才能得到实现。即使在个体性日益发育的现代性条件下,财产与权利仍然具有公共性。虽然,"从意志的特殊性这一环节看,这种意志另外具有由各个特定目的所构成的内容,而且由于它是排他的单一性,所以这种内容对它说来同时又是外部的、直接在眼前看到的世界"⑥。但同时,在普遍性这个环节,个体化的权利并不是一个最高范畴。"因为粗野小人才最坚持自己的权利,而高尚的精神则顾虑到事物是否还有其他一些方面。"⑦"人格一般包含着权利能力,并且构成抽象的从而是形式的法的概念和这种法的其本身也是抽象的基础。所以法的命令是:'成为一个人,并尊敬他人为人。'"⑧

如果说,黑格尔是从逻辑上揭示了权利的双重性,马克思则通过对地租之历史特性的研究具体揭示了空间权利的私人性与公共性。

一方面,马克思认为,"土地所有权的前提是,一些人垄断一定量的土地,把它当作排斥其他一切人的、只服从自己私人意志的领域"⑨,也就是说,空间权利具有私人性、排他性。但空间权利的私人性、排他性在不同的语境下,其具体形式会有所不同,需要避免"把适应于社会生产过程不同发展阶段的不同地租形式混同起来"⑩。"不同地租形式的这种共同性——地租是土地

---

① 〔德〕黑格尔:《法哲学原理》,范扬、张企泰译,北京:商务印书馆,1961年,第48页。
② 同上书,第55页。
③ 同上书,第48页。
④ 〔德〕黑格尔:《精神现象学》,上,贺麟、王玖兴译,北京:商务印书馆,1979年,第125页。
⑤ 同上书,第121页。
⑥ 〔德〕黑格尔:《法哲学原理》,范扬、张企泰译,北京:商务印书馆,1961年,第44页。
⑦ 同上书,第47页。
⑧ 同上书,第46页。
⑨ 〔德〕马克思:《资本论》,第3卷,中共中央马恩列斯著作编译局译,北京:人民出版社,2004年,第695页。
⑩ 同上书,第714页。

所有权在经济上的实现,即不同的人借以独占一定部分土地的法律虚构在经济上的实现,使人们忽略了区别。"①空间权利的私人性本身具有历史性、具体性。

另一方面,土地权利、空间权利的个体、私人性,其实深刻关联、来源于社会整体的发展与变迁。离开了社会性、公共性,所谓的个体性、私人性无以存在。"正是在土地所有权在经济上的实现中,在地租的发展中,有一点表现得特别突出,这就是:地租的量完全不是由地租获得者的参与所决定的,而是由他没有参与的、和他无关的社会劳动的发展决定的。"②"在社会发展的进程中,地租的量(从而土地的价值)作为社会总体的结果而增长起来。一方面,随着社会的发展,土地产品的市场和需求会增大;另一方面,对土地本身的直接需求也会增大,因为土地本身对一切可能的,甚至非农业的生产部门来说,都是进行竞争的生产条件。"③"土地产品的价值,从而土地的价值总是随着它们的市场的扩大,需求的增加,以及同土地产品相对立的商品世界的扩大,换句话说,也就是随着非农业的商品生产者人数和非农业的商品生产量的扩大,按相同的程度增加。"④也就是说,正是由于整体社会空间制度的不合理,由于国家与社会层面的制度、体制对不合理空间垄断的规则论保护,才使得少数空间占有者可以获得超额性的土地与空间收益。"土地所有者只是坐享剩余产品和剩余价值中一个这样无须他参与而不断增大的份额。这就是他所处地位的特征。"⑤在马克思看来,土地等空间的超额收益在根本上来源于对稀缺性的垄断。"利用瀑布而产生的超额利润,不是产生于资本,而是产生于资本对一种能够被人垄断并且已经被人垄断的自然力的利用。在这种情况下,超额利润就转化为地租,也就是说,它落入瀑布的所有者手中。"⑥超额收益是"由于支配一种可以和他的资本分离、可以垄断并且数量有限的自然力而产生"⑦。当整体社会空间制度变革并趋于合理时,这种不平等的空间权利、利益收益就可能被终止。

空间权利的黏性化,是空间意识、空间制度的综合问题产物。这种权利黏性的形成,有深层的历史与现实、区域与制度、文化与心理等原因。空间权

---

① 〔德〕马克思:《资本论》,第3卷,中共中央马恩列斯著作编译局译,北京:人民出版社,2004年,第715页。
② 同上书,第717页。
③ 同上书,第718页。
④ 同上书,第719页。
⑤ 同上。
⑥ 同上书,第727页。
⑦ 同上书,第728页。

利黏性化的本质是割裂了空间权利的私人性与公共性、固定性与流动性、有效性与有限性等关系,而进入一种综合性的权利幻象。具体而言,空间权利的黏性化,同以下三种有深层问题但又发挥客观作用的空间幻象、空间意识形态有关。

其一,空间主体的个体-私有幻象。空间是人的创造物,人是空间的主体,但作为空间主体的人不仅是个体性主体,更是社会整体性主体。空间主体是个体性与社会性的统一。但在现代性语境下,人们往往把个体、私有作为空间的唯一主体看待,并趋向无限制地追求拓展、占有更多个体私有空间。其实,即使从个体自身维度看,其所能够占有、使用、支配的空间也受到自身能力、需求的综合制约,在本质上也是有限的。随着个体身体这个空间的消失,个体所占有、使用的空间必然会归属于其他个体或社会。也就是说,空间的创造、归属主体在本质上是社会和整体。但人们出于现实利益的考虑,往往会有意无意地接受、进入一种幻象性的个体私有空间观,甚至对个体私有空间进行无限性的追求。在反思的意义上,现代性的一个重要动力机制就是利用个体幻象,利用人们对自身现实利益的追求,达到对整体发展的推进。借用黑格尔的话,这是现代性空间生产的一种理性狡计。空间权利的黏性化,同人们对空间生产中的这种理性狡计缺少自觉反思有内在关联。

其二,空间占有的永恒-固化幻象。空间由某个、某类主体所有、占有往往只是暂时的,随着时间的流逝,由于各类原因,所有的空间都会易主。没有任何一个、一类主体可以永恒性地占有某个空间。在这个意义上,空间归属是私人性与公共性的统一,公共性不断增加是空间归属变迁的一个内在趋势;空间归属是稳定性与变动性的统一,流动性不断增加也是空间归属变迁的一个内在趋势。反思一些都市市中心的变迁,就可以发现这种趋势。在前工业时期,市中心往往是帝王堡垒、教堂庙宇之所在;随着市场化的推进,市中心往往由大型商场、购物中心所占领;随着金融化的推进,由大型金融机构所建构的大型建筑则开始逐渐占领城市中心。这一点,正如马克思所揭示,在现实的空间权利永恒性的背后是历史变迁的必然性。"土地所有权的正当性,和一定生产方式的一切其他所有权形式的正当性一样,要由生产方式本身的历史的暂时的必然性来说明,因而也要由那些由此产生的生产关系和交换关系历史的暂时的必然性来说明。"[①]空间占有的永恒只是一个由现实不合理体制所维护、决定的幻象。当土地等空间制度出现结构性变革,当时代

---

① 〔德〕马克思:《资本论》,第3卷,中共中央马恩列斯著作编译局译,北京:人民出版社,2004年,第702页。

与宏观条件变革,空间垄断被打破时,所谓的永恒、正当的空间占有也就终止了。

其三,空间效用的财富-自由幻象。正如黑格尔所说,财富是自由的定在。在一个空间日益稀缺的时代,在空间制度仍有诸多不合理之处的语境下,拥有空间确实对增大自身财富、获得更多的自由度有重要作用。但即使在这种有问题的财富时代语境下,财富,包括以空间为载体的财富也不是获得自由的单一、唯一条件。正如卢梭所说,人生而自由但无往不在枷锁之中。自由是多因素作用的结果,既受到时代因素的决定,也受到主体自身诸多条件的影响。拥有财富,包括空间财富的数量、体量,只是获得、衡量自由的一个条件。如果没有社会整体的进步与和谐、和平、稳定,没有主体自身的身体、精神、素养、能力的综合提升,所谓自由只是一种片面的自由。以获得更多的空间、空间化财富这种方式追求自由,是对自由的一个片面化理解,从长期看,这是一种必然会破碎的财富-自由幻象。人们在一定时期对这种幻象的追求、执着,并将这种执着转化为一种社会习惯甚至宏观层面的规则与法律时,就会导致空间权利的黏性化,并导致空间生产与空间更新出现梗阻甚至停滞。

三

能否保持空间生产的合理节奏和持续活力,事关国家、社会与个体各类主体的发展和福利。一方面,空间生产是社会发展的一个重要部分,空间生产日益成为社会发展的重要动力;另一方面,空间生产也不宜异化性增长,空间生产需要同其他人口、环境、文化等方面的发展、优化有机协调。一方面,推进空间生产是增加与改进人民与社会福祉的重要路径,是检测社会发展系统的重要指标,空间生产的落后、停滞将导致社会发展的系统性停滞;另一方面,空间生产也存在一个不断系统优化的问题,空间生产的水平与质量虽然不断进步,但由于各层面主体对空间生产的规律性还没有把握到位,空间生产的推进在总体上还带有某种在试错中推进的色彩。空间权利的黏性增大及其所导致的综合后果,正是空间生产还没有进入成熟阶段的一个重要表现。探索更为合理的空间权利的配置与运行方式,保护空间生产的活力可持续,是社会良性可持续发展的一个重要战略性选择。改善空间权利的配置与运行方式,涉及国家宏观空间制度、区域中观空间行动以及微观主体空间素质的改善、提升,需要宏观、中观、微观之间的有机协调、系统合理化。

可以预期,随着时间的推移,随着城市化率的提高、城市社会的推进,空间与权利的关联将日益紧密,空间权利的内容仍将不断丰富,主体之间的空间权利之争也将日益复杂、激烈。在空间权利的垄断风险、黏性风险有所增强的问题语境下,全面认识空间权利的发展趋势,规范空间权利的配置与运行,推进空间生产、空间权利的合理化,已经成为一项事关社会整体运行的基础工作。

合理化是社会发展的重要趋势,也是空间生产的重要趋势。所谓合理化,也就是人在把握各层面复杂关系的基础上,自觉营建能够统筹复杂关系的制度、知识、行为方式。用黑格尔的话说,合理化也就是个别、特殊、普遍三个层面的有机统一,个别、特殊、普遍,个体、社会、国家三层主体都认识到自身只有在与其他层面主体的有机互动中才具有真正的存在,才能得到发展。当然,三个层面主体的和谐互生是一种相对理想的状态,在真实的历史进程中,在不同的时代、区域、竞争条件下,往往会更为注重某个层面主体的作用与权利。前现代往往更为注重普遍与国家层面;近代以来,则开始更为注重社会及个体的作用与权利;当代社会,正在逐渐进入需要也必然同时兼顾、统筹个体、社会、国家三层主体的阶段。

对当代社会而言,可以说,没有个体、社会、国家三层主体的总体和谐、关系合理化,也就没有经济社会存在与发展的良性可持续。所谓社会发展的合理化,从本体论与社会实在论角度看,也就是个体、社会、国家的关系日益协调;从知识论与主体素养论角度,也就是人们对三者关系的互动规律日益获得自觉的把握,并能够通过自觉的知识行动干预关系运行中出现的问题,自觉实现关系的良性可持续。为了解决空间生产包括空间权利配置中的问题,需要自觉地推进空间生产、空间权利的合理化,需要自觉地从个体、社会、国家三层主体有机关系的角度不断把握空间权利的配置中存在与出现的问题,调整空间权利的配置制度,调适空间权利的文化心理,调整空间权利的相关行为。

其一,把握空间变迁的制度弹性,营建一种有弹性的空间制度。空间与空间权利是个别性、特殊性、普遍性的统一,涉及个体、社会、国家三个层面的利益与权益。空间权利通过国家空间制度得以确认,如果空间制度的设置过于偏重于个体,过于偏重于社会,过于偏重于国家,都不利于甚至会妨碍空间生产以及社会经济发展的良性可持续。改革开放以来,中国之所以能够相对持续地快速发展,其原因是多方面的,其中一个重要原因就是我国变革了空间制度,增大了空间配置的制度弹性,使各级政府为了发展经济、引入外资、营建市场、改善民生等可以相对集中、灵活地配置土地等空间。可以说,正是空间制度的这种弹性,为我国的经济增长与经济腾飞提供了重要条件。当然,我国的土地、建筑等空间制度也需要不断地完善,但完善的方向不能是个体、社会或国家层面空间权利的凝固化,而是个体、社会、国家空间权利的动态平衡,是使空间在不同主体之间,为了发展,可以保持较好的流动性。反思国内外的发展成就与问题,空间制度过于刚性化,不利于空间生产与社会经济发展。需要正确认识空间权利的正当性及其合理限度、历史边界,保持权利与空间权利制度的合理弹性,营建有弹性的空间权利变迁机制,以保持空间生产的可持续性,保护社会整体发展活力的可持续。空间权利的个体黏性、区域黏性与整体黏性,都会阻碍空间生产与社会发展。营建合理的空间制度,对克服空间权利黏性具有基础作用。

其二,把握空间治理的文明弹性,营建一种有弹性的空间文明。空间是个别性、特殊与普遍,也就是个体、社区与国家的统一,但对三者关系的理解,却有不同的思路。或者更为注重个体、社会、国家之间关系的对立分裂,或者更为注重三者关系的和谐互生。中国文明包括中国空间文明的特殊性在于,主要是从相融共生的角度理解和营建个体、社会与国家的关系。但在不同的时代语境下,三者之间的权重与重心有所不同。前现代条件下,土地等空间主要归代表国家的皇权所有,区域与个体的空间权利处于从属地位。这是一种以国家皇权为核心的非分裂性空间文明。随着现代性的推进,个体与区域的空间权利有所增大,但在本质上,以土地为核心的空间并不具有个体性、区域性,空间的整体性、国家性始终存在。观察中国现实的任何一切土地与空间,可以发现,几乎都不存在简单的产权归属,都涉及个体、社会(单位或社区)、国家三个主体的复杂权利关系。三层主体的同时性交织,利益性、道德性、功能性的同时性交织,是中国土地与空间文明特征。所以,对中国而言,空间问题上的产权明晰,不可能按照个体、社会、国家分裂的思路推进,也不可能把空间的功能性、利益性、道德性完全分开。处理中国空间问题需要中国智慧,需要兼顾个体、社会、国家三层主体,也需要同时性地运用行政、市场、道德三种手段。

其三,把握空间运行的心理弹性,营建一种有弹性的空间心理。空间不是与人无关的纯客体,空间是人的营建物。在空间与人的相互营建中,人对空间的社会心理图景,会对空间生产的方式、方向等产生重要影响。中国人对空间的理解,历来自有综合性、杂糅性,即使在市场经济条件下,中国人在思想深处也始终把空间作为一种主体性的归依与基本构成。黑格尔将财产认定为自由的最初定在,按照这种思路,拥有空间也就是自由的定在。但这种以自由为导向的思路,只在一定程度上符合中国人的空间意识。中国人更多的是从综合存在论、综合主体性自身来理解空间的重要性,把空间作为同自然融和为一体的主体存在的一部分来认识空间。也就是说,中国人的空间心理具有综合性,把空间同主体、家族的延续、国家、利益、道德,乃至所有的非理性层面相联。这就是中国的房价会"非理性"上涨的深层文化心性原因,也是中国人用几代人的力量"非理性"地购买住房的原因。因为中国人是用几代人的未来这种长波来衡量住房的价值,而不是用短期市场理性来评估房子的价值。同生命、种族延续相贯通的中国空间心理,是中国空间心理不同于西方的独特之处。这也是为什么中国房地产市场长期繁荣的根本原因。把握中国空间心性、空间心理的特殊性,对于营建更为合理的中国空间文明,具有重要意义。

总之,人是一种空间性、可能性、创造性存在,人的主体性与权利从根本上来源于人的创造。而空间是人们进行生产、创造的基本条件、重要内容。能否有条件、有资格、有能力进行空间生产,是衡量人的权利在现实中的实现程度的关键性指标。在这个意义上,剥夺了一个人的空间,剥夺了其进入空间、获得空间、管理空间、交换空间,特别是进行空间生产的可能、条件与资格,也就现实性地剥夺了其权利。而尊重一个人进入空间、获得空间、管理空间,特别是进行空间生产的可能,也就是对其权利的重要尊重与维护。当代空间权利的问题关键,在于如何在保护人们空间权利、激活空间权利的发展效应的同时,避免空间权利的僵化、固化,避免空间权利无序扩张为一种妨碍社会发展的黏性力量。建构有弹性的空间制度,保持空间权利的流动性,对空间生产、社会创新与社会发展的良性可持续具有基础意义。

第五章　城市社会的政治逻辑

我们正在进入城市社会、城市现代性。城市现代性语境下,城市化在作为经济和社会过程的同时,也日益表现出政治性,具有政治效应、政治后果。空间生产、城市化正在成为诱发政治事件的重要原因,城市中心往往成为各种利益主体表达政治诉求、进行权力博弈的场域,而中心城市的城市中心则往往成为重大政治事件的发生地。正如《比较城市化》的作者布赖恩·贝利认为的,我们"有责任从全世界的角度就……城市化及人类后果发表实在的和意识形态领域的看法"[①]。那么,城市与政治之间是一种怎样的关系?不同的学者有不同的认识。列斐伏尔认为,空间与政治内在相关,作为空间生产的城市化具有深刻的政治意蕴、权力底蕴。卡斯特认为,当代城市化是一个消费集中化的过程,其政治本质是资本主义语境下的劳动力的集中再生产。哈维认为,当代城市化的深层政治本质是资本逻辑的延展,是资本主义生产方式的一种具体传播、具体拓展。这些观点对认识城市与政治的关系都具有重要启发。但问题在于:其一,从时间维度看,城市与政治的互动,是否有着更为悠长的历史?在前现代语境下,城市与政治是否具有互动关系?对城市与政治的现代研究离不开对其现代性前史的梳理。其二,从空间维度看,现代性本身是否具有多样性,城市与政治的当代关联是否只具有一种样态?如果如人文地理学所揭示的,人文地理的多样性是现代性具有多样性的一个重要原因,那么,城市与政治的关系,是否存在一个空间多样的问题?这需要对城市与政治的当代关联进行更为具体的揭示。其三,从深层机理看,城市与政治的关系不是一种简单的二元线性关系,而是生成、转换于一定的社会与文化地理语境之中,并围绕城市权力相互关联;同时,对城市与政治的认识也总是自觉不自觉地围绕权力问题而展开。需要对城市与政治的互动机理进行更为具体的把握。本章以城市哲学和城市批评史为视角,从历史转换、知识变迁与核心问题三个层面对城市与政治的关系进行反思,以期对更

---

① 〔美〕布莱恩·贝利:《比较城市化》,顾朝林译,北京:商务印书馆,2010年,"前言"第4页。

深入的研究有所助益。

一

反思全球城市史、人类文明史,可以发现,城市现代性有一个历史生成的过程,从古代到当代,城市与政治一直内在互动。历史转换中,城市与政治的过程性有机互动,构成了一种具体而变迁的"城市-政治生态"。从大的历史脉络看,以西方文明变迁为考察主线,"城市-政治生态"主要经历了这样几个阶段。

其一,在人类文明的早期,城市与政治之间就已密切相关。在诺克斯看来,在词源学上,城市与文明具有同一性,共享同一个词根,这在一定程度上反映了城市起源与文明起源的同步性、同一性。"文明和城市在历史上就是珠联璧合的——拉丁文的 civitas(城市)就是文明(civilization)的词源。"①斯特恩斯(Peter N. Stearns)认为,"文明(civilization)一词来源于拉丁语'civilis',含义为'公民的'。这个词由罗马人创造,用以区分以城市为基础的城市文明中作为公民的罗马人自己和处于罗马人的地中海帝国边缘沙漠和森林地带的'低等人'"②。在芒福德看来,城市的起源历史悠久,其胚胎与早期形态在旧石器与新石器时期就已存在。"我们虽然有理由将城镇的物质形式产生的时间断定在新石器文化的晚期,但实际上,城市的出现乃是旧石器文化成分同新石器文化成分在更早时期相结合的最终产物。"③城市的产生离不开适当的自然环境,离不开剩余劳动、剩余产品等综合性剩余,更离不开早期政治的产生、运行与介入。"在从分散的村落经济向高度组织化的城市经济的进化过程中,最重要的参变因素是国王,或者说,王权制度。"④"城市形成中起决定作用的因素不仅看有限地域内集中了多少人口,更要看有多少人口在统一的控制下组成了一个高度分化的社区,去追求超乎饮食、生存的更高的目的。"⑤也就是说,城市从起源就不仅是一种经济现象,也同时是一种政治现象、权力现象。城市是多种文明要素在相对有限空间中的聚集,没有权力的介入,也就没有诸多文明要素间的有序交往。在这个意义上,可以

---

① 〔美〕保罗·诺克斯、琳达·迈克卡西:《城市化》,顾朝林、杨兴柱、汤培源译,北京:科学出版社,2009年,第23页。
② 〔美〕皮特·N. 斯特恩斯等:《全球文明史》,上,赵铁峰等译,赵铁峰校,北京:中华书局,2006年,第16页。
③ 〔美〕刘易斯·芒福德:《城市发展史——起源、演变和前景》,宋俊岭、倪文彦译,北京:中国建筑工业出版社,2005年,第21页。
④ 同上书,第38页。
⑤ 同上书,第67页。

说,没有政治,也就没有城市的真实产生与持续存在。

反思城市与政治的同时性起源,可以看到,一方面,城市为政治的生成提供了现实条件与实现可能。政治的核心是权力,而权力的基础是多样、多元、异质性社会主体的产生与交往,是多元主体的不同利益诉求与权利博弈,而多元利益主体的相对稳定聚集也就是城市的产生。"城市代表了人类集中的新水平,代表了人类聚落的新等级。"[1]没有以城市为核心的多种文明要素的聚集,也就没有政治、权力的产生与运行。另一方面,政治为城市提供秩序保障、明确意义、确认目的。合理的政治、权力会促生、保障城市的运行,不合理的政治、权力则会导致、加速城市的衰落。宗教权力与世俗权力的产生与结合,是早期城市也是后世城市得以存在与运行的一个基础条件。"若没有宫殿和庙宇圣界内所包含的那些神圣权力,古代城市就失去了它存在的目的和意义。"[2]权力、政治的合理运行,是城市与文明得以实现的重要秩序与制度保障。"若没有这些神圣的力量,古代城市将沦为一堆风干的泥土或石料,无形制、无目的、无意义。"[3]一些曾经的古代城市之所以成为历史的遗迹,一个可能原因就是其政治权力的失序、失范、运行不合理,以及由这种政治、权力失序所伴随或导致的生态、经济、社会等危机。

不同的城市形态往往对应于不同的政治形态。芒福德比较了美索不达米亚与埃及的早期城市,认为,在世俗权力与宗教权力的结合中,在美索不达米亚,世俗权力强于宗教权力,在埃及则是宗教权力强于世俗权力。与此相对应,美索不达米亚的城市形态往往采取封闭、密集的形式,以城墙作为重要标志;而埃及的城市则采取开放、松散的形态,没有城墙。当然,这两种"政治-城市"生态或者说"城市-政治"生态之所以不同,又受到技术水平、自然环境等的影响和制约。"埃及的生活和思想的各个方面都同美索不达米亚形成尖锐的对比,甚至它们主要河流的特性也互不相同,流向相反。"[4]埃及的城市政治是在一种相对温和的自然环境中生成,而美索不达米亚的城市政治的生成环境则相对恶劣一些。"其中一种表现出沉静和信念,另一种表现出剧烈的不安;一种始终为危险和忧患所困扰……另一种则相信……深知岁月将周而复始年年如意……一种以城堡构成了权力的坚固核心……另一种则以

---

[1] 〔美〕刘易斯·芒福德:《城市发展史——起源、演变和前景》,宋俊岭、倪文彦译,北京:中国建筑工业出版社,2005年,第67页。
[2] 同上书,第53页。
[3] 同上书,第75页。
[4] 同上书,第64页。

村庄的有组织仪式典范调和了各种新的社会力量。"①可以看到,在人类文明的早期,城市与政治,一方面具有不可分割的联系;另一方面,这种关系又并不具有唯一的形态,而呈现出人文地理差异,呈现出多样性。在自然与人文等因素的综合作用下,城市与政治的具体关系历史性地呈现出非唯一性、多样性。在城市与人类文明的演进中,"城市-政治生态"的多样性将一直存在,并不断演变、相互交往、相互博弈。

其二,在古典时期,也就是希腊与罗马时期,特定的政治与特定的城市形成了特定的"城市-政治生态"。古希腊的文化特征主要有两个,一是城邦,一是民主。对希腊而言,这两者是一种相互生成的关系。希腊城邦不是一种紧密的共同体,而是不同村庄的联合。"希腊城市就是这种很典型的村庄的联合,或称之为联村城市。它有时由自愿的民主方式产生,有时,例如雅典本身的情况,则是由国王强制形成的。而不论哪种情况,城市本身的凝聚力都是不够的,对城市的统治也不是绝对的。"②一方面,地理与文化根基不同的异质性人口积聚到一起,会产生一种天然的自治要求、朴素的民主政治倾向,这是古希腊民主制的一个重要的文化地理原因;另一方面,这种民主政治一旦产生,在运行中又会确认并生产、造就一种与其相应的城市结构、城市形态。比如,古希腊的城市与乡村就是一种相对和谐的关系。"城市和乡村构成了古希腊人的一种和谐一致,它们并不是生活中两个对立的方面。"③再比如,古希腊的城市形态主要是有机自然生成的结果,而不是按照矩形、棋盘式格局进行人为规划的产物。正是城市与政治的这种民主、有机式的共生、互动,使古希腊成为文明史、城市发展史的一个高峰。

到了古希腊的后期,也就是希腊化时期,随着希腊的对外殖民,希腊的不断扩大,希腊的帝国化,希腊的政治开始从民主走向集权,其城市也开始走向封闭与寄生。在政治集权与城市寄生的相互共生中,古希腊文化不可避免地走向了衰落。在古希腊的早期,人文与理性的和谐、民主与对话、城市与乡村的和谐、对人本身尺度的尊重等,是希腊的重要特点。"到了城邦发展的后期阶段,数量发展和组织体制本身成了终极目的,而城邦最可贵的特质却消失不见了。随着军事权力的过分集中和使用,对权力的迷信也重新抬头了。古希腊城邦未能充分扩大村庄的发展前景,这在一定程度上导致了它的最

---

① 〔美〕刘易斯·芒福德:《城市发展史——起源、演变和前景》,宋俊岭、倪文彦译,北京:中国建筑工业出版社,2005年,第94页。
② 同上书,第133页。
③ 同上书,第137页。

后崩溃。"①"如果缺乏为其收集剩余产品的政治制度的支持,古代城市的生存将难以长久。"②在不断的集权化过程中,希腊的政治-城市生态的垄断性、封闭性、绝对性开始增长。"雅典的民主是不施与外国人和奴隶的,而外国人和奴隶在总人口中占了不小的比例。"③虽然市场、商业、制造业对希腊的作用日益增加,但"商业和制造业被排斥在希腊教育以外"④,商人、生产者的社会地位低下,没有市民权利。这实际上是把希腊赖以运行的重要社会主体推到了社会边缘,使诸多社会主体被迫地选择成为不需要承担社会责任的人。"这种使一大部分城市居民被剥夺市民身份的做法,可以在相当程度上说明希腊城市崩溃的原因。把大部分居民排斥在政治之外,排斥在完全的市民身份的领域之外,这就是放手让他们不负责任。"⑤当古希腊的理性主义离开了与人文主义的共生,走向绝对封闭时,希腊、希腊城邦的衰败便具有了历史与逻辑的必然。

到了罗马时期,古典时期的"城市-政治生态"进一步走向了专制、统一与集权。"罗马帝国是单纯扩张城市权力中心的产物。"⑥罗马帝国的重要成就在于客观上推动了文明的发展、文化的传播与交往,在于建立了诸多相对小型并最终发展出自身特点的新城镇。"建立这些新城镇是一种很有价值的社会成就,它比罗马帝国以贪婪的垄断为自己弄到的任何好处都更重要。"⑦但罗马帝国本质上追求的是权力与利益的垄断,是特权者欲望的无限满足。其另一面就是"罗马帝国对民主的长期轻视"⑧。"罗马帝国从未设想把限制、禁止、有秩序的安排以及平衡等等原则应用到它的城市和帝国的实际生活中去;而且它未能给稳定的经济和公平的政治制度奠定基础,未能充分代表每一个集团的民主利益,因而无法改善大城市的生活。"⑨"正是罗马城的浩大、贪婪使这座城市走上了自行毁灭的道路,而且从未满足过自身的需求。"⑩

---

① 〔美〕刘易斯·芒福德:《城市发展史——起源、演变和前景》,宋俊岭、倪文彦译,北京:中国建筑工业出版社,2005年,第141页。
② 〔美〕保罗·M.霍恩伯格、林恩·霍伦·利斯:《都市欧洲的形成:1000—1994年》,阮岳湘译,北京:商务印书馆,2009年,第22页。
③ 〔美〕刘易斯·芒福德:《城市发展史——起源、演变和前景》,宋俊岭、倪文彦译,北京:中国建筑工业出版社,2005年,第143页。
④ 同上书,第161页。
⑤ 同上书,第198页。
⑥ 同上书,第219页。
⑦ 同上书,第224页。
⑧ 同上书,第232页。
⑨ 同上书,第225页。
⑩ 同上书,第232页。

"寄生经济和掠夺政治制度共同产生了一种典型的罗马式的城市组织惯例。"①在这种畸形的"城市-政治生态"的左右下,罗马帝国在走向强大的同时也在不断积聚深刻的危机,并成为"反向发展过程的绝好例证……变成了城市发展失控、从事野蛮剥削,以及追求物质享乐的这样一种极可怕的典型"②。

其三,后古典时期,也就是人们习惯中所说的中世纪,城市与政治的关系表现出新的特点。后古典时期,是一个承前启后的时期。面对罗马帝国崩溃后的混乱、衰败,基督教在相当程度上为人们提供了新的可能、希望与依靠,"基督教的罗马找到了一个新的都城——天堂城市;和一种新的市民纽带——圣徒教友交谊(communion),从此诞生了新城市无形的原则"③。教廷、修道院成为城市与社会运行的中心,"如果我们忽略了修道院制度的特殊作用,我们就无从找到线索去理解新的城市形式"④。"修道院实际上是一种新型的城邦,它是一种组织形式。"⑤中世纪的政治权力逐渐集中、掌握在教廷、主教的手中,"由于精神权力和世俗权力集中在他们手中,在他们看来任何让步对教会都是危险的"⑥。这种特征深刻地影响了中世纪的城市与社会。随着权力向教廷的进一步集中,特别是教会本身对世俗利益的攫取,教会成为贪婪与集权的象征。"教会不仅不触动政治和军事力量、私有财产、知识垄断等古代的基础,教会远不会拒绝这些对圣洁生活格格不入的东西,反而把它们据为己有。"⑦"教会成为阻碍城市与社会发展的力量,诸多城镇成为无知、肮脏、野蛮、迷信的不可救药的混合体。"⑧上帝之城离人们日益遥远。

随着教会的物质化、利益化,世俗王权的地位与作用日益增大。"城市成为中世纪权力斗争中重要而独立的政治力量。"⑨"领主建立城镇以加强对本

---

① 〔美〕刘易斯·芒福德:《城市发展史——起源、演变和前景》,宋俊岭、倪文彦译,北京:中国建筑工业出版社,2005年,第245页。
② 同上书,第256页。
③ 同上书,第260页。
④ 同上书,第263页。
⑤ 同上。
⑥ 〔比利时〕亨利·皮雷纳:《中世纪的城市》,陈国梁译,北京:商务印书馆,2006年,第110页。
⑦ 〔美〕刘易斯·芒福德:《城市发展史——起源、演变和前景》,宋俊岭、倪文彦译,北京:中国建筑工业出版社,2005年,第337页。
⑧ 同上书,第336页。
⑨ 〔美〕保罗·M.霍恩伯格、林恩·霍伦·利斯:《都市欧洲的形成:1000—1994年》,阮岳湘译,北京:商务印书馆,2009年,第23页。

地区的控制;国王利用城市的财富和文化来树立对皇室的效忠感,以对抗叛乱的附庸;主教继续传扬自古沿袭而来的习俗,教堂成为城市宗教的教育活动的中心。无论宗教和世俗领袖如何争取城市的自主权和统治权,中世纪的统治形式、思想传播和生产活动都离不开城市。"①王权的建立与统一,为城市与社会的发展提供了新的秩序、打开了新的空间。"由于各邦的合并,建立了中央政府,乡村地区也就比较安全,这也有助于农村接近城市。当皇帝平靖各贵族之间的战乱后,工业就在城镇外的农村地区发展了。由于有中央政府保护,工业可以在市政当局管辖外的无选举权的村庄内发展。"②正是在王权的统治下,商人、商业获得了比以往更大的发展空间,并逐渐兴起了诸多商业城市。正是在这种新型的城市,或者具有新精神的城市,市民阶层开始逐渐成长,文艺复兴开始兴起,现代性开始孕育、发轫。"一种新的文化特性在欧洲形成,结果使城市生活的形式和内容彻底改变了。"③新的城市与新的政治在互动中相互支持、相互生成。

但王权的目标,王权建立和发展城市,其目的不是平等,而是专制、集权、自身利益和存在的延续。"建设城市不再是获得自由和安全的手段了,而是一种在国家中心巩固政权的手段……自由城市时代及其广泛传播的文化和比较民主的联合形式消逝了,它让位于一个专制城市的时代:少数几个中心无节制地混乱地发展,让其他城市或者停滞不前,或者亦步亦趋,徒劳无益地仿效这几个中心。"④在王权的统治下,城市虽然仍在发展,但社会分化日益严重,社会不平等日益加剧,"最后变成这样一种局面:整个国家为着几十个或几百个家庭而运转,这些人拥有大量土地……他们从工业、商业和城市租金中不劳而获,养肥自己"⑤。但城市与社会毕竟在发展,随着生产的不断分化、专业化,新的社会阶层不断出现,特别是随着市民阶级的力量壮大,阶级冲突日益加剧,王权的统治不断遭遇问题与挑战。在博弈和冲突中,"城市-政治生态"从传统走向现代是历史的必然。反思中世纪的城市政治,可以看到,一方面,在政治上先后生成了以教廷和王室为中心的专制与集权,由此产生了以其为主导的城市与社会结构;另一方面,在宗教城市与王权城市的内部以及外部,特别是在外部,开始产生诸多以商人、市民为主体的新型城镇与

---

① 〔美〕保罗·M. 霍恩伯格、林恩·霍伦·利斯:《都市欧洲的形成:1000—1994年》,阮岳湘译,北京:商务印书馆,2009年,第23页。
② 〔美〕刘易斯·芒福德:《城市发展史——起源、演变和前景》,宋俊岭、倪文彦译,北京:中国建筑工业出版社,2005年,第355页。
③ 同上书,第364页。
④ 同上书,第374页。
⑤ 同上书,第391页。

新型政治,从而为现代性的生成准备了条件。

其四,商业与工业社会以来,以特定自由为底蕴的"城市-政治生态"不断生成、发展,但同时也生成、发展着新的城市-政治异化。商业具有天然的现代特质,"到17世纪时,资本主义已改变了整个力量的平衡。从那以后,城市扩展的动力主要来自商人、财政金融家和为他们的需要服务的地主们"①。当资本主义从一种经济力量成为一种政治力量,成为国家权力不可忽视的力量甚至在事实上主导了国家权力时,资本主义便会深刻地改变传统的城市形态、功能与结构,并按照自己的需要全面地重塑城市。在发展与壮大中,"资本主义破坏了城市生活的结构,把它放在一个新的不具人格的基础上,即放在金钱与利润这个基础上"②。资本主义拓展的过程,也就是传统城市解体的过程,也就是城市不断世俗化、利益化、商业化的过程。"商业投机、社会分化、城市解体,三者同时进行。"③一方面,商业与资本使城市的数量不断增加,城市的体量不断扩大;另一方面,资本主义也使城市的目标日益偏离主体尺度、人的目的。"正当西方文化中的城市数量增多、城市规模扩大的时候,却把城市的性质和目的,忘得一干二净。"④"工业主义,19世纪的主要创造力,产生了迄今为止从未有过的极端的恶化的城市环境。"⑤这个时期的城市自由,其主体或者说本质也就是资本与资本拥有者的自由。

当城市被资本逻辑左右时,城市也就会按照有利于资本进一步增长、资本权力进一步扩大的方式而被重塑。"从严格的商业原则看,棋盘格规划适应资本主义制度的一些要求:价值转移、加速扩展、人口膨胀,所有这些,别的规划是望尘莫及的。"⑥棋盘式的城市格局与追求快速的城市交通,在满足资本与商业要求的同时,也为商业与资本的再生产了提供了重要条件,或者说,再生产了资本与商业。"为投机赚钱而扩展的棋盘格规划,同时延伸公共交通网,这两个主要活动支配着19世纪城市发展的资本主义形式。"⑦这样一个以资本的利益、利润为核心的城市形态,具体体现为斯特恩斯所揭示的城市分区,及社会学芝加哥学派的伯吉斯(E. W. Burgess)所提示的同心圆城市形态上。其社会空间、社会关系本质也就是资本家、资产拥有者居住在空

---

① 〔美〕刘易斯·芒福德:《城市发展史——起源、演变和前景》,宋俊岭、倪文彦译,北京:中国建筑工业出版社,2005年,第427页。
② 同上书,第432页。
③ 同上书,第435页。
④ 同上。
⑤ 同上书,第462页。
⑥ 同上书,第440页。
⑦ 同上书,第441页。

间功能完善、环境优良的区域,而生产者、贫困者居住于功能单一、环境恶劣的区域。"就这样,从19世纪开始起,城市不是被当作一个公共机构,而是被当作一个私人的商业冒险事业,它可以为了增加营业额和土地价格而被划成任何一种模样。"①可以看到,在资本逻辑主导下,城市成为一种特殊的城市,政治也成为一种特殊的政治,城市政治围绕资本而运行,成为一种资本化的特殊的"城市-政治生态"。

到了20世纪特别是20世纪中后期以来,随着资本与市场的进一步扩大,资本与权力的关系更为密切。城市、城市化成为资本与权力再生产自身的重要对象与自觉工具。资本与市场的结合推动了科技的发展与转化,也推动了城市建筑等相关科技的不断发展,以此为重要支撑,城市的范围进一步扩大、高度不断增加、功能日益复杂、密度不断增加,大城市、特大城市的数量不断增多,规模持续扩大。资本在现代性早期所追求的应然性的自由与民主,已经实然性转化为对城市权力的垄断与专制。"大城市所以有催眠术般的吸引力,原因有两点,一是它是国家的工具和手段,二是它是最高权力的象征。"②这种发展一方面创造了前所未有的城市景观,另一方面也使城市成为政治风险、社会风险的重要聚集地。"那些认为现在大城市只有盲目发展别无其他办法的人也许是大大忽视了城市权力这样集中所带来的历史性的结果,他们忘记了这种情况不止一次地标志着一种历史的周期性文化在完全崩溃和垮台以前的最后阶段。这种文化肯定是不稳定的。"③芒福德认为,当代以大城市为核心的全球城市化运动,其重要政治特点是专制与集权、官僚主义的复活与变形。"大城市的发展是官僚主义的生长和影响扩大的副产品,官僚主义加强了对各方面的控制和严密管辖,这些情况我们首先在剖析巴洛克城市时已经看到。"④"垄断组织、信贷金融、金钱威望——这些是大都市这个金字塔的三大因素。"⑤没有对城市政治生态异化的制约与克服,也就没有城市社会、城市现代性的健康发展。

政治必然是一种城市政治,城市也必然是一种政治城市。城市与政治的逻辑关系主要有这样几点。(1)城市与城市变迁历来具有政治底蕴、政治意义,政治是城市生成的一个重要原因并深刻影响甚至决定城市发展;政治与

---

① 〔美〕刘易斯·芒福德:《城市发展史——起源、演变和前景》,宋俊岭、倪文彦译,北京:中国建筑工业出版社,2005年,第442页。
② 同上书,第546页。
③ 同上书,第538页。
④ 同上书,第546页。
⑤ 同上书,第548页。

政治变迁又始终受到城市的影响,政治以城市为生成场域和目标,并受到城市的历史与现实结构的深刻影响。(2)城市与城市变迁具有政治效应,城市是政治生成的环境与场域,离开了城市,政治无以生成,无以发展;政治与政治变迁也具有城市效应,任何城市的发展都是在具体的政治力量的左右与干预下进行,离开了政治,城市也无以生成,无以发展。(3)政治作用于城市,政治体制、政治结构对城市化的方向、目标、进程、速度等具有根本性的制约与影响;城市也作用于政治,城市的历史状态与既有结构对政治运行、政治动员、政治博弈等具有重要的场域与条件作用,城市化所带来的空间、经济、社会、生态等综合后果会对既存政治的权力结构、合法性依据等产生诸多始料未及的影响、挑战甚至风险。(4)具体的城市会生成具体的政治,具体的政治也会生成具体的城市。民主的城市往往会生成民主的政治,民主的政治也会塑造有利于民主的城市形态;专制的城市往往会生成专制的政治,而专制的政治也会按照自身的要求塑造有利于专制的城市形态;以利益为导向的城市会生成以利益为目标的政治,以利益为目标的政治也会按照利益原则塑造城市;以意义为目标的城市会生成具有意义底蕴的政治,以意义为追求的政治也会按照意义原则重塑城市。(5)"城市-政治生态"是社会存在与社会发展总体关系中的一个重要构成,这种生态既反映社会存在的总体状态,也深刻地作用于社会的总体发展。比如,罗马的教训告诉我们,合理的"城市-政治生态"往往与合理的社会总体状态相对应、相互生产,反之,不合理的"城市-政治生态"也往往与不合理的社会总体结构相对应、相互生产。

二

随着现代性的推进,特别是工业现代性向城市现代性的转换,城市与政治的关系日益紧密,人们对"城市-政治生态"的研究日益自觉。虽然,以芝加哥学派为代表的城市社会学,以格迪斯、霍华德、芒福德为代表的人文城市学,其城市研究都内含有一种城市政治观,但对城市与政治的关系进行较为直接的和系统的思考的,仍主要是具有马克思主义背景的学者。

正如桑德斯(Peter Saunders)等所指出的,马克思和恩格斯虽然没有对城市问题、城市与政治的关系进行专题研究,但马克思和恩格斯是城市研究中绕不过的人物。桑德斯认为,马克思、恩格斯(Friedrich Engels)与韦伯、涂尔干,都是城市问题研究的重要"创立者"(founding fathers)[①]。在马克思、恩

---

① Peter Saunders, *Social Theory and the Urban Question*, Second Edition, London, Routledge, 1986, p. 1.

格斯那里,城市问题在本质上一个政治问题,城市问题从属于政治问题,而不是相反。马克思、恩格斯对城市与政治的关系及其历史转换进行过梳理。"城乡关系一改变,整个社会也跟着改变。"①"物质劳动和精神劳动的最大的一次分工,就是城市和乡村的分离。城乡之间的对立……贯穿着文明的全部历史直至现在。"②虽然,城市与乡村的关系贯穿于人类文明变迁的整个过程,但在不同的历史阶段,城市与乡村关系的本质又有所不同。这种不同,在根本上源于在不同的历史阶段存在不同属性的生产方式。在马克思看来,在古代社会,比如罗马,建立在奴隶制生产方式基础之上,生产资料不断集中于大庄园,与此相伴的是独立农民的不断崩溃。虽然奴隶主生活于城市中,但主导的生产方式仍然是农业。罗马帝国之所以崩溃,在根本上源于其不能催生、包容新的生产方式。随着罗马的崩溃,奴隶制的生产方式也随之解体,回归到一种个体化的农业。这样,农村就成为中世纪的起点。在马克思看来,古代史是城市乡村化的历史,现代史是乡村城市化的历史。在中世纪的变迁中,始终存在城乡对立。在封建时代,城乡对立第一次成为一种基本的对立关系。在封建时代,城乡对立不仅反映了工业与农业之间不断加大的对立,也反映了不同生产方式之间的冲突。"虽然,新兴起的工业城市不是导致封建主义转换的唯一原因,却是其解体的一种形式。在这个意义上,正是在这个时期,城市开始成为历史的主体。"③到了资本社会,这种对立不仅没有解决,反而向极端发展。"资产阶级使农村屈服于城市的统治。它创立了巨大的城市,使城市人口比农村人口大大增加起来。"④一方面,城乡之间的对立并没有因资本主义生产方式的建立而得以解决;另一方面,城市本身成为阶级对立的重要场所。一方面,资本以城市为中心谋求更大的利益;另一方面,城市也成为工人阶级成长的核心场所。

在马克思、恩格斯看来,正是资本主义的拓殖造成了近代城市问题。没有对资本主义生产方式这个根本制度的变革,也就没有城市问题的真正解决。在恩格斯看来,住宅问题是城市问题,但城市问题不仅仅是住宅问题。城市问题的根本是政治问题,是社会关系问题,是阶层分划、不平等与阶级冲突。住宅等城市问题不可能单独、局部地解决,即使在一个地区得到了解决,

---

① 《马克思恩格斯选集》,第1卷,中共中央马恩列斯著作编译局编译,北京:人民出版社,1995年,第157页。
② 同上书,第104页。
③ Peter Saunders, *Social Theory and the Urban Question*, Second Edition, London, Routledge, 1986, p. 9.
④ 《马克思恩格斯选集》,第1卷,中共中央马恩列斯著作编译局编译,北京:人民出版社,1995年,第277页。

也会以新的方式在新的地区重新出现。也就是说,城市问题是现象,生产方式与制度问题是本质,没有对资本主义生产方式的克服,也就没有对城市问题的根本解决。任何把城市与住宅问题独立化的倾向,都只是一种忽视问题本质的意识形态。进行政治变革以调整社会关系,特别是社会权力关系,实现社会权力的合理配置,是解决城市问题的根本路径。只有通过政治变革,只有通过社会权力的合理化,才能真正有效地解决城市问题。桑德斯认为,"马克思主义,与其说是一种科学分析的方法,还不如说是一种政治实践的指导。"①在马克思、恩格斯那里,城市问题与政治问题始终是同一个问题,城市问题始终是一个政治问题,马克思、恩格斯始终是从政治的角度来看待城市问题的。

  面对"二战"以后的新型城市问题与政治问题,列斐伏尔以空间与政治的关系为切入点,对城市问题进行了政治学维度的探索,对城市与政治的关系进行了新揭示、新研究。列斐伏尔的研究,既不同于芝加哥学派,也不同于马克思与恩格斯。芝加哥学派主要从社会学与文化学角度研究城市问题,马克思、恩格斯则主要把近代城市问题归因为资本主义及其生产方式。在列斐伏尔看来,"二战"以后,城市化在全球的广泛而纵深推进使当代社会成为一种城市社会。一方面,城市问题是一个普遍问题,已经具有超越国家、民族、意识形态的全球性、普适性,现实中的资本主义与现实中的社会主义都遭遇了城市问题;另一方面,城市问题仍然是一个政治问题,现实中的城市问题往往根源于现实政治的集权、专制,根源于人们没有用适合城市社会内在规律的方法与方案来发展城市、管理城市,根源于城市权力与城市权利配置的不合理。在列斐伏尔看来,"二战"以后的西方与东方,虽然在主流意识形态上具有深刻的差异,但在城市化这个问题上,却都采取了一种政府干预或者说以政府为主导的城市化策略,都采取了一种宏观政治至上的策略,国家(具体表现为政府)对城市化具有强大的主导与决定作用。在城市化进程中,始终有权力的影子,作为空间生产的城市化已经成为政治实现自身、维护自身合法性的一个领域、一种工具。正是基于对城市问题的这种判断,列斐伏尔认为,作为空间生产的城市化已经是一个普遍的政治问题,而不仅仅是一个资本主义的政治问题。也正是基于城市化及城市问题的普遍性,列斐伏尔用城市社会来指认现代性的新特征,认为人类文明已经从农业社会、工业社会走向了城市社会。城市社会是当代资本主义与当代社会主义都身处其中的社会发

---

① Peter Saunders, *Social Theory and the Urban Question*, Second Edition, London, Routledge, 1986, p. 7.

展新阶段,用传统的意识形态方法已经无法把握城市社会的本质与特征、问题与趋势,因而需要对城市社会特别是其问题进行更为深入具体的揭示。

在列斐伏尔看来,城市社会是空间生产的产物,而空间生产具有三个层面的含义:空间实践、空间的表达、表达的空间。空间实践也就是主体改造地理营造空间的过程,空间的表达也就是现实中的空间实践总是有人们的主体意识参与、指导的意向性过程,表达的空间指人们需要并可以通过改变空间来呈现、实现自身的理想、愿望。在空间实践、空间的表达与表达的空间的统一中,当代城市发展、城市社会是一种新型的"城市-政治生态"。这种新型的"城市-政治生态"需要或者说内含一种总体性逻辑,需要多种主体与多种文明要素的同时性共存。也就是说,城市社会是一种总体性社会,是由多种文明要素,特别是多元社会主体共同构成的社会,所有社会主体都有进入都市的权利,都应该具有参与城市发展、共享城市发展成果、共担城市发展代价的平等权利,也应该具有在城市语境下保持自身文化与区域特色的差异性权利。城市权利是一种"进入都市的权利,差异的权利"[①]。城市社会是一种需要以平等和差异为底蕴的社会。但在现实中,掌握政治权力与技术权力的社会精英却往往停留在传统社会的思维方式上,往往不经反思地认为只有自己掌握了城市规划、建设、管理的规律,并在这种绝对性、排他性思维的指导下来发展城市、管理城市。在列斐伏尔看来,所谓的政治与社会精英对城市权力的垄断与独占,城市权力配置上的不合理、不均衡、固化,是导致城市社会问题频发的根本原因。没有对城市政治、城市权力的合理化,也就没有城市社会的和平、良性可持续。不管在什么样的社会体制与意识形态下,建构一种以平等为底蕴、尊重差异的城市权力结构,保障所有城市主体都能够享有进入城市、发展城市、管理城市的权利,是城市社会和谐可持续的重要政治条件。

卡斯特并不同意列斐伏尔对城市问题、城市政治的分析和定位。在卡斯特看来,列斐伏尔对城市问题的分析存在三个问题。其一,是一种哲学乌托邦。列斐伏尔其实是立足于作为个体的人而不是作为整体的人的阶级来认识城市,乐观地构想一种可以满足所有人需要的理想城市。其二,城市不是一个科学研究的独立对象,而是需要放在更为宏观的社会体系中才能予以认识的对象。其三,方法论上,列斐伏尔其实是在把马克思主义城市化,而不是用马克思主义分析城市问题[②]。卡斯特借鉴阿尔都塞的结构功能主义方法

[①] 〔法〕亨利·勒菲弗:《空间与政治》,李春译,上海:上海人民出版社,2008年,第1页。

[②] Henri Lefebvre, *The Urban Revolution*, Minneapolis, University of Minnesota Press, 2003, p. XVI.

来分析城市。在他看来,"城市体系不可以同整体系统相分离,而只是整体系统的一部分"①。城市问题不具有独立性,而只是社会整体运行问题在城市与城市化这个层面上的反映。没有对社会整体运行的把握与理解,也就没有对城市问题的真正理解。卡斯特认为,芝加哥学派用文化来理解城市,把城市作为一种空间单元来理解,列斐伏尔立足微观的个体来理解城市与空间,这两种路径在方法论上都存在抽象性。因为空间单元是社会单元的反映,应该"用社会单元来破解空间单元"②,而不是相反。在卡斯特看来,城市是一种特殊的消费领域,"城市系统的功能必然存在于消费过程中"③。城市的本质是一种特定的"集体消费单元"④,这种集体消费单元从属并服务于资本主义的生产方式,是总的资本系统中的一个子系统。资本主义在追求利润,进行扩大再生产的过程中,需要不断进行劳动力的再生产,存在一种把劳动力再生产进行集中化的趋势,而这正是当代城市化的深层政治本质。卡斯特认为,当代城市化其实是资本主义扩大再生产总体系中的一个环节。城市化的问题与矛盾也正源于此。一方面,扩大再生产需要维持一定的劳动力再生产,而把劳动力集中到一定的空间中进行集中再生产是成本最低的方法,这样,城市化在资本主义条件下就具有了内在的动力;另一方面,提供低成本的城市设施,进行低成本的城市化,是降低劳动力再生产成本的现实路径,这样,城市问题在资本逻辑下就具有了历史的必然性。把握城市问题的本质,离不开对社会总生产的把握。城市问题的特殊性也就是其作为社会总生产体系中的消费环节的特殊性,城市服从、服务于社会总生产,其本质是作为劳动力再生产的集体消费单元。如果说,当代城市问题具有特殊性,其特殊性正在于资本主义生产方式。

也就是说,在卡斯特看来,当代不断增大的城市,是一种把消费不断进行集中和聚集的城市,而这种消费的集中与聚集,其本质是劳动力的集中化再生产,而这种劳动力的集中化再生产其目的是为了资本的不断再生产与增殖。也正是在这个意义上,城市问题成了政治问题。"对于卡斯特而言,城市系统不仅是社会总体结构的一部分,而且是其中的一个特定功能单元。城市是进行劳动力再生产的一个子系统。"⑤城市问题的基本矛盾是"生产与消费

---

① Peter Saunders, *Social Theory and the Urban Question*, Second Edition, London, Routledge, 1986, p. 129.
② 同上。
③ 同上书,第 130 页。
④ 同上书,第 129 页。
⑤ 同上书,第 132 页。

的矛盾,是再生产劳动力与生产利润最大化的消费品之间的矛盾"[1]。这样,对城市的管理者、政府而言,就面临着两难选择:一方面,面对劳动阶级的不断抵抗,政府需要不断提高城市化的水平,只有这样,才能保护劳动力的相对稳定供给和社会的相对稳定;另一方面,在本质上,为了保证资本的利润,又需要尽可能降低对城市化的投入,而这样又会阻碍劳动力的供给,导致与激化社会矛盾、阶级冲突。在资本主义生产方式下,"利润与需要,交换价值与使用价值,生产与消费之间的矛盾将不断增大"[2],而这种矛盾必然反映到社会关系上,城市问题是这种矛盾的一种体现与反映。正是基于此,"卡斯特不断强调阶级斗争和城市社会运动在形构国家干预方式上的作用"[3]。在他看来,没有劳动阶级的自觉阶级斗争,也就不会有城市问题的不断解决。没有对以利润为核心的资本主义生产方式的超越,也就没有对城市问题的根本解决。也就是说,立足于文化主义、人道主义的立场,既不能真正地分析城市问题,更不能真正地解决城市问题。城市问题在本质上是一个政治问题,需要并只有通过政治手段才能得到解决。

哈维对城市问题、城市政治的认识与卡斯特既有相同点,也有不同之处。其相同点在于,哈维与卡斯特都认为现代城市问题与资本主义具有内在关联,本质上是一个政治问题,没有对资本主义生产方式的超越也就没有对城市问题的真正解决。其不同之处在于,卡斯特认为城市问题没有独立性、自足性,不是科学研究的一种独立对象;而哈维却认为,城市问题具有一定的自足性,城市问题虽然同社会总体问题不可分割,但"城市主义拥有自身的转换规则"[4],具有相对的自足性,是一个需要进行专题研究的相对独立的研究对象。同时,哈维对城市问题的认识和列斐伏尔也是既有不同之点,也有相同之处。其相同点在于,哈维与列斐伏尔都看到了现代性条件下城市问题的重要性与相对独立性,认为城市问题有其独立的生成与转换规律,有其独特的政治作用与政治效果。其不同之处在于,列斐伏尔认为,人类已经从农业社会、工业社会推进到城市社会这个新的阶段,城市社会虽然以工业社会为基础,但具有不同于工业社会的新特征,在工业社会与城市社会的相互关联中,是城市社会决定工业社会,而不是相反。在哈维看来,虽然城市的作用日益

---

[1] Peter Saunders, *Social Theory and the Urban Question*, Second Edition, London, Routledge, 1986, p. 132.
[2] 同上书,第133页。
[3] 同上书,第134页。
[4] David Harvey, *Social Justice and the City*, London, Edward Arnold (Publishers) Ltd., 1973, p. 307.

重要,并且人类有可能在未来进入列斐伏尔所说的以城市为主导的社会,但现实社会仍然是工业社会,人类仍处于工业社会语境下,是工业社会决定城市社会,而不是相反。站在这样一种同列斐伏尔、卡斯特都有异同的立场,哈维对城市与政治的关系进行了具有自身特点的揭示。

在哈维看来,城市问题是一种"关于城市的问题,而不是属于城市的问题"(problems in the city rather than of the city)①。一方面,城市问题具有相对独立性;另一方面,城市问题又不是一个完全独立的问题。"城市主义是一种社会关系,反映并作为总体的社会的关系,并通过作为总体的社会而建立。"②"城市主义对生产力的组织有重要作用,正如人们已经认识到的城市主义同社会生产关系相关联。"③不同于卡斯特主要把城市看作是一个消费单元,哈维认为城市具有重要的生产效应,是当代资本主义社会总生产中的一个重要部门。资本主体把城市分割为不同的部门进行空间生产,其目的是为了获取更多的剩余价值。也就是说,在哈维那里,城市发展本身就是一个独特的生产过程。当代城市发展之所以成为政治问题,其重要原因正在于当代城市发展作为一种生产过程,存在严重的结构性的不公正、不正义。城市发展、空间生产由少数权力主体与社会精英所掌控,广大民众则完全被游离于城市发展实践之外,只能作为被掌控、被决定的城市发展的工具而存在。也就是说,在本质上,当代城市化仍然是在资本主义工业生产的逻辑左右下运行,仍然是一种以超额利润、剩余价值为目的的生产活动,只是这种生产的对象变成了城市而已。哈维认为,面对这种资本逻辑左右下的不公正的城市发展,其根本的改变路径就是进行以民众的城市权利为目标的城市反叛,以及以中心城市与城市中心为空间场域的新型阶级斗争。"要求城市权利是通向目标的一个路径,但主张城市权利不是目标本身,尽管它似乎是通向目标的最适当路径之一。"④解决城市问题的根本路径是在新的条件下进行新的政治斗争,以克服与超越资本主义制度及其生产方式。"政治斗争由新的视域和新的实践所激活"⑤,新型的政治斗争是解决城市问题的根本路径。而进行新型城市政治斗争的目标是重构城市生活,建构一种远离异化,人们可以主张、实现自身的内在意愿,具有正义底蕴的合理的城市生活。

---

① David Harvey, *Social Justice and the City*, London, Edward Arnold (Publishers) Ltd., 1973, p. 304.
② 同上。
③ 同上书,第 305 页。
④ David Harvey, *Rebel Cities*, London, Verso, 2012, p. XVII.
⑤ 同上书,第 XVI 页。

无论是在历史中还是在现实中,政治与城市从来都是紧密地联系在一起的,从未相互分离、从未独立存在。因而,既需要以政治为视域,从政治学、政治史的维度来认识城市问题,也需要以城市为线索,以城市史为背景重新理解政治问题。政治与城市的分离,只存在于理论想象中,任何把城市与政治进行分离的观念,都只是一种理论的抽象。概观从马克思和恩格斯、列斐伏尔、卡斯特到哈维对城市与政治关系的反思,可以发现这样几个特点。

其一,时代主题的转换决定城市认识的变迁。马克思、恩格斯处于工业革命的深化期、转换期,在这个阶段,机器大工业与资本的结合,造就了诸多的工业城镇,资本家与产业工人的阶层与阶级分化日益加剧,这个时期的重要时代主题是如何把握工业资本的发展规律,如何解决日益严重的阶级冲突。在这种语境下,虽然马克思、恩格斯对城市与政治的关系进行了历史梳理,对城市的政治效应与政治的城市效应给予了一定的揭示,但毕竟,社会发展走向与阶级问题才是他们关注的首要问题,对城市问题、城市与政治的揭示,在根本上服务于他们对资本主义发展规律的研究。到了列斐伏尔所处的时代,经过了两次世界大战,世界的经济与政治格局都发生了重要变化,虽然存在东西方之间、不同意识形态之间的冷战,但不同的区域与国家都启动了工业化、城市化,也都遭遇了不同形式的城市冲突、城市问题,城市似乎成为一个超越意识形态的一般政治问题。在这种语境下,列斐伏尔力图用城市社会这个概念概括新的时代特征,建构具有一般方法论意义的城市政治学,就具有了一定的历史必然性。问题的关键在于,"二战"以来的世界,日益成为一个杂糅性的世界,工业革命在继续,科学技术、知识革命、信息革命与城市革命相互交织,面对这样一个复杂的、主题日益多样的世界,不同的学者会对这个世界的主题有不同层面和维度的把握。这样,产生卡斯特、哈维等具有不同研究侧重的城市政治理论,就具有了时代的必然。可以说,这些不同的城市与城市政治观念,既深刻地根源于当代世界的复杂性,也深刻地反映了这个世界的复杂性。

其二,虽然自马克思以来,不同的学者对城市与政治的关系具有不同的观念,但在转换中,可以看到,人们日益把城市问题作为政治问题来看待,也日益重视城市的政治效应。在城市实在与城市知识的转换中,城市问题与政治问题的统一性、同时性日益突显。在马克思、恩格斯的知识语境中,政治问题是社会问题的核心,城市问题基本上从属于政治问题。到了列斐伏尔,城市问题成为核心问题,更具有一般性,政治问题从属于城市问题。到了卡斯特,政治问题与城市问题,在本质上都从属于社会总体性问题,都是社会结构中的一个环节和片断,卡斯特基本上是把城市问题作为消费领域的经济问题来看待的。在哈维那里,城市问题再一次成为一个相对独立的问题,城市问题成为具有独特政治地位的问题。一方面,城市问题与社会总问题相关;另一方面,城市问题已经成为一个相对独特的政治问题。城市成为经济实践、政治实践的相对独立领域,城市实践自身已经成为一种政治实践。可以说,城市问题与政治问题在人们认识中的这样一种转换,其实深刻反映了城市化对当今世界、当代社会生活与社会知识的综合而巨大的影响。

其三,对"城市-政治生态"的反映与认识构成一种具体的"城市政治知识",这种知识随着城市政治生态实体的转换而转换。城市政治生态在人口、地理、经济、社会、传统等因素的综合作用下,从文明早期、古典、后古典到近现代一直转换。但对如何认识和把握城市政治生态及其转换,人们的认识并不统一且会一直多样。历史是一个多因素交织的综合变迁过程,人们可以从诸多线索对历史进行梳理、整理。反思历史,虽然存在相对客观的历史事实,但却并不存在一个单一的历史转换与历史认识线索。正是在这个意义上,在柯林武德(Robin George Collingwood)看来,一切历史都是观念史,人们所具有和希望具有的观念对人们认识历史具有重要的方法论与价值观影响。虽然,柯林武德的历史观可以商榷,但他对历史认识多样性的揭示却值得借鉴。对城市哲学与城市批评史而言,一方面,充分尊重"城市政治知识"的多样性,对推动城市政治研究的进一步深化,具有重要的意义;另一方面,不断回归、回顾"城市-政治生态"的实在过程,是比较、评价不同样态的城市政治知识合理性,推进城市政治研究不断深化的根本路径。

三

城市与政治之所以具有密切的联系,有其深刻的人性论、社会论原因。从城市这个维度看,城市是人的社会性的一种具体实现,是人性的多样性的具体空间化实现,是多样文明要素在一定空间中的聚集。当这种聚集到达一定程度时,甚至这种聚集本身,必然要求一种公共秩序,要求权力的生成与参与。从政治这个维度看,政治是权力的一种机制与制度化实现,而权力生成于具体的社会关系之中,需要一定数量的人口,一定的剩余产品,一定的物质与空间等条件,而这些条件的同时具备也就是城市的生成与发展。城市与政治的关系,其具体本质也就是城市与权力的关系,城市权力是"城市-政治生态"的关键问题、核心问题。

城市必然是一个政治有机体,城市发展必然产生政治,必然要求政治的干预,这与政治能否适应、满足城市及其发展的要求,政治能否保障和推动城市的发展,是两个问题。一般而言,城市与政治之间至少存在三种关系:一是相互协调,一是相互冲突,一是协调与冲突共存。城市与政治之间的协调往往是一种理想,现实的状态往往是二者之间存在诸多不和谐,甚至冲突与斗争。不管二者之间是何种关系,权力都是城市与政治相关联的焦点。和谐的城市政治生态同和谐的权力结构相对应,冲突的城市政治生态同不和谐的权力结构相对应,复合、复杂的城市政治生态同复杂、复合的权力结构相对应。

"最广义而言,政治涉及社会生活过程中资源的生产、分配和使用,它在本质上是权力——即通过任何手段达到所期望结果的能力。"[1]权力是社会关系的一种不均衡现实、不对称现象,权力是相对强势者对相对弱势者的一种左右与控制的力量,并往往表现为对稀缺性资源的掌握和控制。"政治与差异性和冲突有关,但本质要素是资源稀缺性的存在。"[2]权力是现实社会关系的一种结构化凝结,是社会生活运行的重要轴心。权力"指以某种方式影响决定内容的有意识的行动",也是"一种阻止决定做出的能力",还是一种"塑造他人的思想、欲望或需求,来施加影响的能力"[3]。权力是一种现实性力量,是一个社会的重要现实本质。权力与资源相关,也与暴力相关。权力是人与人之间,特别是集团与集团之间的一种关系。权力围绕利益而进行,并以组织化的暴力为最终的手段。把握了一个社会的权力特点,也就是把握了这个社会的现实本质。对城市研究而言,把握了一个城市政治生态的权力特点,把握了城市权力的构成与运行的特殊性,也就把握了一个城市或城市社会的现实本质。

反思全球城市史与全球文明史,对城市而言,权力的结构与运行一直处于变迁之中。权力的变迁受到历史与现实、内部与外部、地理与人文、经济与文化等多种因素的影响。古希腊特殊的地理与文化条件,相对有限的人口,相对有限的欲望,相对丰裕的经济,相对安全的环境,使雅典城邦可以采取一种直接民主式的权力结构。希腊化时期特别是罗马时期的城市制度则更多地表现出专制性、强制性。这与希腊化及罗马时期的殖民扩张有关,不断扩大的疆域,不断增加的人口,不断增多的城市,不断复杂的文化异质性,都决定了这个时期的城市权力的专制走向。后古典时期,也就是中世纪,与帝国的崩溃、城市的衰落、人口的减少等相关联,兴起了诸多城堡式城市与自治市,在这个相对动荡的时期,存在与安全是首要任务,这样,城市权力便历史

---

[1] 〔英〕安德鲁·海伍德:《政治学》,张立鹏译,北京:中国人民大学出版社,2006年,第13页。
[2] 同上。
[3] 同上书,第12页。

性地表现出强制性。到了近代,随着商业与工业的发展,特别是诸多新兴的商业城市与工业城镇的兴起,城市权力的结构开始从专制走向现代自由。掌握了金融实力的商人、企业家开始对城市权力的运行具有越来越大的影响。保障经济自由、促进经济增长,成为城市权力、城市制度的重要内容。到了现当代,随着城市化的不断扩展,城市与社会、世界的关系日益紧密。正如芒福德所说,这个世界越来越如同一个城市。用列斐伏尔的话说,这个世界正在成为城市社会。城市的功能、结构都日益复杂,城市同人的存在、社会生活的方方面面,同现代性日益具有不可分割的关联,甚至融为一体。现代性日益成为一种城市现代性。在这种语境下,城市的功能、使命日益多样、多元,城市制度、城市权力的结构、运行、功能等也发生着重要的变化。概括而言,当代现代性、城市现代性语境下,城市权力、城市制度主要表现出这样几个特点及趋势。

其一,从权力的来源与服务主体看,城市主体构成与需求的多元化、复杂化,对当代城市权力有根本影响。虽然,在历史上比如中世纪,曾经有过城市衰落的时期,但从总体上看,世界的城市化率基本上呈上升趋势。一方面,世界的总人口在不断增加;另一方面,城市的总人口也在不断增加,同时,世界人口特别城市人口的生活水平、受教育水平、综合素质也在总体上呈上升趋势。而专业化、生产力、科技水平、传播方式等的推进,也使人口的结构发生了重要变化,诸多新型社会共同体不断涌现。人是城市的根本主体,城市人口在数量、素质、结构上的变化,深刻影响了城市权力的结构。不断深化的城市化把大量的多样、异质人口聚集在一个有限的空间,推动了人们的交往,为人们主体意识的启蒙、发展、自觉提供了重要条件。随着主体性的不断启蒙,主体能力的不断提高,多样、多元主体对城市运行中的权力问题的关心、关注日益提高。这就使传统的相对集中、集权的城市权力运行方式受到了深刻的挑战。也就是说,从主体性的变迁这个维度看,城市权力的民主化是一个大的趋势。但这只是问题的一个方面,问题的另一面是,当代城市问题日益复杂,又在一定程度上需要城市公共领域的扩大,需要城市权力的相对集中。但传统的集权式的城市权力又很难承担起管理当代复杂城市与城市化的任务。不论是在同一城市内的不同区域,还是处于更大区域的不同城市,在面临着具有时代共性的城市问题的同时,也面临着日益多样、富有个性的城市问题。这就使城市自治和社区自治,成为当代城市权力变迁的重要方向。如何处理权力的合理集中、相对统一与权力的区域化和社区自治的关系,是当代城市权力面临的一个深刻挑战。

其二,从权力合法性的来源看,城市功能的世俗化、生活化、多样化,对当代城市权力的构成与运行具有重要影响。对权力而言,合法性是一个根本性问题。合法性也就是权力的根本正当性问题,也就是权力从何处获得、如何获得,特别是这种获得能否得到社会成员、权力的作用对象认可的问题。"合法性一词广义上指正当性。因此,合法性会赋予一种秩序或命令权威性和约束力特权。它与合乎法律不同,后果并不必然保证政府受到尊重或其公民承认服从的义务。"[1]正如韦伯所说,一般而言,合法性的获得有三种途径,或者说合法性有三种理想类型。一是传统型权威,"以确立已久的习俗、习惯和传统为基础"[2];一是克里斯玛型权威,"这种权威的基础是个体的人格力量"[3];一是合法-合理型权威,"将权威与界定清晰的一套法律规则联系起来"[4]。对城市现代性,特别是当代中国而言,显然,城市权力的合法性的基础具有综合性、复杂性,并处于变迁之中。中国传统的大一统、家国一体的文化心理,使传统型权威和个体魅力型权威仍然具有相当的正当性。但随着城市教育、城市交往、城市功能的复杂,城市生活的多样,时空压缩的加速,权力的世俗化是一个主导趋势。权力在相当程度上已经失去了神圣性、神秘性,而日益表现出公开性、世俗性。人们对城市权力的尊重与支持,主要看这种权力的运行能否真实有效地服务于自身的需要。而人的需要是不断变化的,这就使现实中的城市权力日益表现出脆弱性、易碎性、暂时性、流动性。城市权力主体的选举制、任期制之所以获得越来越多人的认可,在很大程度上正源于城市权力的这种世俗化、流动化趋势。如何处理权力的功能合法性与权力的文化合法性的关系,是当代城市权力运行中日益面临的深刻挑战。

其三,从权力的价值底蕴看,面对功能、目标日益复杂的城市现代性,伦理化是城市权力转换的一个重要趋势。从历史起源与历史变迁看,利益是政治,也就是权力的首要基础、根本原则。政治与权力的一个核心特征是利益性,源于利益并服务于利益。但利益又不是权力的唯一属性。仅仅考虑利益,以利益为唯一目标的权力往往很难持久,很难获得持续的合法性。在这个意义上,如何处理利益与道德、功利与伦理的关系,就成为权力运行中必须考虑的因素。反思历史,可以发现,在现代性的早期,在城市与现代国家建立的早期,在复杂的竞争甚至生死冲突的格局下,权力拥有者首先考虑的往往是利益与生存,是权力的建立与维护,而首先不是伦理与道德,并往往以直

---

[1] 〔英〕安德鲁·海伍德:《政治学》,张立鹏译,北京:中国人民大学出版社,2006年,第255页。
[2] 同上书,第254页。
[3] 同上。
[4] 同上书,第255页。

接、显性的暴力作为权力的基础。当马基雅维利倡导政治权力拥有者为了维护权力可以不择手段,应该以暴力、恐惧为基础时,正反映了现代性早期权力运行的特点。但随着世界格局、国家格局的基本划定与总体稳定,权力是否具有道德性、伦理性,就成为影响权力本身能否持续良性存在的一个重要问题。对当代城市权力而言,其面临的是一个功能、主体、结构等都日益复杂的局面,一个人们的需要与要求日益多样的局面。这样,不断增加城市权力的道德、伦理底蕴,减少城市权力的直接暴力,增加城市权力的价值与伦理可接受性,不仅有利于城市权力的稳定,也有利于城市的可持续繁荣、可持续稳定,有利于建立城市权力与城市发展的良性互动。在制度经济学家诺思看来,即使是从经济与利益的角度看,建构、提升权力与社会的道德、伦理底蕴,对降低经济运行成本,都具有重要作用。对城市而言,可以说,道德与伦理是城市经济、城市政治、城市社会交往可持续的一个重要基础。建构城市正义,不断推动城市权力的伦理化,是城市现代性转换的一个内在趋势。

城市现代性的纵深推进使"城市-政治生态"及其伦理基础发生了重要变化。面对权力主体基础的高素质化、合法性来源的世俗化、伦理底蕴的道德化,如何建构同中国城市发展特殊性相符合、具有伦理底蕴的"城市-政治生态",是中国城市化进程中面临的一个重要问题。推动中国"城市-政治生态"的不断伦理化,是一个动态的历史过程,需要人们的自觉实践、自觉作为。从目前的状况看,提升中国"城市-政治生态"的伦理底蕴,建构中国城市正义,需要重点把握以下几点。

其一,克服权力固化,建构以流动的差异性为特征的城市正义、城市权力结构。在哈维、苏贾等看来,伦理化、正义化是城市发展的一个内在趋向。在他们看来,所谓城市正义,也就是人们可以享有的平等的城市权利,可以平等地享有进入城市、发展城市、享有平等的城市成果的权利。问题的关键在于如何理解权利的平等。从理论上看,人与人之间的平等是一个理想目标,但对现实的社会而言,由于各种原因,人与人之间总会存在一定的差异。从现实看,建构城市正义的关键,不仅在于主张、倡导人与人之间的平等,而更在于能否处理好人与人之间在基础、能力、利益等方面的现实差异。反思现实社会与城市发展,一个均质化的社会与城市,从未存在过,如果存在,也将效率很低,而社会差异如果过大,也会危及社会与城市的稳定。我们认为,兼顾城市社会的稳定与发展,需要建构一种流动的差异性正义。一方面,允许差异的存在;另一方面,让差异流动起来。社会与城市发展中,往往会产生差异的固化,这种固化的本质也就是利益的固化,并伴随权力的固化。固化的利益必然产生固化的权力,固化的权力也必然再生产固化的利益。

利益的差异、利益的固化,与政治结构、城市权力的差异与固化,是一种相互生成的关系。社会生活的复杂化与社会分工的专业化,往往会产生职业化甚至家族化的社会权力结构,产生利益与权力的家族或准家族的传承、固化。权力垄断的产生有其复杂的历史根源,也有其深刻的现实根源。权力垄断的本质也就是将获取利益与权力的机会固化在一些特殊的家族和利益集团身上。这种状态已经严重影响了社会的发展与稳定,也严重影响了城市的发展与稳定。城市化的推进,城市人口素质的普遍提高,城市之间交往的日益频繁,使城市权力的神圣性、神秘性日益减少,权力日益只能在阳光下运作,成为一种公共的权力、流动的权力。反思权力的历史,可以发现,权力本身就是流动的,发展程度越高,权力的流动性越高。权力的流动有两种方式,一是被迫的流动,一是自觉的流动。历史上的权力流动往往采取一种被动的强制剥夺的方式。这种权力流转的代价往往较大。让利益与权力从固化走向流动,特别是让利益与权力从强制、被迫的流动走向规范、自觉的流动,是建构城市正义的一个重要方向。

其二,建构此在伦理,建构以此在单元为基础的城市生态、城市权力运行构架。城市发展是一个宏观与宏大的事件与过程,涉及国家的稳定、世界的和平。在这个意义上,建设城市、发展城市、管理城市,需要一种全局和宏观眼光、全球和世界的视野。但问题在于,城市越发展,人们会日益发现,我们每个人其实本真性地生存在具体的此在单元之中。一方面,宏观环境的合理化,可能会导致此在单元的合理化,但并不意味着此在单元的状态一定会得到改善;另一方面,如果我们所处的此在单元比较恶劣,那么,即使宏观环境已经改善了,我们仍处于不合理、不正义之中。城市社会是由诸多的此在单元构成,此在单元是我们的生活、生产的真正所在。没有此在单元的合理化、正义化,也就没有城市社会的合理化、正义化。

在《全球城市史》的作者科特金看来,一个城市的发展需要三个条件:秩序、活力和意义。显然,科特金是把一个城市作为一个此在单元来看待的。其实,对于城市中的多数更为具体的此在单元而言,秩序、活力和意义,也是其可持续良性存在发展的必须条件。在城市与社会发展中,我们往往更为注重对国家与世界宏观格局的改变,而相对忽视对我们所处此在单元的改变。一方面,热衷于要求改变宏观环境,热衷于议论、呼吁宏观正义;另一方面,又漠视所处此在单元的问题,不愿意为此在单元的改善、正义、合理化做出努力。这是城市与社会行动中的一个重大误区。在列斐伏尔看来,日常生活是我们的真实生活,没有对日常生活的改变,也就没有对世界的改变。列斐伏尔的日常生活,其重要内容也就是我们每个人所处的此在单元。此在单元的权力结构及其问题,深刻地反映了宏观权力结构及其问题;宏观权力结构的问题深刻地寓居于此在单元的权力特征之中;此在单元是宏观格局的真正文化土壤,没有对此在单元的改善,也就没有宏观世界的真正改变。现实中,此在单元本身的松散化,此在单元本身的权力构成、运行中的诸多问题,已经成为深刻影响每个人的生存与发展质量的基础性问题。此在单元是政治与城市政治实践的重要场域、真实对象。从微观出发,立足此在单元,在关心宏观环境的同时,致力于改善身处其中的此在单元,从此在单元入手建构正义,澄清此在单元的伦理内涵,增强此在单元的伦理底蕴,是城市社会语境下,建构宏观正义、城市正义的一个必须途径。

其三,培育城市个性,建构以多样共存为特征、具有个性活力的城市体系。在《都市欧洲的形成》的作者霍恩伯格(Paul M. Hohenberg)和利斯(Lynn Hollen Lees)看来,一方面,一个城市总会存在其自身的中心与外围结构,由相对密集的城市中心及相对松散的郊区、乡村构成,城市中心与城市外围分别承担不同的功能;另一方面,城市又必然以体系化的形式存在,不同的城市具有不同的产业,承担不同的功能,任何一个城市都不可能单独存在,只有在与其他城市的关系中,一个城市才可能生成与发展。这其实是在城市体系与城市个性这个层面讨论城市发展、城市伦理、此在单元。反思全球城市发展史甚至每个单元城市的发展史,可以看到,城市化既是涉及诸多城市的共同进程,一个诸多城市在社会制度与科学技术这个共同大背景下的共同过程,也是一个不同城市形成其城市个性的过程。城市个性是培育城市正义、建构城市伦理的重要土壤。一个没有个性的城市,不可能包容人的人性的存在,也就不可能生成以包容为底蕴的城市伦理、城市正义。当代不同城市之间,甚至同一城市的不同区域之间之所以在建构形态、城市功能等方面呈现出强烈的趋同性,一个重要原因是因为人们往往把城市作为单一的经济过程看待,而不是把城市发展作为一个与人的生成与发展有关的总体性过程。也就是说,在单一的城市形态、简单的城市功能、趋同的城市结构的背后,是城市发展理念的单一化、异化,缺少伦理底蕴。人塑造空间,空间也塑造人,人生产城市,城市也生产人。没有对城市个性的培育,也就没有城市正义的真正培育。一个缺少个性与正义底蕴的城市,必然问题频发,不可持久。

如果说,启蒙运动是在个体这个层面上的人性觉醒,那么,对城市发展而言,尤其需要在城市个性这个重要的此在单元层面上推进城市启蒙。启蒙的重要精神就是文化自信与文化自觉,是具有差异特点的主体性的自觉与确立。康德(Immanuel Kant)认为:"启蒙运动就是人类脱离自己所加之于自己的不成熟状态。……要有勇气运用你自己的理智!这就是启蒙运动的口号。"①城市是处于普遍与个别之间的特殊,是现代性语境下的一种重要的此在单元。推动城市启蒙,也就是在城市发展、城市个性这个此在单元层面上确立我们自身的文化自觉、文化自信。一个没有个性的城市,也就是一个没有启蒙的城市,一个没有自信的城市,没有真正伦理底蕴的城市,这种城市也必然是一个没有未来的城市。在空间伦理这个意义上,城市个性、城市特色是城市伦理的重要空间内涵。把握城市个性与城市活力、城市伦理的关系,对建构城市正义具有基础意义。

其四,注重地域与文化差异,建构有中国自身特色的城市制度、城市权力。在《比较城市化》的作者贝利看来,城市化不是一个不同地域与国家的趋同过程,"尽管城市化存在很多共性,但可以肯定不会只有一种,而是有多种路径,各自的成因及相应后果不同"②。"不仅要讨论在不同文化和时段已经产生差异的几个基本的不同过程,而且还要讨论这些过程在世界不同地方所导致的不同响应结果,这些会超越肤浅的相似性的描述。"③即使是西方国家之间,其城市化也存在深刻的差异。"欧洲的不同的国家里,差异形成缘于技术变革、国家意识形态、规划权力的交互作用。总之,这种交互作用产生了显著不同于其他地方的城市化过程及其多样化的人类后果。"④对城市政治这个问题而言,一方面,所有的城市都会有政治问题,所有的政治也都会涉及城市问题,这是历史与城市发展中的共性;另一方面,更为重要的是,在不同的地理与文化区域,"城市-政治生态"其实具有深刻的差异性,甚至对同一区域与文化的同一城市而言,不同的发展时期,其"城市-政治生态"也会呈现出一定的差异和变化。

当代现代性已经深刻地成为一种城市现代性,但这并不意味着只存在一种样态的城市现代性。在《可选择的现代性》的作者芬伯格(Andrew Feenberg)看来,如果现代性是指科学技术,那么,针对同一类科学技术,人们可以进行不同的使用,会赋予它不同的文化含义。也就是说,即使是对科学技术这样一种似乎普适的现代性而言,也存在发展与使用上的深刻文化差异。在《比较政治学》的作者劳伦斯·迈耶(Laurence Meyer)等看来,这个世界是由多样的政治构成,东方与西方之间、东方国家与东方国家之间、西方国家与西方国家之间,其政治生态都存在诸多差异,既不存在单一形态的集权

---

① 江怡主编:《理性与启蒙》,北京:东方出版社,2004年,第1页。
② 〔美〕布莱恩·贝利:《比较城市化》,顾朝林译,北京:商务印书馆,2010年,第5页。
③ 同上。
④ 同上书,第7页。

体制,也不存在单一形态的民主体制①。对城市政治生态而言,这种区域与文化差异将更为明显。"第三世界国家的文化基础不同,城市增长速度更快,在城市增长和社会政治环境之间存在着不同的联系。其结果是新的城市形式和崭新的社会环境出现。"②对中国而言,一方面,需要自觉确认"城市-政治生态"的现代性方向,不断推进城市政治生态的民主化、合理化;另一方面,也需要充分确认"城市-政治生态"现代性的多样性,从具体历史条件出发,建构符合自身社会与文化地理条件的"城市-政治生态"。

---

① 〔美〕布莱恩·贝利:《比较城市化》,顾朝林译,北京:商务印书馆,2010年,第27页。
② 同上书,第7页。

第六章　城市社会的正义问题

城市是人类文明的重要成果、现代性的重要内容,城市社会语境下,城市不仅成为研究的对象,更成为一种重要的研究视域。反思人类文明史,反思城市及正义的变迁史、知识史,可以发现:正义历来与城市联系在一起;城市转型与正义转型深层互动;城市社会的推进,使微观正义走向前台。微观逻辑的自觉化,将深刻改变社会及正义的运行结构。

一

作为实在,正义是一种良性、可持续的秩序;作为观念,正义是人们对良好、可持续秩序的价值追求与知识确认。正义是政治伦理、社会理论的一个核心诉求。但正义研究又历来是一个充满争议、没有定论的领域,各种正义观互相竞争甚至对立[①]。我们认为,概观威权主义与社群主义、自由主义与契约论等主要路向的正义研究,虽然主张、观点各异,却也存在共同的特点:主要立足宏观言说正义,主要依赖顶层设计、宏观变革维护与建构正义;相对忽视正义的微观本质、微观基础与微观建构;默默生活与劳作的普通人没有成为正义研究的自觉逻辑、价值与情感基点;主要以城市为背景、场域言说正义,虽然人们对这种背景与语境往往并不自觉。

1. 柏拉图(Plato)与亚里士多德(Aristotle)以城邦(城市)为场域思考正义,他们代表了古典正义研究、政治与伦理思想的两个主要方向:威权思路与民主思路。但他们有一个共同特点:注重宏观逻辑与顶层设计。

在柏拉图那里,正义是外在秩序(城邦秩序)与内在秩序(人的主体素质、内在结构)的统一。作为外在秩序,正义是各安其分,"每个人在国家内做自己分内的事","正义就是有自己的东西干自己的事情"[②]。作为内在秩序,正

---

① 〔美〕阿拉斯代尔·麦金太尔:《谁之正义?何种合理性》,万俊人主编:《20世纪西方伦理学经典(Ⅳ)——伦理学前沿:道德与社会》,北京:中国人民大学出版社,2005年,第100页。
② 〔古希腊〕柏拉图:《理想国》,郭斌和、张竹明译,北京:商务印书馆,1986年,第155页。

义是认同外在秩序的一种内在品质,是"能够使节制、勇敢、智慧在这个城邦产生,并在它们产生之后一直保护着它们的这个品质"①。作为主体素质,"正义是一切美德中最难的,因为正义必须由整个人来实践。依柏拉图之见,正义就是完整的人"②。考虑到柏拉图对人的等级性划分及对哲学王的强调,可以说,在柏拉图那里,正义也就是每个人处于自己应在的位置。其本质是一种以人之天性优劣为基础、可以永恒持续的等级性秩序、极权性秩序。柏拉图所理解的正义是一种强调顶层设计、宏观变革的顶层正义、宏观正义。

在亚里士多德那里,正义是一种有利于城邦秩序的德性与品质,一种从整体秩序出发的主体素质与内在修养。"公正是一切德性的总括。"③"所有的人在说公正时都是指一种品质,这种品质使一个人倾向于做正确的事情,使他做事公正,并愿意做公正的事。"④同时,"公正是相关于他人的德性"⑤。"政治的公正是自足地共同生活、通过比例达到平等或在数量上平等的人们之间的公正。"⑥"公正只存在于其相互关系可由法律来调节的人们之间。"⑦可以看到,在亚里士多德那里,正义也是内在秩序与外在秩序的统一。但与柏拉图不同,亚里士多德更加强调主体的内在素质、内在秩序。虽然如此,亚里士多德正义观的根本基点,仍是城邦的宏观秩序。参照亚里士多德对理论沉思的重视,对法律的强调,对制作的相对歧视,可以说亚里士多德所理解的正义在本质上也是一种以社会上层为价值与逻辑基点的等级性顶层正义、宏观正义。

比较而言,柏拉图与亚里士多德的正义观有诸多不同,在方法论与价值基点层面却有三个共同之处:其一,以城市(城邦)为现实语境,在内在秩序与外在秩序的关系这个框架下思考正义问题。其二,都以实现宏观秩序为目的,注重维护顶层利益。其三,都强调自上而下建构正义,强调对正义进行顶层设计,相对忽视正义的微观生活基础与微观建构。柏拉图与亚里士多德之后的正义研究,虽形态不同、面对的问题各异,但基本上延续了这种方法与价值思路。

2. 近代以来的正义研究以启蒙精神为思想中轴,主要沿着两个路向展开:强调共识与共商的契约论,强调个体理性的自由主义。但它们也有一个

---

① 〔古希腊〕柏拉图:《理想国》,郭斌和、张竹明译,北京:商务印书馆,1986年,第154页。
② 〔美〕约翰·麦克里兰:《西方政治思想史》,彭淮栋译,海口:海南出版社,2003年,第36页。
③ 〔古希腊〕亚里士多德:《尼各马可伦理学》,廖申白译注,北京:商务印书馆,2003年,第130页。
④ 同上书,第126~127页。
⑤ 同上书,第130页。
⑥ 同上书,第147页。
⑦ 同上书,第148页。

共同特点：宏观逻辑、顶层设计优先。

　　契约论的核心任务是建构一个永恒正义的有序社会。从霍布斯（Thomas Hobbes）、洛克（John Locke）、卢梭到哈贝马斯（Jürgen Habermas）、罗尔斯（John Bordley Rawls），契约论经过了从传统契约论到现代契约论的转换。表面看来，契约论是从基层与微观出发的，强调具有理性或美德的人之间的商讨、共识，强调社会共识对政治结构的生成作用与合法性依据。但细加反思，可以发现，这种所谓的底层与微观，其实更多的只是策略。霍布斯以人的自然野蛮状态为依据，为绝对统治者确立合法性。洛克以人的自由自然状态为起点探索如何建构政府。卢梭以人的良善状态为起点研究政府的合理构架。他们都注意到社会的微观基础，但并没有真实地走向研究与建构微观社会，更没有走向以普通人的生活、日常生活作为秩序与正义的价值来源，而是走向对宏观秩序的关注，自觉不自觉地为作为既得利益者的权力主体的存在与利益提供合理性说明。

　　哈贝马斯、罗尔斯是现代契约论的代表，哈贝马斯以商讨、人的博弈为基础探求合理的宏观秩序，罗尔斯以人的无知之幕为原点建构保障个体自由的宏观秩序。他们比早期的契约论者更加关注宏观秩序的微观基础，但仍没有真正把价值基点立于微观，没有把世俗生活作为正义生成与保障的重要源头。他们研究的重点仍是作为上层领域的政治形态、政府结构，在深层逻辑上仍主要为上层的利益与权力寻找合理性。也就是说，在契约论那里，世俗生活、普通人的生活、普通人生存的合法性，虽进入了话语体系，但仍基本上处于他者、边缘状态。可以说，契约论是一种以微观为策略和工具而非目的的宏观正义论。在本质上，他们的理论仍是以宏观与顶层为逻辑中轴的政治哲学、政治正义，而非从普通人的生活出发，为普通人的生活服务的生活哲学、生活正义。强调宏观与顶层，是契约论的本质逻辑。

　　自由主义也是如此。按照亚当·斯密的思路，正义的基本原则是以理性、个人为基础的平等与自由，正义的目的是个人自由、权利的最大化。但当自由主义把自由的实现寄托于建立不同于贵族政府的新政府这种顶层力量（所谓"看得见的手"）时，自由主义其实已经偏离了自己的逻辑。"自由主义者认为财富的创造者应该尽得其益，而且国家应该敏于回应人民的要求。实践上，自由主义者希望资本家比劳工更能获得他们公平应得的财富，而且自由主义者说国家应该回应民意的时候，指的是启蒙的资产阶级民意。"[①]也就

[①] 〔美〕约翰·麦克里兰：《西方政治思想史》，彭淮栋译，海口：海南出版社，2003年，第483页。

是说,自由主义在具有微观视域的表象下,其本质仍是一种宏观与顶层至上的逻辑,自由主义并没有真正做到从普通人、基层的利益出发,而成为以资本为载体的新型既得利益者、新权贵的理论基础。

这一点,在作为"自由主义的成熟"[①]而存在的功利主义那里反映得比较充分。与亚当·斯密(Adam Smith)相比,边沁(Jeremy Bentham)是一个更为现实的自由主义者,他直接以政治与国家问题为对象,强调通过改变现实政治来实现与保障个体自由,以实现"最大多数人的最大幸福"。但在实践中,边沁所构想的这种理想的正义社会,却实践性地走向"多数人的暴政",走向对生活逻辑的干涉,走向对宏观逻辑、顶层利益的坚守。

针对边沁过于强调国家作用、宏观秩序可能存在的问题,密尔(John Stuart Mill)转向强调内在秩序,强调把"人类的良心和社会感情"作为社会秩序、社会正义的基础。但当密尔把研究重点放在如何改造现实政治,建构什么是好政府的标准,并具体地强调代议制时,他其实把自己的方法与价值基点也转换到了为少数人服务的宏观正义与顶层设计,而偏离、忽视了正义的微观基础与微观路径。

甚至在当代自由主义大师哈耶克(Friedrich August von Hayek)那里,也仍然存在这个问题。哈耶克的贡献在于强调习俗、习惯的自然性生成,强调社会规则、社会秩序的自然性、自成性。这应该是一种微观思路。哈耶克的问题在于没有把从生活、微观出发的逻辑坚守到底。当他走向对所谓极权制的批判,走向对以资本为主体的自由政治的维持时,其思路便实践性地回归到了宏观逻辑、顶层设计。哈耶克自由主义的价值基点是否是广大的普通人,值得怀疑。

3. 在时空压缩的现时代,以微观为基础的正义正在加速拓展。自觉把握与推进微观正义,觉察、寻找、建构生活世界本身的存在逻辑与存在合法性,是当代理论研究的重要任务。

我们并不简单反对宏观正义、顶层设计,既然这种思路能够从古到今绵绵不断,当然有其深层、综合的历史与现实原因。这里,我们想追问的是:正义果真主要是一个宏观范畴么?建构正义,是否只有顶层设计与宏观建构这一个方案?离开了世俗与微观生活,宏观正义是否存在,甚至正义本身还是否存在?在至今仍处于无语状态、由普通人的世俗生活所构成的微观世界,是否存在正义?有没有一种可能,微观生活才是正义的真正来源,微观正义

---

① 〔美〕约翰·麦克里兰:《西方政治思想史》,彭淮栋译,海口:海南出版社,2003年,第491页。

才是正义的主体构成？

以宏观、顶层为特点的正义观,有其历史合理性,也有其深层问题：往往走向由少数人、少数精英所主导的霸权、暴力。面对仍基本处于无语状态的真实基层生活,面对一直坚韧延续的普通人的世界、微观生活世界,我们需要一种基点明确、逻辑彻底的微观正义。虽然,基层、微观、日常生活确实也存在诸多问题,但上层与宏观领域也是历史问题频发,并可能问题更多、危害更大。以世俗与微观为基点思考正义问题,将为我们打开一扇理解当代社会问题的新窗口,发现反思历史的新视域,找到解决现实发展与秩序问题的新路径。

与其他理论相比,马克思、恩格斯的历史唯物主义与马克斯·韦伯、滕尼斯等的社会学,更加关注世俗领域、生活领域,更加关注正义的微观基础。特别是马克思的唯物史观强调市民社会决定国家,把世俗生活作为正义、合法性的重要来源,为我们进行微观正义研究提供了重要价值与方法借鉴。但由于在那个时代,世俗领域本身发育得不充分,那时的唯物史观与社会学也仍然带有以宏观政治为目标,更加注重宏观与顶层变革,相对忽视微观生活自身的深层合法性等问题。比如,滕尼斯的共同体理论,虽然已经开始重视微观领域,但存在两个问题：其一,没有探索微观领域、生活世界的具体深层构成,在本质上仍缺乏真正的微观逻辑;其二,把微观领域等同于前工业化时代的家庭、宗教组织等,这样,即使他有微观逻辑,在本质上也是一种倒退性而非面向未来的微观逻辑[①]。当然,这不仅仅是理论家自身的问题,而是时代精神、时代基础、时代局限使然。

我们认为,在生成、发展与转换中,正义可以分为两类：以宏观为元点、目标,以顶层设计为主要策略的宏观正义;以基层生活和微观创新为基础与基点的微观正义。从古代到近代再到现代,社会结构的转换,已经呈现出微观逻辑、微观正义逐渐增强的趋势。在柏拉图与亚里士多德那里,基本上是一种宏观逻辑。启蒙运动以后,不管是契约论还是自由主义,都已经不能不注意世俗生活、微观领域。只是由于生活本身的推进还不到位、理论家自身的现实与价值局限等原因,契约论与自由主义还无法将微观逻辑贯彻到底。随着当代全球城市型社会的不断推进,正义的微观基础正快速扩增。回到城市,反思城市与正义的历史关联,将有利于我们具体理解微观正义的生成与本质。

---

① 〔德〕斐迪南·滕尼斯：《共同体与社会》,林荣远译,北京：北京大学出版社,2010年。

二

　　城市是文明及正义生成、转换的场域,也是衡量文明的重要标准。正义是一种文明,文明与城市深层统一,对正义的深化研究不能脱离对城市的考察。"西方学者有三个粗略的指标以检定一个社会是否已达到文明社会:冶铁技术、文字和城市的出现。"[①]概观全球史、全球文明史、世界文明史等方面的著作,诸多研究者都把城市作为文明的一个核心指标。在城市与正义的互动中,微观逻辑、微观正义不断增强,走向前台。

　　1. 在生成论意义上,正义是一个城市学现象,城市是正义生成、发展的具体场域,城市的结构特质影响或决定正义观的具体特点。

　　苏格拉底(Socrates,前470年—前399年)与孔子(前551年—前479年)是东西方思想及正义观的两个重要起点式人物。比较一下这两个几乎同时代但处于不同空间的思想家的正义思想,有助于从元点上理解城市与正义的内在关系。

　　希腊文明是多种文明交往的产物,"希腊半岛的早期居民在美索不达米亚文明、埃及文明和腓尼基文明的影响下建立了自己的社会。公元前9世纪初期,希腊人建立了一系列的城邦,它们成为古典希腊社会发展的政治背景"[②]。"公元前5世纪和前4世纪,希腊人把外来文化因素和他们自身的文化特点完美地融合在一起,创造了辉煌灿烂的希腊古典文化。"[③]贸易的兴盛、殖民地的扩张,使苏格拉底时代的希腊成为世界性的城邦国家,聚集了大量具有不同地域和文明背景的异质性人口。"早期那些位于印度西北部、尼罗河、美索不达米亚的城市是绝对王权的产物。……只有始于公元前900年的古希腊时期,才有了真正的平民城市。"[④]"与古代的波斯、中国和印度不同,希腊人并没有建立起中央集权的国家。"[⑤]正是以城邦为具体场域,苏格拉底探索政治与社会秩序,讨论节制、智慧、勇敢、正义,并把正义作为秩序的根本基础、最高范畴。

　　孔子是"中国历史上第一个自觉地、直接地思考政治秩序和社会秩序问

---

① 薛凤旋:《中国城市及其文明的演变》,北京:世界图书出版公司,2010年,第10页。
② 〔美〕杰里·本特利、赫伯特·齐格勒:《新全球史》,魏凤莲译,北京:北京大学出版社,2007年,第248页。
③ 同上书,第267页。
④ 〔美〕詹姆斯·E.万斯:《延伸的城市:西方文明中的城市形态学》,凌霓、潘荣译,北京:中国建筑工业出版社,2007年,第25页。
⑤ 〔美〕杰里·本特利、赫伯特·齐格勒:《新全球史》,魏凤莲译,北京:北京大学出版社,2007年,第255页。

题的人"①。孔子所处时代,是中国历史转换的一个重要分水岭。战乱不断,中央集权正在酝酿、生成,工商业开始勃兴,出现了具有工商业特征的城市②。"当时的主要城市都设有多个'市',后者成为城市手工业及以商业为基础的居住里坊的核心,这些'市'多建有围墙,并且主要是建在外城(廓)中。"③城市处于社会的中心,"在新的工商业等经济发展的浪潮中,城市的行政、宗教功能和有关的主要功能区的分布,以及对周边农业地区的中心式功能和紧密生态关系仍保持不变"④。不同的君王占据着各自的城池,并互相争夺。正是在这种特殊的城市社会语境下,孔子不断探索实现正义的原则与方法,发展起其正义观。强调仁政、礼制,强调"君君、臣臣、父父、子子",以忠、孝这种父子式、血缘纽带作为实现社会秩序的基本范畴,把"正(仁政)"作为重要的政治伦理标准。

比较孔子与苏格拉底,可以看到,其一,苏格拉底与孔子都面对着秩序问题,都把城(城邦、城郭)作为秩序的轴心。可以说,不管是苏格拉底还是孔子,如果没有城市(城邦、城郭),没有与城市相关、以城市为中心的社会秩序问题,他们都不会提出正义问题。城市及其秩序问题,是正义研究的现实基础。其二,苏格拉底面对的城邦社会异质性更强,孔子面对的城郭社会则同质性更多。苏格拉底的正义以节制、论辩为重要基础,孔子的正义以教化、服从为重要基础。城市社会的结构性差异决定了孔子与苏格拉底正义观的结构差异。其三,苏格拉底与孔子所建构的正义观,都以社会上层为正义主体,强调正义的宏观建构,都相对忽视微观正义,忽视普通人在正义生成中的主体地位。当然,我们不能以"穿越"的态度苛求孔子和苏格拉底。与近代和现代相比,苏格拉底与孔子所面对的城市社会都是城市化率不高的城市,且社会秩序的微观基础都不够强大。在这种特殊的城市社会语境下,建构宏观至上的正义观,有其历史必然。

2. 在转换论意义上,城市的社会结构转换决定正义观的形态转换。考察西方城市史与正义观的变迁,可以发现,在城市与正义的相互关联中,从强调宏观正义逐渐走向强调微观正义,是正义研究的总体趋势。

近代以前的城市社会结构决定了其正义观的宏观导向。古希腊之所以讨论正义,是因为在以城市为中心的扩张、殖民过程中,不可避免地遭遇了秩

---

① 〔美〕杰里·本特利、赫伯特·齐格勒:《新全球史》,魏凤莲译,北京:北京大学出版社,2007年,第196~197页。
② 薛凤旋:《中国城市及其文明的演变》,北京:世界图书出版公司,2010年,第97页。
③ 同上书,第115页。
④ 同上书,第120页。

序问题。而由于古希腊时期城市人口相对有限、生产方式相对落后等原因，苏格拉底、柏拉图、亚里士多德所讨论的秩序与正义必然以少数公民特别是统治精英为主体，而不能惠及奴隶，建构起宏观至上的正义观。

中世纪城市社会的结构特点，决定了这个时期的正义观也主要贯穿宏观逻辑。由于战乱、疾病等原因，中世纪是一个城市凋敝，生产、生活退步的时代，但同时，城市的中心地位更加突出，对封建与宗教的秩序统治更加重要。"无论宗教和世俗领袖如何争取城市的自主权和统治权，中世纪的统治形式、思想传播和生产活动都离不开城市。"①"中世纪宗教越来越城市化，但正是在城市里，教会对整个城市系统的整合与教化活动才得以进行。"②中世纪的社会结构在总体上是等级制的，"当时的城市秩序仍遵循遍及欧洲的农业等级制度"③。等级性的社会必然与等级性的正义观念相互配合、相互生产。在奥古斯丁（Saint Aurelius Augustinus）看来，只有上帝才是正义的真正来源，上帝之城才是真正正义的城市。奥古斯丁以上帝之城为中心的等级性正义具有双重性：一方面反映了中世纪秩序混乱，现实中充满了罪恶；另一方面，也反映了那个时代的正义是一种绝对的宏观至上正义观，世俗与底层生活的正义性几被抹杀。

中世纪后期，在宗教与封建领主控制的边缘，逐渐兴起了一批充满活力的商业城市，逐渐聚集起一批批来自不同地区与文化背景的异质性人口。"城市的空气让人自由"正是对这个时期城市的描绘。正是这种以商业、利润为目的的自由城市的兴起，为近代的启蒙运动，也为近代正义观的产生与发展提供了现实基础。没有中世纪后期不断兴盛的商业城市、世俗城市，也就没有以自由、平等为导向，具有微观特色、呈现微观逻辑的近代正义观。

近代工业城市的发展，进一步推动了微观正义的崛起、深化。虽然工业化与城市化之间的关系比人们想象的复杂，诸多大城市在工业革命以前就已产生④，但近代工业城市的兴起、工业城市所引发的社会矛盾，仍是改变世界格局与人们的生产和生活方式以及正义观念的重要社会实在。与工业城市发展相伴随的大量人口的集中，异质文化的交汇，促使人们以新的眼光看待社会秩序，看待正义问题。正是以工业城市为背景，马克思、恩格斯阐述了其以市民社会决定国家为核心的唯物史观正义观，发展了以阶级分析为特点的

---

① 〔美〕保罗·M.霍恩伯格、林恩·霍伦·利斯：《都市欧洲的形成：1000—1994年》，阮岳湘译，北京：商务印书馆，2009年，第23页。
② 同上书，第42页。
③ 同上书，第23页。
④ 同上书，第168页。

社会正义实现方式,开启了以世俗、微观为基础研究正义的新境界。也正是以工业城市及其秩序问题为背景,以马克斯·韦伯、滕尼斯等为代表的社会学发展起来,开始了对世俗生活世界、微观社会世界的新研究。

19世纪后期至20世纪中后期,虽有世界大战的中断,但在总体上,西方国家的城市化不断推进,城市人口不断增加,城市矛盾不断涌现,市民社会、公民社会的力量进一步壮大,同时,市民社会、公民社会、微观领域自身的问题也不断涌现。微观正义的主体地位及其合理构成,迅速成为现实及理论问题。正是在这种语境下,芝加哥学派开始研究城市病,列斐伏尔、哈维、苏贾等开始倡导并对城市权利、城市正义进行研究。而当代席卷全球的广泛城市化,后工业城市的兴起,前工业城市与工业城市、发达城市与发展中城市等的多样并存,使秩序与发展的不同原则出现了前所未有的竞争。人们以不同的城市结构为背景,出于不同的利益、意识形态、文化传统等考虑,建立起不同的正义观念。目前的正义原则虽竞争激烈,但一个总体趋势是:正义研究日益具有微观视域,微观正义日益成为一种时代精神。

3. 在反思论意义上,城市与正义是一对相互生成、相互支撑的范畴。在这种相互支撑与相互生成的过程中,微观正义日益重要、日益走向前台,但这种趋势并不具有线性的必然性。

城市与正义的一般关系、总体历史关系表现在四个方面:其一,正义是人们以城市为背景对社会关系、社会秩序问题的反思与理念确认。城市的实在形态转换与正义的观念形态转换在总体上存在对应关系。在这个意义上,可以说,没有城市,便没有正义,正义必然是城市正义。城市是正义问题的根本生成、转换、竞争场域。只有在城市化进程中,在城市中,在异质人口的碰撞中,在对良好秩序的要求中,在与恶劣秩序的矛盾中,人们才会产生正义感,产生对正义的要求。其二,没有正义,没有合理、正义的秩序,便没有城市发展及其可持续。一方面,正义以城市为基础,是人们以城市为背景,对良好社会的一种自觉反思与确认;另一方面,没有合理、可持续的社会与制度等方面的不断合理化、正义化,也就没有社会、城市社会发展的可持续。古希腊、罗马等城市文明之所以没有持续,成为消失的文明,在很大程度上是因为没有建立起具有深层世俗基础、微观逻辑支持的合理可持续、面向未来的正义、秩序。其三,正义转换与城市转型密切相关,城市化的程度与正义的类型转换深层关联。一部文明史,在很大程度上,就是一种不同城市与不同正义样态的互动与转换史。城市化水平的持续提高,必然导致微观正义地位的提升,走向更为注重民生、民主的正义;反之,城市化水平的降低,往往会导致宏观正义地位的提升,走向更为注重威权的正义。其四,从目前情况看,城市化率不断提高是当今世界发展的一个重要趋势,但微观正义的未来道路并不平坦。一方面,应该看到,从宏观秩序走向微观秩序,从宏观正义走向微观正义,是一个总体方向;另一方面,也应该看到,如果在未来,因为自然灾害、战争等非人为或人为原因,导致全球城市化率的降低,那么,正义微观化的趋势也完全可能不再延续。西方中世纪及我国"文化大革命"期间城市化水平的降低及社会生活的改变,已经实践性地说明了此点。所以,应该清醒地看到,正义的形态转换、微观正义的生成与发展并没有线性的必然性,曾经出现波折,也完全可能再次出现曲折。微观正义的成熟、总体正义的合理化,不会自然来临,需要人们进行自觉把握、自觉营建。

三

我们所处的这个世界,正在感性地成为城市社会。但完全理想的城市、没有问题的世界从未出现,历史与现实中,这个城市世界一直存在问题。城市化及其后果一直是辩证的。"古代城市积极的和消极的因素,两者都在某种程度上传递给后世的每一个城市。"[①]城市是不同正义观纷争的战场,也是丑恶聚集的场域,不同恶势力争夺力量的战场。在问题与成就、进步与倒退、权力与利益的综合博弈中,城市与正义共同转换,虽有曲折,但在总体上不断合理化。这种合理化的重要内容是:与城市生活的不断微观化相伴随,正义的微观基础不断增加,微观正义的基础、本质、意义与作用不断呈现。

1. "属人关系微观化"是城市关系发展的总体趋势,以此为背景,"共在"日益成为正义的重要特点。

作为观念与策略,正义是对关系所进行的意义把握与主体调整;作为社会实在,正义也就是秩序的持续存在,也就是关系的持存。城市是一个日益复杂的巨系统,由多种属人关系构成。在文明的早期即早期城市化阶段,自然资源相对无限,人的生产能力有限,社会财富有限,人口总量有限,社会总人口中受过教育的人口有限,能够拥有城市话语权的人更有限。在这种格局下,所谓的正义往往具有两个特点。其一,往往是以少数权贵的利益为导向的正义,是一种以少数人为中心的正义;其二,人们不把自然生态及其他生物纳入正义的考虑范围,是一种以人类为中心的正义。

随着人口的不断增多,人地矛盾的突出,城市作为解决问题的一种方式出现。与此同时,城市的综合聚集效应也推动了人的生产、交往、知识等能力

[①] 〔美〕刘易斯·芒福德:《城市发展史——起源、演变和前景》,宋俊岭、倪文彦译,北京:中国建筑工业出版社,2005年,第579~580页。

的发展。在人与城的双向促进中,人类文明进入近代并向现代推进。在这个过程中,人口总数不断增加,自然资源开始变得相对稀缺,城市数量日益增多,城市体量不断变大,社会总财富不断增加,受教育人口也不断增加,人们所面对的关系日益多样,人的欲望变得日益无限和多样、多元。在这种格局下,正义开始具有两个特点:其一,利益要求日益多极主体化,平等成为正义的重要要求;其二,正义日益覆盖多样的关系与要素,全球正义、经济正义、政治正义、生态正义、生物正义等开始出现。

概括而言,随着城市所牵涉的关系的多样化,正义的内涵不断紧缩,外延不断扩大。所谓内涵不断紧缩,是指正义的"能指"日益明确:正义也就是"持存的关系";所谓外延不断扩大,是指正义的具体关系"所指"日益扩大,包括人与人、人与自然、人与社会、人与自身等多种关系。在内涵与外延的统一中,正义的内容日益微观化,正义日益涵盖人们原来不包括或者说不自觉包括的各种微观关系,涵盖原来不自觉指向的构成关系的要素。人们日益发现,思考与研究正义需要注意两个问题:其一,需要深层超越自我中心论,不能再无反思地从自我利益、自己的文化与习惯出发,以自我为中心思考正义问题;其二,需要不断超越人类中心论,不能再无反思地把自然作为正义的外在因素,正义的生态内容不断明晰。在这二者的统一中,正义日益微观化:正义日益向下指向城市及世界的构成关系及要素,日益重视原来不考虑的所谓作为边缘、基层、他者而存在的关系及要素。在这个意义上,正义也就是所有相关微观要素的共在、共存。

2."权利微观化"是城市利益演进的总趋势,以此为场域,"共享"日益成为正义的重要特点。

正义往往以价值、意义为表象,但正义总是与利益联系在一起,利益是正义的根本所指、核心内容,利益关系是正义的本质性关系。确认"谁之利益"、谁在一种所谓正义的秩序中获得利益,是把握正义实质、"谁之正义"的重要方法。反思城市发展史,可以发现,城市利益关系的基本走向是不断微观化,城市日益成为所有人的城市,日益成为为所有社会成员利益服务的城市。权利的微观化、利益与财富的共享是正义变迁的重要趋势,虽然这一点远未实现。

在前现代,古典城市主要是为贵族、领主等服务的城市,是维护贵族、领主等人利益的场所、空间。这个时期的正义,其话语主体也就是剥夺者、既得利益者,其本质也就是少数既得利益者垄断自身利益的合理化。这个时期,商业与工业相对落后,上位者对下位者的剥夺往往采用实物、劳役的形式,这个时期的正义,具有"直接剥夺"的特点。

商业革命、工业革命以后,城市的结构与构成发生了重要变化,区别于领主城市、宗教城市的新型商业型、工业型城市不断涌现,世俗阶层的人口数量、受教育程度、组织程度等不断增加和提高,社会阶层、组织分划日益多样。在各类传统及新型异质人群追求自身利益的过程中,在各类利益、权利的竞争与博弈中,人们逐渐建构起形态各异的正义观。与利益的内容日益多样、具体化相伴随,与经济利益、政治利益、社会利益、文化利益、民族利益、生态利益等利益问题的不断出现相符合,人们对经济权利、政治权利、社会权利、文化权利、民族权利、生态权利、社区权利等的要求不断细化、具体化、微观化。城市日益由少数人的城市转换为所有成员的城市,从以维护少数人的所谓宏观权利为主的城市,向维护更多人甚至每个人的多样利益、微观权利的城市转化。正义的利益所指不断从利益垄断走向利益共享。与权利的双重微观化(内容的细节化、主体的广泛化)相统一,不断从"整体宏观剥夺"走向"微观具体共享"是正义调节内容变迁的主导趋势。

3. "权力微观化"是城市变迁的总趋势,以此为背景,"共治"日益成为正义的重要要求。

权力与权利如影随形。如果说,追求权利是一种理想,那么,拥有权力则是对理想的现实化。进入、参与、影响、左右权力,是实现与保护权利的制度路径。正义与权利相伴,也总与权力相随。正义问题的核心指向,往往就是权力。回顾城市发展史,可以看到,一方面,城市关系、城市利益日益复杂化、微观化;另一方面,城市权力的总体格局也在不断变迁中日益走向微观化、碎片化。以城市为语境,对"谁之正义"的追问,就具体化为对"谁之城市"的追问,对"谁在城市中拥有权利特别是权力"的追问。

在早期城市化时期,城市为少数人的利益服务,少数人是权力、公共权力的主体。近代以来,以城市为核心,公共权力日益"下放",走向微观。公权的来源与检验主体逐渐扩大,选举权不断扩大,普通人参与权力的方式不断改善、不断直接化。公共权力的这种被迫"下放",离不开同城市发展相伴的主客观条件的改善。其一,主体条件、主体结构的改变。与财富增长、教育普及、知识增长相伴,城市人口的利益、文化、生产与生活方式不断异质化,血缘纽带、地缘纽带的秩序调节与社会纽带作用日益减弱。其二,空间等客观条件的改变。科技化、信息化及城市空间、城市设施等的综合改善,为人们普遍参与权力提供了硬件。主客观条件的改变,使城市成为权力正义化、自觉改善公共权力运行方式的最好场域。在这个意义上,在由同质性人口构成,以血缘、地缘纽带为主的农村实施直选可能是一个有问题甚至错误的选择。直选的真正场所,应该首先是已经具有相当程度异质性的城市及城市性社区。

从权力的实施空间看,作为权力运行中心的城市,其结构不断微观化。

其一,城市数量不断增加,原有中心城市的首位度趋于降低,新的中心城市不断涌现。这个世界日益成为由诸多城市群构成的碎片城市。其二,从一个城市的内容结构看,城市的经济中心日益多点化,新的消费、生产、生活中心不断涌现,无数的自治性社区蓬勃生长。其三,城市与乡村的关系日渐密切。日益便捷的交通、信息等,使乡村与城市的联系日益紧密、生活与文化水平的差异日益减少,乡村逐渐摆脱了落后的身份,成为城市社会的特色微中心。城市结构的这种微观化,必然要求城市治理、公共权力不断走向多中心化、微观化。

从权力自身的运行看,与城市化发展相伴的公共权力微观化,表现在两个方面。其一,权力主体的广泛化。城市存在与发展的相关主体作为利益的主体,日益成为权力的主体。其二,权力运行的直接化。公共权力合法性的获得在理论上需要得到每个权力主体的同意。直接参与、直接选举日益成为公共权力成立并检测其合法性的重要趋势。权力的微观化,也就是权力的非垄断化,人们参与权力的方式、向公权部门进行授权方式的直接化。以直接参与为特点的"共治",是城市化对公共权力的必然要求。

4. "动力微观化"是城市发展的总趋势,与此相契合,"共创"日益成为正义自身合理化、解决秩序与繁荣之间矛盾的支柱性条件。

回顾城市史,诸多城市曾经繁荣之极,最终却沦为落后城市甚至消失的文明,诸多城市无法保持持续的繁荣与稳定。城市的兴衰构成城市的生命周期。造成城市生命周期的原因是多样的,但发展动力不足,不能激活微观活力,是一个重要原因。每个人都是发展的主体,也都是秩序的主体。城市化水平越高,其繁荣与稳定越依赖于社会成员的广泛参与、共同创新。努力实现微观创新与宏观创新的有机互动,特别是真正激活、信赖、保障由广大普通人所进行的微观创新,是提升城市正义程度,实现城市可持续繁荣与可持续稳定相统一的根本基础。

反思全球文明史、世界城市史,可以发现,凡是能够较好地处理宏观创新与微观创新的关系,较好地依赖微观创新的城市,往往繁荣期较长。而主要依靠顶层设计、宏观创新的城市,则往往后劲乏力,衰败较快。当然,我们并不否定宏观与顶层设计的作用,并充分肯定在具体历史与问题语境下,顶层创新对城市及社会繁荣与稳定的巨大作用。但更应该看到,以微观创新为本,从主要依赖顶层设计向主要依靠基层创新,日益成为实现城市、社会可持续繁荣的必然选择。

在动力学意义上可以说,所谓正义,也就是一种充分激活、保障、依赖微观创新的秩序与机制,生产权、创新权、创造权是正义的根本内容。对一个城市或社会而言,其繁荣与稳定在根本上依赖于其所有成员都有生产权、创新权、创造权,所有主体都有参与城市发展过程、分享城市发展成果的权力和权利。当代消费社会、城市发展消费化及以宏观为主的发展战略,其最大问题,是越来越多的普通人日益沦为被消费、被决策、被设计的对象,成为少数人增殖财富、维护既得利益的工具,而没有或很少有创造与创新的机会,不能成为城市生产、创造、创新的主体。如何激活、保障每个人的创新权、创造权,建构一种人人可以创新并收获其创新利益的管理机制特别是财产、财富制度,实现创新责任与创新收益的统一,是有效激活城市及社会发展的微观动力,是实现正义本身正义化的制度路径。

总之,没有抽象的正义,正义总是具体的。在城市与正义的深层互动中,总体正义不断推进,微观正义不断生成。虽然,我国目前城市化的进程与目标不尽如人意,还存在诸多问题,但中国正义转型的希望又恰恰深寄于不断推进的城市化。

第七章 城市社会的主体性问题

主体与城市的关系日益成为一个时代问题。城市化的推进与深化使城市权利突显。20世纪70年代,列斐伏尔就写作了《城市权利》,对现代城市化浪潮进行问题反思。80年代,哈维出版了《社会正义与城市》,对城市权利与社会正义的关系等问题进行深度反思。2003年,米歇尔(Don Mitchell)出版了《城市权利》,对城市权利与公共空间的关系进行专题研究。2012年,苏贾出版了《寻找空间正义》,对城市权利的空间性进行专门探索。笔者认为,权利的本质是处于复杂"主体际性"与"主客际性"关系中的人的主体性。城市权利是主体性的空间化展开、空间化实现,是人的主体性在空间生产、城市发展这个流动的场域中的具体体现。城市权利,也就是人在城市发展中所具有的主体资格、能力、素养。思考城市权利,其本质也就是对城市现代性与空间生产语境下人的主体性这一问题进行思考。主体性是把握现代性、后现代性的精神实质的一个重要切入点。厘清城市权利,需要密切联系近代以来人的主体性的转换趋势。

一

伴随我国城市化的快速推进,诸多始料未及的城市问题集中出现。加强城市管理是应对城市问题、建构城市秩序、保障城市发展、建设城市社会所必须的。对仍存在诸多不确定因素的我国城市化而言,城市管理的规范化、科学化有一个过程,城市管理的主体、范围、内容、对象、规则、程序等都有待于进一步明晰。但不管是何种城市管理,都与城市权利(right to the city)密不可分,在本质上都是对城市权利的保障和制约。厘清城市权利的内涵与特点,对推进城市发展与城市管理的规范化,探索城市持续繁荣与持续稳定的实现机制,具有重要意义。

城市权利是城市发展、城市管理的一个基础性问题,也是城市理论研究的一个基本内容。虽然,城市发展的历史可以用千年甚至万年记,虽然,对城市权利的涉及伴随着整个思想史与城市发展史,虽然,古希腊时期的思想家们就思考过与城邦（城市）有关的正义、公正等问题，但对城市权利进行较为系统自觉的专题性研究却是相对晚近的事。工业革命以来，特别是"二战"以后，伴随城市化的拓展与深化，城市化率的不断提高，城市发展方式与发展形态的转换，与城市权利有关的冲突与问题集中涌现并呈激化趋势，具有不同思想与方法论倾向的学者、思想家开始比较集中地关注城市权利等问题。比如，马克思、恩格斯对城乡关系的思考，对工业城市阶段工人阶级命运的关注，马克斯·韦伯对城市发展史、城市价值基础的思考，芝加哥学派对城市问题的集中研究，沃思对"作为一种生活方式的城市"的思考，列斐伏尔、哈维、卡斯特、苏贾等对城市公正、城市正义、城市社会空间辩证法等问题的研究等，都从不同维度对城市权利进行了揭示。随着城市化的深化，人们对城市权利的关注与研究将不断深化。

从基础构成看，城市权利是一种与地理空间、人文空间密切相关的权利。正如领土是国家的基本内容，城市"领地"或者说人化地理、人文空间是城市的基本构成。城市是多样异质文化与文明在一定空间中的聚集，是人对地理空间的生产、创造、人化，地理性、空间性是城市的一个基本特性。与此相统一，地理与空间权利是城市权利的一个基础内容。地理空间是人们在城市中的根本生存、生产、生活处所，是人们在城市社会的基础情感归依。人创造空间、城市，空间、城市也创造人。离开了特定的地理与空间，人们的城市行为、城市感情、城市态度都将无所归依。相对不断增加、加速聚集的城市人口而言，不同利益主体、城市主体对地理空间的争取将日益激烈，地理空间权利是城市化进程中的一个持续性的显问题。离开了地理与空间权利，对城市权利的理解将失之抽象。

作为城市权利的空间权利，其载体或者说实在内容主要包括私人空间（比如作为生活与居住空间的住宅）与公共空间（比如作为社会交往空间的广场）。在不同的国家与区域、不同的文化传统中，在不同的城市发展阶段，人们对私人空间、公共空间的性质、边界、功能等有不同的认识。能否合理地配置、协调、管理好城市主体之间的地理与空间权利，处理好私人空间与公共空间的关系，不同私人空间之间的关系，公共空间的开放范围、收益归属等问题，以规范的制度理顺不同城市主体间的空间权利，管理、协调不同城市主体的空间权益，将深刻影响一个城市的繁荣与稳定。

城市权利是一个历史范畴，其内容与范围经历了诸多转换。中世纪后期，伴随商业革命的兴起，相对于封建领土管制下的停滞与封闭，在新兴的商业城市，"城市是一个让人感到自由的地方"，城市权利的主要内容是自由：人口自由流动、商品自由交换。在工业革命时期，在众多人口被迫取得与贫困相伴的所谓自由权利后,能够在城市中生存、工作成为诸多无产者的权利梦想。后工业时期,随着城市社会、消费社会的推进与深化,全面而幸福的生活,逐渐成为人们对城市权利的要求。列斐伏尔认为,在作为后工业社会和消费社会的城市社会,所谓城市权利,也就是"不被排斥于城市中心和城市运行之外",也就是能够作为生活主体全面参与城市发展、城市事务、城市生活。

"参与"和"生活"是理解当代城市权利的两个重要关键词。让所有人都能够平等地参与城市发展,所有人能够有机会并拥有城市型生活,是城市发展的重要方向。虽然,在历史与现实中,由于各种原因,让所有人全面参与城市发展,所有人平等拥有城市型生活,从未真正实现。随着城市化的进一步推进,人们权利意识的普遍觉醒、综合素质的普遍提高,任何垄断城市权利,让城市成为少数人的天堂的思想与行为,都将日益遭遇全面而深刻的抵抗。改善城市管理的方式,创新与转换城市制度,不断扩大人们对城市事务的参与权,不断提高人们进入、获得城市型生活的机会与可能,是解决城市问题、建构城市秩序的重要选择。

从行动主体看,城市权利是一种与"谁是城市的主人"高度相关的实践与创造的权利。在一定意义上,权利是一种收益权,而收益来自主体的生产、劳动、创造,没有劳动、没有创造就不会有收益,不会有所谓的权利。在列斐伏尔看来,城市权利是一种"转换与更新城市生活的权利"。这里,所谓转换与更新,其本质也就是生产、劳动、实践、创造。实践权、生产权、创造权是权利的核心内容,也是城市权利的核心内容。

城市是有意识、有思想的人的集体创造物,人是城市的根本主体。但人历来由不同类型与阶层的具体的人构成,并不是所有的人都能够作为城市主体进行城市生产、城市创造并获得与此相对等的权利。在哈维看来,在资本逻辑主导下,城市发展甚至已沦为资本生产自身、获取剩余价值的新场域、新方式,人作为主体反而异化为城市发展的工具。平等是人们的理想,不平等往往是现实与常态。由于社会建制、历史传统、有效抵抗不足等复杂原因,创造者往往未必是收获者,生产者往往是被剥夺者,作为城市财富、城市空间生产者与创造者的主体,往往是城市中的边缘人,甚至没有城市人的身份。这是形成诸多城市问题、城市冲突的一个重要的深层次原因。如何在实践论层面,实现人们的城市权利,是城市发展、城市管理的一个重大历史性课题。

城市化是人对可能性生活的不断创造,城市权利的不断实现,也就是人的可能性生活的不断展开。从少数人的城市到多数人的城市,是城市发展、城市权利转换的历史趋势。保障人们在城市中的空间权、参与权、生活权,特别是平等的实践权、创造权,是激活城市活力,实现城市可持续繁荣、可持续稳定的根本选择。

二

人的主体性是现代性的一个基础问题,是近代以来哲学与社会思想的主线。面对不断拓展的现代性、不断打开的复杂世界,应该如何认识、安置人的主体性?对这个问题的探索与思考,贯穿于现代性转换与近现代思想史的始终。从社会实在看,一部现代性的历史,在一定意义上,也就是一部人的主体性不断生成与转换的社会史、实践史。从思想转换看,一部现代性的历史,也就是一部不同思想者对主体性进行不同维度研究的知识史、概念史。从近代到现当代,不管是马基雅维利(Niccolò Machiavelli)、霍布斯、休谟(David Hume)、亚当·斯密、边沁、密尔、罗尔斯,或康德、黑格尔、马克思、尼采(Friedrich Wilhelm Nietzsche)、海德格尔(Martin Heidegger),或韦伯、涂尔干、西美尔、福柯(Michel Foucault),如何安排人的主体性是不同向度的思想家所共同关注的一个核心主题。近代以来,不同哲学与社会思潮之间的区别,不在于要不要讨论人的主体性,而在于如何具体地认识、理解和安置人的主体性。一方面,确认人的主体性,确认人的平等、自由等主体权利,是文艺复兴、启蒙运动以来现代性的一个基本成果与核心遗产;另一方面,在不同的语境下,针对不同的时代问题,人们对主体性的理解又存在深刻差异。在社会实在与社会知识、社会史与概念史的辩证互动中,人的主体性的建构与研究不断取得新进展,也不断遭遇新问题。在进展与问题的统一中,从宏观走向微观,是主体性转换的一个基本趋势。

在中世纪后期,商业的繁荣、原初工业的兴起、城市的复兴标志着社会生产方式发生了重大变革。以此为基础,在意大利的佛罗伦萨(Florence)等新兴城市,文艺复兴蓬勃兴起,诞生了达·芬奇(Leonardo da Vinci)、马基雅维利等倡导人的主体地位的代表早期现代性的标志性人物。在德国和瑞士等地,路德(Martin Luther)、加尔文(Jean Chauvin)等领导的宗教改革不断推进,使传统神权受到致命的打击,辩证地确立了人的主体地位。文艺复兴的本质是人文主义兴起,人的主体地位开始确立。"对人的重新强调和对人所能取得的成就的重新强调"是文艺复兴的重要遗产①。文艺复兴标志着从中世纪以神为中心的世界观向以人为中心的世界观的转换,"皮科(Picc)所写

---

① 〔美〕斯塔夫里阿诺斯:《全球通史:从史前史到21世纪》,下,董书慧、王昶、徐正源译,北京:北京大学出版社,2005年,第375页。

的专著《论人的尊严》可以看作是它的宣言书"①。宗教改革表象上看似乎是宗教领域自身的事件,但其意义同样深远。经过宗教改革,"任何一个教会想要获得全世界的垄断地位都是不可能的"②。"就宗教改革的直接遗产而言,它把中世纪统一的教会拆散成大量当地的地方性教会。……所有这些教会的共同特点是它们都由世俗统治者控制。"③可以说,宗教改革的真正意义,在于以一种辩证的方式确认了人的主体地位。

文艺复兴与宗教改革既标志着中世纪的终结,也标志着早期现代性的兴起,但其对人的主体性的确认还主要是一种象征意义上的,具有两个特点:一是开始确认人的主体性,一是其确认的是不同于神权的世俗权力者的主体地位。"传统上认为开始于大约1450年的所谓的'文艺复兴与宗教改革时代',只能把它说成是少数人的兴趣所在。"④文艺复兴和宗教改革的主体是少数精英,其直接、最大的受益者是世俗统治者、绝对权力的掌控者这些宏观主体,其所倡导的手段也主要是宏观政治变革等宏观方式,其指向也主要是上层制度架构等宏观领域,还不能惠及更为广大的处于日常生活之中的微观主体,不注重社会日常生活这类微观领域,不重视日常生活变革与创新等社会变革的微观方式,在本质上仍是一种以宏观主体、宏观领域、宏观方式为主的思路,这种宏观至上的特点在马基雅维利与路德那里得到了比较清晰的反映。马基雅维利被列奥·施特劳斯(Leo Strauss)等称为现代性的重要思想起点。马基雅维利一方面强调了不同于神权的人的主体地位,另一方面,他所强调的其实是王权的主体地位,其《君主论》探讨的是世俗王权如何运用权术等宏观性手段,建构有利于宏观主体利益的宏观领域,而不是探索如何用微观手段,建构有利于微观主体的微观领域。在路德那里,也是这种宏观至上的思路。路德反对传统教会的垄断和腐化,客观上有利于世俗王权,有利于宏观主体和宏观领域。路德并不支持微观主体的权利追求。1522至1525年,当德国农民争取自身的权利时,"路德发表《反对这些杀人越货的农民暴徒》,坚决维护社会秩序,拥护王公的权力"⑤。也就是说,以马基雅维利与路德为知识路标,在文艺复兴和宗教改革时期,人的主体性虽然在总体上得到

---

① 〔英〕诺曼·戴维斯:《欧洲史》,下,郭方、刘北成等译,北京:世界知识出版社,2007年,第473页。
② 〔美〕斯塔夫里阿诺斯:《全球通史:从史前史到21世纪》,下,董书慧、王昶、徐正源译,北京:北京大学出版社,2005年,第384页。
③ 同上书,第385页。
④ 〔英〕诺曼·戴维斯:《欧洲史》,下,郭方、刘北成等译,北京:世界知识出版社,2007年,第462页。
⑤ 同上书,第481页。

了成长和肯定,但又具有宏观至上、微观不足的特点。

近代欧洲的科学革命、工业革命、政治革命,标志着人类在社会实在这个层面感性地进入了现代性。三大革命"互相依赖,相互之间不断起作用"①,推动着人的主体性进入了新的阶段。三大革命与启蒙运动相互支撑。启蒙运动是科学革命、工业革命、政治革命的精神基础,三大革命的兴起及其成果为启蒙运动提供了"物质"可能。所谓启蒙,也就是人类开始普遍地从蒙昧、落后走向自由、理性,走向自觉而普遍的人的主体性。"启蒙时代的一个基本特点是有了'进步'这种一直延续到20世纪的观念。"②启蒙运动是人对自身主体性的深刻确认,标志着人的主体性进入了新的发展阶段。从启蒙运动开始,人的主体性开始从宏观向微观转换。这种转换深刻反映在社会契约论的知识转换上。从霍布斯、洛克到卢梭,社会契约论发生了深刻的微观转换。

在霍布斯那里,人的主体性还存在宏观与微观之间的纠结。一方面,霍布斯把微观作为其契约论的逻辑起点,认为"个体有某种相当重要意义的自主"③,每个人都有一种自然权利。另一方面,霍布斯又否认微观的价值基点地位,认为微观性的自然状态是一种不完美的状态,人与人之间是一种普遍战争的丛林关系。面对宏观与微观之间的矛盾,霍布斯侧向了宏观,主张绝对、没有限制的王权。这样,以微观主体为逻辑出发点的霍布斯,却建构起一种为宏观主体服务的理论。"霍布斯的社会契约论为专制政府张目"④,"《利维坦》传出的,是一种深邃、阴郁而可怕的保守主义"⑤。在霍布斯那里,微观主体与宏观主体之间存在着深刻的紧张和矛盾。

以洛克和卢梭为标志,宏观主体与微观主体的关系开始出现反转。在洛克看来,人的自然状态并不是霍布斯所断定的那样。人天然具有生命权、自由权和财产权,也天然具有社会性。政府作为宏观主体,其合法性需要得到社会、微观主体的认同。"洛克坚持社会优先于国家,此说对人应该如何看待政府及政府应该如何对待其公民,都带来深远影响。"⑥也就是说,在洛克看来,主体性的微观性与宏观性、宏观主体与微观主体的关系,不是一种矛盾的

---

① 〔美〕斯塔夫里阿诺斯:《全球通史:从史前史到21世纪》,下,董书慧、王昶、徐正源译,北京:北京大学出版社,2005年,第474页。
② 同上书,第516页。
③ 〔美〕约翰·麦克里兰:《西方政治思想史》,彭淮栋译,海口:海南出版社,2003年,第255页。
④ 同上书,第222页。
⑤ 同上书,第259页。
⑥ 同上书,第275页。

关系,而是一种可以通过契约实现和解、达到和谐的关系。但洛克以探索政府建构、宏观制度为核心任务,表明洛克仍带有宏观至上的特点。

到卢梭那里,微观主体、微观领域、微观手段的重要性比洛克又前进了一步。在卢梭看来,人的自然权利状态是一种美好的状态,而政府是导致现实社会不平等的重要原因。人有权利推翻现实的恶政府,重回自然状态,重构政府形态。"卢梭《社会契约论》的民主之处在于,必须有人民大量的同意,国家才具备正当性。"①可以看到,虽然都是社会契约论,都探索人的主体性,但与霍布斯、洛克不同,在卢梭那里,微观与宏观的关系,已经发生了革命性反转。微观主体成为衡量宏观主体合法性的基石,微观领域的主体地位得到了确认,微观手段的作用也得到了肯定。可以说,卢梭是主体性微观转向的真正起点。但由于时代局限,卢梭的这种微观转换存在需要反思的两个问题:其一,卢梭虽然确立了微观主体的主体地位,但其目标仍然是建构合理的宏观领域,仍然带有宏观至上的色彩;其二,卢梭把微观领域设定为一个天然没有问题、天然美好的领域,忽视了微观主体、微观领域、微观手段也可能存在问题,也需要不断进行改革、创新、建构,这其实否认了微观领域、微观主体的发展可能。

卢梭以后的哲学与社会思想研究,不管是自由主义还是保守主义,理性主义或存在主义或其他思潮,基本上在以下三对矛盾中讨论人的主体性。一是微观主体与宏观主体的关系,一是微观领域与宏观领域的关系,一是微观方式与宏观方式的关系。虽然不同的思想家和学者对微观性的理解不同,对微观领域、微观主体、微观方式的理解也不同,但是对这三个方面的微观性的日益重视,已经比较清晰地成为政治与社会思想研究的一个重要趋势。比如,马克思对市民社会、经济基础决定作用的强调,对主体性的微观化具有综合确认作用,对后来的日常生活批判等微观性研究具有重要开启作用。亚当·斯密对市场与道德自足性的强调,对"看不见的手"的作用的强调,也就是对微观领域自足性、微观方式的基础作用的一种确认,象征着主体性微观化研究在经济学、经济哲学领域的深化与拓展。西美尔对日常生活主体的"交互行动"的作用的强调,对诸多日常生活领域的开创性探索,象征着主体性微观化研究在社会学、社会哲学领域的深化与拓展。而福柯对日常生活中权力与知识关系的分析,对日常生活合理性的强调,对不同维度日常生活的问题探索,则象征着主体性微观化研究在政治学、政治哲学领域的深化与

---

① 〔美〕约翰·麦克里兰:《西方政治思想史》,彭淮栋译,海口:海南出版社,2003年,第307页。

拓展。

主体性的微观化,是一种思想潮流,更是当代现代性发展的强劲方向。"二战"以后,主体性的微观化进一步向纵深推进。新科技革命、新产业革命、后工业社会、消费社会、知识社会、后福特社会等的不断推进,为主体性的进一步微观化奠定了社会实在论基础。列斐伏尔把当代现代性称为城市现代性,把当代社会称为城市社会。在列斐伏尔的视野中,城市社会的推进为主体性的微观化提供了新语境、新要求、新可能。列斐伏尔认为,人类社会正在深刻地步入的城市社会是一种不同于工业社会的新型社会建制与存在方式。作为城市社会重要特点的多中心化、多样化、非集中化,也就是微观化,具体表现为:由日常生活构成的微观领域其地位与作用日益突出,由普通人组成的微观主体对社会稳定与创新的作用日益突出,日常创新、日常实践等微观手段、微观方式对社会构成与社会发展的作用日益突出。

反思现代性的生成与转换史,可以说,主体性的微观化与社会实在、社会整体建构的微观化,在总体上具有同步性。在现代性的早期,由于生产方式等社会实在发育不足,人们往往更加注重宏观主体的利益、宏观领域的变革、宏观手段的运用,希望通过剧烈的革命性变革推进社会快速进步。随着现代性的深化、社会财富的积累、社会建构的逐步完善,人们则开始日益重视微观主体、微观领域、微观方式对社会稳定和社会发展的基础、制约与推进作用。随着现代性的深化,任何忽视微观基础、微观支持、微观接受度的所谓宏观变革,日益变得不可持续,任何忽视微观主体、微观领域、微观手段的理论研究也日益表现出滞后性。微观化是主体性建构与主体性研究的一个重要趋势,需要结合现代性的新进展、新问题,对主体性的微观化进行更加具体的研究。

三

"非对象性的存在是非存在。"人是一种具体的对象性存在。人的主体性也就是人作为主体的一种资格、能力和素质,人的主体性总是相对于某种对象而言。没有对象内容的主体性只是一种空泛、抽象的主体性。这里的"对象"主要有两层含义。一是社会关系、主体间性意义上的对象。在这个意义上,所谓主体性,也就是相对于其他人而言的主体性,相对于其他人而言,与他人产生综合关联的主体资格、能力和素质。一是人与物的关系、主客间性意义上的对象。在这个意义上,所谓主体性,也就是相对于某物而言的主体性,相对于某物,拥有或处置某物的主体资格、能力和素质。在前现代语境下,人的主体性的基本对象是土地、领土、财富,甚至作为物而存在的人本身,比如奴隶。一个人拥有的土地、财富、奴仆越多,其主体性越强。现代性初期，人的主体性的基本对象是日益符号化的货币与资本，一个人拥有的货币与资本越多，其主体性越强。在列斐伏尔看来，随着人类逐渐进入后现代社会、城市社会，人的主体性的基本对象转换为作为社会生产的产物的空间，能否拥有、生产、处置空间，日益成为衡量主体性的重要尺度。空间权利是城市现代性语境下，人的主体性的基本内容。

空间与主体的关系，是当代主体性建构的一个基本问题。在列斐伏尔、苏贾等看来，"我们日益意识到我们古往今来，始终生来就是空间的存在，积极参与着我们周围无所不在的空间性的社会建构"①。"1960 年代晚期和 1970 年代早期以来，地理学家显示出对主体性与空间关系的敏锐兴趣。"②其实，不仅是地理学家，当代现代性及现代性研究发生了综合性的空间转向。"所有形式的空间思想都预示了某种主体性理论，反之，所有形式的主体性也预示了某种空间理论。"③

空间与主体具有本体性、实践性关联。一方面，主体必然是空间存在。"主体性不是某种既定的东西，而是过程和产物，同样不可否认：主体性的场所和空间也是产物，这一点很关键。换句话说，我们栖居的空间和地方生产了我们，我们如何在那些空间中栖居其实是一件互动的事物。"④"主体性与空间连接在一起，而且不断与空间特定历史又重新绞合在一起。"⑤任何一个主体，其现实存在必然会占有物质、社会与精神空间。另一方面，空间也必然是一种主体性存在，空间总是归属于某种主体的空间，而不管这种主体是虚拟的（比如上帝）还是实在的（比如某类人），自在的（比如物自体）还是自觉的（比如有理性的人）。不存在无主体的空间。现代性条件下，如果说，空间是一种关系，那么，这种关系一定为人而存在，由于人的实践而产生并获得意义。这一点正如列斐伏尔所指出的，空间是人的社会实践的生产物，具有社会性、政治性。社会越发展，发展程度越高，空间的主体属性越明显。"我们日益意识到社会、历史和空间的共时性和它们盘根错节的复杂性、它们难分难解的相互依赖性。"⑥空间与主体相互依赖、相互生产。

---

① 〔美〕Edward W. Soja：《第三空间——去往洛杉矶和其他真实和想象地方的旅行》，陆扬等译，上海：上海教育出版社，2005 年，第 1 页。
② 〔英〕凯·安德森、〔美〕莫娜·多莫什、〔英〕史蒂夫·派尔、〔英〕奈杰尔·思里夫特主编：《文化地理学手册》，李蕾蕾、张景秋译，北京：商务印书馆，2009 年，第 413 页。
③ 同上书，第 415 页。
④ 同上书，第 431 页。
⑤ 同上书，第 439 页。
⑥ 〔美〕Edward W. Soja：《第三空间——去往洛杉矶和其他真实和想象地方的旅行》，陆扬等译，上海：上海教育出版社，2005 年，第 3 页。

"为了改变生活……我们必须首先改造空间。"①在不同的社会历史阶段,空间与主体的关系会呈现出不同的特点。前现代是绝对空间与绝对主体的统一:绝对的主体拥有绝对的空间,绝对的空间由绝对的主体所占有、再生产。在一定意义上,现代性生成与转换的过程,也就是从绝对空间与绝对主体的统一,走向相对空间与相对主体的统一:有限主体拥有、建构一定范围的有限空间,一定范围的有限空间由一定的有限主体所拥有、建构。

前现代语境下,空间与主体的关系,主要是空间与权力的相互关系;现代性条件下,空间与主体的关系,主要是空间与权利的关系。权利意识的觉醒,是现代性区别于前现代的重要特点。随着现代性的深化,特别是城市社会、城市现代性的推进,空间与主体的关系日益复杂,空间与权利的关系日益突显、日益重要,空间的权利化、空间权利日益成为主体性建构与研究的时代焦点。

我们认为,所谓空间权利,也就是人的主体性在空间向度、空间问题上的具体展开。空间权利的一个基本特点就是微观化。对空间权利的微观化特质,可以从三个层面进行确认。

其一,当代空间范畴的微观本性。空间这个自古就有的传统范畴之所以在当代成为一个需要反思的新问题,其根本原因在于人类的社会实践方式与社会构成方式都发生了深刻改变。现代性条件下,人们日益发现,人不仅生产着物质与精神财富,也生产着空间本身。空间不再是一个没有内容的"空范畴",而是一个包含第二自然意义上的物质空间、社会空间和精神空间的"实范畴"。现代性条件下,空间具有两个共性。一是生产性,都是人的社会实践的产物,物质空间、社会空间、精神空间在本质上都源于人的生产、创造、实践;二是多样性,物质空间、社会空间、精神空间都由更为具体的空间构成,并不存在一个抽象统一、一元性的物质空间、社会空间、精神空间。在不同主体、不同区域、不同生产方式下,物质空间、社会空间、精神空间会表现出不同的特点。每个主体都现实性地遭遇、面临、生产着具有不同特点的具体的物质空间、社会空间、精神空间。这样,空间范畴的当代兴起本身就具有深刻的微观化意蕴:从绝对、一元空间走向相对、多样空间,从由绝对主体控制的宏大空间,走向由诸多主体自治的小型空间。对现代性而言,空间的微观化与主体性的微观化是一个统一的过程。

---

① 〔美〕Michael J. Dear:《后现代都市状况》,李小科等译,上海:上海教育出版社,2004年,第77页。

其二,权利范畴的微观本性。权利相对于权力而言,在同权力范畴的比较中,权利在本质上是一个微观性范畴。虽然,权利也具有整体性、宏观性,比如国家与民族权利。但在权力与权利的关系中,权力是一个宏观性范畴,其行为主体是掌握国家强制力的统治精英;权利则是一个比较意义上的微观性范畴,其行为主体主要是处于日常生活中的普通民众。在这个意义上,权利意识的不断觉醒,权利范畴的突显,就是现代性微观化,特别是主体性微观化的一个具体呈现。即使是在民族、国家权利这个意义上,权利也意味着微观化、多样化。因为只有在争取不同于帝国、殖民者的多样权利这个意义上,才有所谓的民族、国家等整体权利。也就是说,只有在现代性语境下,才会有权利范畴的显性化,权利这个范畴具有本体性的微观性。确认权利范畴,也就是确认人的主体性的微观化。

其三,微观化的空间与微观性的权利是一种相互生产、相互确认的关系。一方面,权利必须以空间特别是微观空间为载体。没有具体的空间内容、空间对象的权利,只是一种形式上的权利,往往具有虚假性、虚拟性。比如,一个人被声明具有生命、财富、尊严、自由,却没有安置自身、放置财富、保持隐私、自主行动的场所和空间,很难想象这个人会真正地拥有权利。权利是微观主体与微观空间的统一。另一方面,空间也只有在具体的主体关系中,才会成为权利的具体对象。比如,道路之所以成为路权的对象,是因为在交通日益重要又日益紧张的情况下,诸多主体把道路作为竞争的对象。空间只有与微观主体相关联,才能成为微观空间,权利化是空间微观化的重要条件。比如,如果住房不能属于微观主体,不成为微观主体的权利内容,这种具体的空间也就不作为微观空间而存在。空间的权利化,空间成为权利的对象、载体、工具,既是空间微观化的表现,也是空间微观化的历史原因。在关系论与历史论意义上,如果没有权利范畴的介入,没有权利意识与权利行为的自觉化,空间可能会永远地保持其绝对性、抽象性、宏大性,不会产生微观转身。在行动论意义上,如果没有诸多日常生活主体对权利的争取,以及与此必然同步发生的对自身空间、微观空间的争取,也就没有和绝对主体一体的宏大空间的逐渐消解,也就没有空间的微观化。随着现代性的生成和深化,当空间与权利发生深层的历史性的关联时,空间的微观化就获得了历史或者说时代确认,而作为微观范畴的权利也就同时性地获得了具体内容。建构空间权利,也就是在现代性语境下,对主体性的具体微观建构。

在能指与所指的统一中,空间权利包括多层内容。相对于全球化,在政治地理学与地理人类学意义上,空间权利主要指国家的领土权、领空权、领海权;相对于市场化,在经济地理学与经济人类学意义上,空间权利主要指市场主体在什么区域拥有经营权;相对于城市化,在城市地理学与城市人类学意义上,空间权利主要指与城市发展相关的主体是否拥有城市权利。在西美尔看来,"城市是现代性的空间形式,现代生活在城市并通过城市被经验、被形塑"①。在列斐伏尔的城市哲学语境中,随着城市化的影响和作用的日益增大,城市逐渐成为现代性的当代形式,城市权利的重要性也就日益突显,日益成为空间权利的核心所指。城市权利是城市现代性、城市社会语境下,主体性建构的具体形式、时代焦点。也就是说,当代社会发展的重要形式是城市化,城市是当代主体性建构的一个核心场域,人与世界、人与对象的关系集中体现为人与城市的关系,人的主体性建构的一个核心问题与当代内容是城市权利。把握城市权利,也就是把握人的主体性建构的当代问题。

在列斐伏尔那里,作为空间权利的具体时代形式的城市权利主要有三层含义。其一,作为一种问题表达和主体要求(cry and demand),城市权利是日常主体对自身在城市发展中所承受代价、不幸的一种抗争和辩证表达。城市发展往往由日常主体所推进,但城市发展的成果往往由少数精英所占有,城市发展的代价主要由日常主体来承担。人们要求城市权利正是对这种问题现状的一种反映,对改变这种现状的一种要求。其二,作为一种资格和制度安排,城市权利是人们获得城市身份,在城市中获得基本保障的一种资格。城市权利也就是"不被排除于城市中心和中心发展之外"②。创造财富的人未必能够获得财富,生产城市、发展城市的人甚至不能获得城市身份。在这个意义上,城市权利也就是一种共享城市发展成果的主体资质,一种保障人们平等分享城市权益的城市制度。其三,作为一种行动和实践方式,城市权利是指人们能够作为行动主体有效地参与城市发展、城市决策、城市管理。"城市权利不能被简单理解为造访和回归传统城市的权利。城市权利只能被建构为转换和更新城市生活的权利。"③能否作为城市的主人管理城市、发展城市,能否具有行动论意义上的积极权利,是城市权利的根本内容。

权利有消极权利和积极权利之分,是消极权利与积极权利的统一。消极权利是一种资格性权利,是获得或接受某物的权利;积极权利是一种行动性权利,是靠自己的能力和行动得到某物的权利。在消极权利与积极权利的统

---

① Andrzej Zieleniec, *Space and Scial Theory*, Los Angeles, SAGE Publications Ltd., 2007, p. 48.
② Henri Lefebvre, *The Urban Revolution*, Minneapolis, University of Minnesota Press, 2003, p. 150.
③ Henri Lefebvre, *Writings on Cities*, Oxford, Blackwell Publishers Ltd., 1996, p. 158.

一中,城市权利的根本内容是行动论意义上的积极权利。在列斐伏尔看来,城市权利作为一种"转换与更新城市生活的权利",作为一种行动的权利,也就是一种"去居住"的权利(the right to inhabit)①。列斐伏尔之所以区别居所(habitat)和去居住(inhabit),正在于强调作为积极权利、行动权利的城市权利,强调城市权利的最本质内容是作为城市主体进行城市行动。积极权利、行动性权利是最根本的权利。如果人们只能被动地接受城市发展的结果,而没有途径、没有可能参与城市发展的设想、过程与结果管理,那么,人们是否真正拥有城市权利将十分可疑。在要求、资格与行动的统一中,能否不断获得行动论意义上的城市权利,是城市现代性语境下衡量人的主体性的真实性的一个现实标准。

四

关于如何建构城市权利,不同的学者有不同的认识。在列斐伏尔看来,建构城市权利的关键是推进"表达性空间"。列斐伏尔认为,城市作为空间生产的结果,由三个层面的空间构成:一是空间实践(spatial practice),一是空间的表达(representation of space),一是表达的空间(representational spaces)②。所谓"空间实践",是指空间、城市是人的社会实践的产物,人在总体上具有改变城市的能力与可能。所谓"空间的表达",是指现实的空间总是某种具体主体实践的产物,现实的城市往往总表达着精英主体的意志,是精英主体主导下的实践产物。这里,"空间的表达"是指现实的城市其实是一种不平等的城市,人们的现实城市权利具有不平等性,城市作为空间、符号,表达着主体之间的关系,特别是现实主体之间的不平等:统治者、权力与资本拥有者往往占有更多、更好的空间。所谓"表达的空间",是指人们的愿望如果需要实现必须通过空间来表达,人具有在空间表达、实现自己愿望的可能和条件,作为日常生活主体的普通人有权利通过空间改造、再造去表达和实现自己的权利、需要、要求,推进"表达的空间"也就是推进城市权利。

在哈维看来,城市权利是一种具体的社会权利,其本质是不同阶级与阶层在城市这个问题和对象上的利益配置问题,调整社会关系是建构城市权利的根本。在苏贾看来,城市权利是一种空间权利,空间由第一、第二、第三空间构成,第一空间是物质性空间,第二空间是精神性空间,而所谓第三空间,

---

① Don Mitchell, *The Right to the City*, New York and London, The Guilford Press, 2003, p. 18.
② Henri Lefebvre, *The Production of Space*, Malden, MA: Blackwell Publishing, 1991, pp. 38-39.

也就是作为物质性与精神性空间相统一的空间,其本质是由多样异质人口构成的、与日常生活主体紧密联系的空间。苏贾认为,拓展第三空间,是实现城市权利的基本路径。在米歇尔看来,城市权利的核心是公共空间问题,在私有制语境下,公共空间消失殆尽,建构城市权利的根本途径是通过制度调整重构公共空间。这样,实现城市权利的关键就在于不断增强表达性的空间的能力和力量。

我们认为,不管是从社会生产方式理解城市权利,还是从社会空间辩证法理解城市权利,或是从社会运行制度来理解城市权利,不管是把城市权利理解为经济权利、政治权利,还是文化权利、社会权利或生态权利,都需要紧密联系现代性的转换及与此紧密相关的主体性建构的历史趋势、时代特点。在以主体性的微观化为主要方向的当代现代性、城市现代性语境下,建构城市权利需要一种全面而辩证的微观策略。

第一,深层确认城市权利的基础作用、微观性,推进城市发展思路的微观转换。虽然城市权利的实现对城市的可持续繁荣、可持续稳定、激活城市活力等具有基础意义,虽然城市权利的历史性、时代性具有微观性,虽然城市地理的发展与城市权利的实现存在重要区别,但是,在城市发展实践中,人们往往用城市发展来代替城市权利,往往更为注重通过宏观性的城市化运动改变城市地理,注重城市权力的建构与实现,注重通过城市发展来证明或实现城市权力,而相对缺失城市权利意识,相对忽视建构与发展城市权利。这种宏观至上、权力主导的城市化运动,虽然可以迅速改变城市的地理景观,实现地理学、景观学意义上的城市发展,但往往是以牺牲诸多城市主体的权利、权益为代价的。

列斐伏尔、雅各布斯等对这种宏观、宏大城市化策略进行过深刻批判。他们认为,宏观性城市发展往往与城市霸权相联,这种模式的城市化往往更多地有利于少数既得利益者,而漠视、压制、剥夺多数城市相关主体的多样、可能权利。如果说,城市的本质是一种多样文明的聚集,是人对可能性生活的一种生产与创造,那么,忽视城市权利的单纯宏观城市发展,其最大问题就是抹杀了人的可能性生活,抹杀了城市深层进步的基础与可能。忽视城市权利的宏大城市化运动往往会形成或加剧"中心-边缘"结构的二元化城市,往往会积累、诱发深刻的社会冲突、社会矛盾。在具体语境下,在不合理的城市制度与城市理念左右下,城市发展与城市权利的推进甚至可能是一种反比例的关系:城市越发展,人的城市权利越少、越成问题。现实中的诸多城市问题、城市矛盾,正与城市权利没有得到充分实现、合理实现有关。忽视城市权利,特别是忽视城市权利的微观性,是导致诸多城市问题的重要原因。深刻确认城市权利的基础性,特别是其微观性,对推进城市发展的合理化、深层解决城市问题,具有基础意义。

第二,充分重视日常理性、生活理性的基础作用,推动城市理性的微观转换。忽视城市权利、忽视城市多样性的宏大城市化,其深层理念是近代工具理性。工具理性向城市发展的殖民,对城市发展的掌控,是导致当代城市发展异化的一个深层原因。反思城市发展史,城市发展历来有两种模式,内含两种理性:一是注重自觉规划的发展模式,以宏大理性、精英理性为基础;一是注重日常变迁、有机生成的发展模式,以微观理性、生活理性为基础。近代以来,宏大理性、精英理性以工具理性的形式呈现,工具理性注重追求统一、普适的规律,注重用一种绝对、唯一正确的公式改造自然、改造社会、改造城市。对城市发展而言,工具理性有其历史与时代意义,对解决诸多物理、地理空间层面上的城市问题,营造日益巨大、坚固、广大的城市物理空间、作为第二自然的城市景观,起到了巨大作用。但在工具理性的主导下,人的城市主体地位也日益走向异化,甚至沦落为城市发展、资本城市化的工具。需要在承认工具理性巨大城市成就的基础上,确认与回归一种生活理性、常人理性,建构一种充分重视日常生活,以人本身为目的、以普通人为主体的城市理性。

迈克尔·林奇(Michael Lynch)在《科学实践与日常活动》中对生活理性、常人理性进行了思考。在林奇看来,常人理性、常人方法论具有两重性。一方面,常人理性反对普适理性、绝对理性,认为知识生产和理性具有深刻的社会性、情境性[1]。"不会有任何一种'外在于'所研究的实际活动领域的可理解的理论立场。"[2]"绝对的确定性对于确定科学的程序或者科学的事实并不是一个有意义的标准。"[3]另一方面,常人理性并不否定理性本身,仍然是一种理性,其本质是一种区域性、情境性的理性。常人理性强调"在社会科学研究的目的和方法上所具有的'组织的地方性特性'"[4]。这种理性和知识不是回归某种部落共同体式的不可通约的常识、"部落信念"[5]。回归常人理性,也就是回归一种"日常且有秩序的科学"。"科学和专业理性的幽灵很可能就消解为无数的具体惯例和多种多样的语言游戏,没有任何一个独具'科学性'。"[6]常人方法论是"对于所有的社会科学和人文学科中发生的一种统一

---

[1] 〔美〕迈克尔·林奇:《科学实践与日常活动:常人方法论与对科学的社会研究》,邢冬梅译,苏州:苏州大学出版社,2010年,第8页。
[2] 同上书,第359页。
[3] 同上书,第367页。
[4] 同上书,第361页。
[5] 同上书,第362页。
[6] 同上书,第365页。

的科学思想的质疑所需要的那种东西"①。对城市发展而言,回归生活理性、常人理性,也就是深层确认日常生活主体从具体情境出发建构城市生活的权利、主体地位。

第三,确认日常主体、多极主体的主体地位,推进城市主体的微观转向。没有对微观主体、常人的城市主体地位的深层确认,也就没有城市权利的真实建构。在没有微观主体参与,没有获得微观主体合法性认同与支持的情况下,城市也会迅速发展,城市地理景观也会迅速改变,但以这种方式发展起来的城市往往只具有形式上的繁荣、表面的秩序,而不具有真正的活力、内在的秩序。在雅各布斯看来,多样性是城市的内在特点,也是城市发展的动力,而城市多样性的根本在于城市主体的多样性。没有多样的城市主体,也就没有多样性的城市,没有城市发展与稳定的有机统一,没有城市繁荣与稳定的可持续。

问题的关键在于,为何符合城市发展趋势的策略很难实现,为何城市主体的微观化很难实现。列斐伏尔认为,其根本原因在于掌握城市权力的精英主体往往被一种绝对化的意识形态所左右,往往自认为掌握了世界变迁的根本规律,掌握了改变世界与城市的唯一正确方案,并利用其所掌控的强制权力推行其策略,压制普通人、常人的微观实践。而按照阿尔都塞的思路,其根本原因在于常人本身对绝对意识形态的接受。"阿尔都塞的主体理论对于思考主体性的空间属性,具有奠基性的影响。"②"阿尔都塞感兴趣的基本问题是,为什么社会在面对巨大不平等以及个人不平等时,还能平衡运作。这个问题虽然简单但持续表达我们时代最迫切的问题。"③在阿尔都塞看来,现实中每个人都被强大的现实意识形态所建构,并深层、不自觉地接受了意识形态的暴力。问题的原因在一定程度上标示了解决问题的方向。需要从两个向度建构面向未来的城市主体:一是逐渐消减精英主体的城市主体地位,一是逐渐增强日常生活主体、常人的城市主体地位。城市主体的微观化,需要社会历史条件,也需要历史机遇,更需要合理的城市行动。

第四,推进日常实践、日常行动的合理化,推进城市制度、城市秩序的微观转向。应该说,城市权利的扩大离不开城市本身的发展,其实现需要城市宏观制度的规则性确认和保障,调整城市宏观格局、城市制度,是改变城市权

---

① 〔美〕迈克尔·林奇:《科学实践与日常活动:常人方法论与对科学的社会研究》,邢冬梅译,苏州:苏州大学出版社,2010年,第369页。
② 〔英〕凯·安德森、〔美〕莫娜·多莫什、〔英〕史蒂夫·派尔、〔英〕奈杰尔·思里夫特主编:《文化地理学手册》,李蕾蕾、张景秋译,北京:商务印书馆,2009年,第425页。
③ 同上书,第426页。

利结构的重要方式。但问题在于,仅仅进行宏观领域的变革,没有微观领域自身的完善、微观行动自身的合理化,城市权利能否真正实现？反思历史与现实中的城市问题,城市权利的实现、城市秩序的建构、城市制度的完善,其实深刻遭遇了两个层面的问题：一是宏观领域对微观领域的侵入,宏观主体、宏观制度、宏观秩序对微观领域的强制性干预;一是微观领域、微观主体自身的问题,微观领域自身的运行秩序有待于进一步合理化,微观主体的素质有待于进一步提升,微观主体的要求与行为有待于进一步合理化。现实中的诸多城市冲突,既与宏观秩序、宏观制度的缺失有关,也与微观秩序、微观制度的不合理有关。

随着当代现代性、城市现代性的推进,城市制度与城市秩序的建构日益进入微观化阶段。一方面,没有微观领域、微观主体的认同,所谓的宏观城市制度、城市秩序将失却合法性;另一方面,没有微观主体对自身行动及其所处领域的自觉合理、规范,所谓的城市秩序、城市制度也将没有深层合理性。推进城市启蒙,促使城市微观主体在扩大其权利的同时规范其行为,促使城市微观领域的合理化,就成为实现城市权利、建构更为合理的城市秩序的基本选择。城市社会由众多具体微观领域（比如,诸多基层单位、家庭、社区等）所构成。如果说,民主与自由是城市权利的重要内容,而我们在每天遭遇、经历的日常生活中却没有自由,那么,所谓的宏观自由、社会自由将令人怀疑。如果说,责任与义务是城市权利的必备内容,而我们在每天都进入、参与并进行再生产的微观领域都不会承担责任和义务,那么,所谓的宏观正义、社会责任,也将让人质疑。在一个日益多样化的城市社会,改变微观也就是改变宏观,改变、建构微观秩序的意义可能大于改变、建构宏观秩序的意义。

总之,微观化是现代性转换的重要方向,也是人的主体性转换的重要方向。城市权利是建构人的主体性的重要当代形式。城市权利的推进需要宏观策略,更需要微观策略。在推进宏观策略的同时,系统推进微观策略,对具体实现城市权利,建构合理的城市社会,推进现代性的自觉转换,深层建构人的主体性,具有基础意义。

第八章　城市社会的共同体问题

城市化的推进、城市社会的来临,是现代性进入新的复杂状态的重要标志。在当代城市社会这个复杂现代性语境下,人们日益遭遇深刻的共同体危机。一方面,不断深化的个体化进程,使共同体的纽带日益脆弱,使世界、国家、民族、政党、社区等不同类型与层面的共同体面临前所未有的挑战;另一方面,面对日益复杂的不确定性、不断出现的复杂现代性风险,人们对共同体的内在需要又日益强化,回归共同体成为人们追求本体性安全的一个重要选择。"我们生活在一个被撕裂的世界之中,它一边是离奇的机遇,另一边却是大规模的灾难。"[1]直面我们所遭遇的共同体问题,对人与共同体的关系进行深层思考,把握共同体的历史转换、深层逻辑,探索应对共同体问题的现实策略,对建构更为合理的城市社会,建构更加适应共同体现状的文化心态,都具有重要意义。

一

在《共同体》一书中,鲍曼(Zygmunt Bauman)认为,现代性已经成为一种流动的现代性,与此相对应,共同体也日益成为一个问题,传统社会中的那种不需要反思的深层共同体意识、深层共同体感觉,也就是那种不需要人为建构,不是"人为制造出来的"[2]自然共同体,已经日渐消失。在这个意义上,现代社会是一个没有共同体的社会,或者说没有传统意义上的共同体的社会。"确定性与自然之间的争执,因而还有共同体与个体之间的争执,永远也不可能解决。"[3]在现代性与城市社会语境下,那种给人以本体性归属感的传统共同体,可能已经成为人们永远无法回归的文化乡愁。鲍曼对现代性及其共同体问题的指认无疑是深刻的,但问题在于,即使在流动的现代性语境下,人们

---

[1] 〔英〕安东尼·吉登斯:《民族-国家与暴力》,胡宗泽、赵力涛、王铭铭译,北京:生活·读书·新知三联书店,1998年,第4页。
[2] 〔英〕齐格蒙特·鲍曼:《共同体》,欧阳景根译,南京:江苏人民出版社,2003年,第8页。
[3] 同上书,第7页。

又确定地存在于某种共同体之中,始终选择以共同体的方式应对风险与危机,共同体并没有消失,只是呈现出新的特点和趋势。显然,不能停留在文化乡愁、感性情感这个层面来分析共同体问题,而需要对人与共同体的关系,对共同体本身的变迁进行更为具体的历史呈现与特点分析。

城市是文明的核心标志,在这个意义上,一部世界文明史也就是一部世界城市史。世界文明史的变迁史,也就是不同形态城市社会的变迁史。反思这部历史,可以发现,在不同阶段与形态的城市社会,人类的共同体呈现出不同的特点。一部世界文明、城市社会的变迁史,同时也就是一部共同体的转换史。

在初民社会,在相对有限的生产能力、技术水平等条件下,人们不可选择地生存、依附于成员相对较少的自然共同体之中。人的个体意识即使发育,可能也只是处于一种非常有限、非常初级的状态。面对严酷的自然环境,任何个体都无法脱离共同体而生存。在这个阶段,共同体与个体面临着一个共同的问题:如何在复杂的环境特别是自然环境中生存下来,如何共同适应或改变自然环境以获得生命的存在与延续。在这个阶段,以血亲为基础的种族、原始宗教意义上的图腾是维系共同体的基本纽带。根据人类学家的研究,在初民社会,个体意义、私有意识是一种被否定、不合理的意识。哈维兰(William A. Haviland)认为,在前农业社会,没有私有财富,共同体成员之间是一种自然互惠的关系,也只有在分享、互惠中,个体与共同体才能得到生存、持续。甚至在早期的农业社区,人的个体意识、人们对财物的积累也同狩猎、游牧阶段一样,仍然受到限制。"在这类社区中,社会义务迫使人们放弃财富,而且没有人被允许积累比他人多得多的财富。更多的财富只不过招来要承担更多的社会义务。"① 在初民社会,人与人之间处于一种被迫的紧密、自然共同体状态。

随着气候与自然环境的变化、人口总量的增多、农业革命的推进,人类开始进入早期城市社会。早期城市社会是一种早期复杂性社会。"大约在6000年前,世界上出现了最早的城市,这些城市很快又成为各地的政治和经济中心。事实上,自从城市出现以后,整个世界和人类一步一步地被纳入到围绕城市所组成的复杂社会的影响之下。"② 早期城市社会的复杂性表现在生产方式、财富结构、社会结构、思想观念等诸多方面,其中一个重要方面就

---

① 〔美〕威廉·A.哈维兰:《文化人类学》,瞿铁鹏、张钰译,上海:上海社会科学院出版社,2006年,第203页。
② 〔美〕杰里·本特利、赫伯特·齐格勒:《新全球史》,魏凤莲译,北京:北京大学出版社,2007年,第2页。

是人与人之间出现了阶层、阶级、职业等的分化,原始共同体开始分裂为不同的异质性共同体。处于不同阶层、阶级、职业的人们在竞争中结成具有不同利益诉求的共同体。利益开始成为共同体的自觉的、重要的纽带。在这个阶段,虽然血缘、武力、宗教、传统也往往成为维护共同体存在的重要纽带,共同体表现出意识性、暴力性、传统性,但利益对共同体的纽带作用却日益突出。正是在这个阶段,相对于共同体的利益化、分层化,人的个体性开始成长。农业城市社会是共同体的利益化、分化阶段。

古典社会也就是中世纪后期以来,世界文明史进入商业城市社会与工业城市社会阶段。这个阶段是城市获得长足发展的时代,也是共同体加速转换的阶段。世俗王权与宗教神权各自掌控着不同的城市,同时,从事商业交易的商人,在贵族、教主掌握的城市之外,在商品交易的聚集处,建构起以自己为主导的商业城市。随着工业革命的兴起,又崛起了诸多以工业资本家为主导的工业城市。这是一个共同体进一步分化的阶段。一方面,城市是共同体的空间实现,不同形态的城市往往具有不同的共同体利益,往往也就象征着不同形态的共同体;另一方面,在同一城市内部,又往往存在不同形态的多样共同体。比如以产业工会为载体的共同体,以大学为载体的知识共同体,每种职业与阶层的人们自发或自觉地结成共同体以保护、追求自身的利益。在这个阶段,虽然共同体的具体形态与结构不断多样、复杂,但共同体的纽带却呈现出简化、简单的趋势:利益逐渐成为核心的纽带,不管是传统的贵族、宗教组织,还是新兴的商人、企业家、行会,所有的共同体都日益自觉、显性地把利益作为重要的追求目标。正是在这种语境下,人的个体性进一步成长,人们开始把以个体为本位的权利、理性作为主导的价值理念,共同体开始沦为为个体利益服务的工具。近代兴起的所谓理性主义、自由主义,在一定意义上,其本质也就是以个体为本位的利益主义,以共同体为工具的个体主义。历史变迁中,利益日益通过货币和资本的形式得以体现,资本日益成为共同体的核心纽带,成为近代以来的重要时代精神与追求。商业城市社会与工业城市社会是共同体的资本化阶段。

"二战"以后,特别是20世纪70、80年代以来,人类进入现代城市社会。在这个阶段,人与共同体的关系进一步复杂化。在哈维、吉登斯等看来,现代性、现代城市社会的重要特点是时空延展、时空压缩。所谓时空延展,也就是人的活动与交往的空间不断扩大,不同区域之间人们的关联日益紧密;所谓时空压缩,也就是社会变动的速率不断加快,多样、异质的人群与文明日益聚集在相对有限的空间中。在延展与压缩同时存在的时空效应下,共同体也呈现出新的特点。其一,共同体的类型、样态日益多样。利益与资本进一步成为共同体的核心纽带,所有的共同体都表现出经济性、利益性,成为一种经济共同体、利益共同体;血缘、地缘、传统、宗教仍然是共同体的重要纽带;同时,随着分工的不断发展,新的生活、消费、交往方式的不断出现,共同体的新纽带不断产生。其二,共同体日益成为一种功能性、任务性的共同体。虽然人们仍然选择进入共同体,但共同体的纽带却呈现出松散性,具体的共同体的存在周期日益缩短。人们往往由于某种特定的需要而组成相对暂时性、即时性的共同体。共同体往往成为一种专业任务型、如同有限责任公司一般的共同体,服务于人们在某个阶段的某种特定的需要。其三,人与共同体的关系日益多样。人们不再归属、依附于某一个固定的共同体,而必须或被迫为了满足自身的多样需要,游走于不同的圈子、共同体之间。可以说,在当代城市社会语境下,共同体的多元化与现代性的价值多元化存在一定的对应、互相确认的关系。现代城市社会是共同体的工具化阶段。

反思历史与现实,共同体的生成与演变受多种因素的制约。其一,时代环境与时代任务是共同体生成与变迁的根本语境。在早期社会,人类的总人口相对较少,以数十万计或数百万计,人类使用的工具相对简单,人对自然、世界的认识相对有限。在这种背景下,共同体在总体上只能是一种生存性的共同体,人的生命的存在与延续是共同体的核心主题。在商业与工业城市阶段,随着人口的增加、技术的进步、财富条件的改变,共同体的主要任务由生存转换为发展,利益成为共同体的重要特点。在当代城市社会,人口进一步增长,财富条件进一步改善,有些区域甚至进入了后财富时代。多元化的意义、消费、娱乐成为时代的重要特征,多元化成为共同体的重要特点。其二,人口因素与科技水平是决定共同体特点的重要因素。在总人口相对有限、技术水平相对低下的条件下,共同体往往以一种相对紧密的方式构成。在总人口不断增加,技术、科学水平又获得相当程度的进步时,特别是剩余产品不断增多、成员的素质不断提高的情况下,既有的共同体往往呈现出分裂的趋势,共同体的紧密度往往会减小。其三,历史地理与自然环境对共同体的生成与变迁具有重要作用。伴随着相对日益增多的人口、不断增长与多样的主体需要,自然资源与地理空间的稀缺是一个必然趋势。当资源与空间相对宽裕时,共同体内部及共同体之间的关系往往相对和平;当资源与空间相对紧张时,共同体内部及共同体之间的竞争往往会加剧。一方面,这种紧张关系有可能导致共同体内部及其之间的恶性竞争甚至战争,不利于共同体的持续发展;另一方面,这种紧张又是促使具体的共同体不断创新、不断发展的重要因素。正如汤因比所指出的,适度的环境挑战是推动文明进步的重要因素,也是促使共同体发展的重要因素。反思历史,往往是那些面临着一定资源与空间挑战的共同体获得了更好的发展。其四,竞合语境与交往空间也是决定共同体特点的重要因素。社会发展的过程,也是共同体之间的交往关系、交往空间不断变化的过程。在共同体的总数相对较少,共同体之间的关系相对简单、竞争性不强的条件下,共同体内部往往会产生民主化趋向。反之,在共同体之间存在比较激烈的竞争时,共同体内部往往会产生极权化趋势。在这个意义上,共同体之间的竞争,其实往往更有利于共同体内部的既得利益者。共同体不会单独成长,它往往是以共同体群落的形式形成和发展。因而,没有共同体间性的改善,也就没有共同体内部关系的改善。

  历史转换中,共同体在变迁中呈现出这样几个趋势:其一,人与具体共同体的关系日益走向非全面化、单一化。在早期社会,个体只能全面地归属于某一个共同体,无可选择地同一个共同体发生全面的关系,其人性与存在的所有方面都与这一个共同体相关联、相统一。随着社会的变迁,共同体的数量与类型不断多样,人与具体共同体的关系也开始走向非全面化、片面化。共同体日益成为具体功能与单一任务型的存在,人与一个具体的共同体往往也只发生一种联系,比如经济联系或宗教联系,而不存在其他联系。其二,人与共同体的关系日益走向流动、多样、可选择。在早期社会,个体往往固化在某一个共同体之内,既无法选择可以进入哪个共同体,也无法选择可以退出哪个共同体。而在当代城市社会,人们则可以相对自由地选择进入或退出某一共同体,甚至成为在世界范围内流动的自由人,在世界范围内相对自主地选择其愿意参与或加入的共同体。其三,共同体的类型、纽带走向多样化。与社会分工、领域的专业化相统一,全能性的共同体日益减少,甚至难以为继。单一功能的共同体日益成为共同体发展的趋势。当人的总体性被分割为、归属于不同的部门、领域,由不同的共同体来承载、维护与实现时,对社会整体而言,也就是共同体类型、纽带的多样性。其四,共同体的生命周期在总体上呈现出加速的特点。在早期,一个共同体,比如一种文明,其生命周期往往以千年甚至万年计。从中世纪后期、近代早期开始,共同体的生命周期往往以百年计。在现代,一个共同体的生命周期则往往以数十年计,甚至数年计。也就是说,在现代城市社会,大多数共同体都呈现出"短命"的现象。现代企业、组织、社团等的不断兴起与衰落就深刻地说明了这个特点。其五,共同体日益成为一种想象的共同体、人工建构的符号性共同体。一方面,政治与体系日益自觉地通过教化、意识形态进行统治,通过仪式、制度等人为地建构人们对共同体的认同、归属感;另一方面,随着各类教育的进一步大众化、交往的进一步扩大,传媒技术的不断更新与应用,人们对共同体的反思、反省、怀疑能力日益提高,人们对共同体的想象性、意识形态性、符号性日益具有自觉的意识。在这种张力中,共同体的紧密性日益受到挑战,如何维护共同体的持续存在,日益成为一个问题。

二

迄今为止的人类历史、文明史,在一定意义上,也就是一部人与共同体关系的历史。正如亚里士多德所说,人是一种政治性、社会性存在。共同体是人的社会性的一种具体实现。对具体的人而言,其所遭遇的共同体就是其具体、现实的命运。对共同体问题的反思,贯穿于人类思想史的始终。在这个意义上,一部人类思想史,也就是一部人们对人与共同体的关系、对共同体的建构与运行进行反思的历史。历史与文明转换中,不同的学者和思想家从不同向度对共同体问题进行了探索,构成了共同体研究的知识逻辑。

在苏格拉底、柏拉图和亚里士多德看来,城邦是人存在的环境,是共同体的实现形式,而正义是作为共同体的城邦具有合理性、实现秩序的价值基础。虽然苏格拉底的正义侧重于克己,柏拉图的正义侧重于对先天等级的接受,亚里士多德的正义侧重于按照生命阶段为共同体进行恰当的服务,但在他们那里,正义都是一种内在秩序与外在秩序的统一,也就是个体的心性、行为等与共同体运行的过程和规则的统一。可以看到,从古希腊开始,正义就是处理个体与共同体的关系、建构共同体的一个基础性理念。苏格拉底、柏拉图、亚里士多德对城邦与正义之间关系的探索,代表了一种道德主义、伦理主义的共同体逻辑。

马基雅维利是近代思想的重要起点,在《君主论》中,他对国家、共同体问题进行了独具特色的探索。在他看来,人性无常,君主为了维护共同体的存在,可以采取任何非道德的政治手段,以维护国家、共同体的秩序。以爱为基础建构、统治共同体,不如以恐惧为手段。因为以爱为纽带的关系往往难以为继,诉诸恐惧则从不失灵。君主可以调动一切非道德资源去树立自身在共同体中的正当性。可以看到,马基雅维利其实是在探索处于内外强大压力之下的共同体如何建构、如何维持的问题,代表了一种强制或强权主义的共同体逻辑。

霍布斯、洛克、卢梭的社会契约论,则在现代性的生成期这个新的语境下,对共同体问题进行了新的探索。霍布斯把人与人的自然状态设定为野蛮的丛林状态,洛克把人与人的自然状态设定为一种自由、非特权的状态。以这两种不同的自然状态为逻辑原点,霍布斯更强调主权的无限性、至上性、不受制约性,洛克则强调主权的有限性、非至上性、受制约性。也就是说,霍布斯更强调共同体存在的强制性,而洛克则更强调共同体存在的自由性。卢梭对共同体的探索则站在霍布斯与洛克之间,既强调个体的自由,也强调共同体存在的强制性,希望实现个体自由与共同体秩序的有机统一。正是这种间性状态,使卢梭在《社会契约论》的开篇即指出,人生而自由,但无往不在枷锁之中。霍布斯、洛克、卢梭的社会契约论代表了共同体逻辑从极权主义走向民主主义、自由主义,再走向第三条道路的一种转换趋势。在总体上,社会契约论是一种处于极权主义与自由主义之间的共同体逻辑。

到了孟德斯鸠(Montesquieu)、休谟、边沁和密尔,自由主义开始成为共同体理论的核心基点。孟德斯鸠通过强调气候等自然因素的差异确认人性的差异,并以此为基础确认共同体的公共权力实行三权分立的合法性、正当性。休谟通过强调个体在认识、情感等方面的本体地位,强调个体认知、情感等人性的非连续性,以此论证政府共同体的非传统性、非固定性、变动性、可建构性。边沁倡导最大多数人的幸福,在强调共同体的整体自由的同时,又强调个体的自由,希望统一或者说调和个体的自由与整体的自由,是一种个体与整体相统一意义上的自由主义。密尔则与边沁不同,他强调个性的自由发展,认为个体是主权的真正主体,政府、共同体的公共权力需要以此为目标和归宿。共同体的任务与使命是创造条件,让所有的个体能够实现、发展其个性,在这样做的同时也就实现了共同体的整体进步。正是以这种理念为基础,密尔主张代议制民主。一方面,保障个体、公民的民主权利的实现;另一方面,通过精英促进大众教育,使公民的民主等素质不断提升。可以看到,孟德斯鸠、休谟、边沁和密尔的理论侧重点虽然有所不同,但在本质上都是一种自由主义的共同体逻辑。

在当代城市社会语境下,对共同体研究而言,一方面,各种形态的个体主义、自由主义是一个强大的潮流;另一方面,各种形态的整体主义、社群主义,也在不断发展。比如,施特劳斯在《自然权利与历史》中,就对权利与自由的历史进行了新的梳理,认为从古希腊起,权利就是一种整体意义的权利,而近代权利理论从霍布斯开始就走偏了方向,走向了对个体利益的片面强调。在他看来,个体主义的不恰当推进已经造成了太多的问题,需要回归到一种整体主义的权利理论,这样才能实现民族国家等共同体的良性发展。同时,面对当代复杂现代性、城市社会语境下日益复杂的共同体问题,面对共同体这个人类行动与存在的必然命运,不同领域的学者对共同体的行动逻辑、利益逻辑、结构逻辑、制度逻辑等问题进行了探索。

按照帕森斯(Talcott Parsons)的思路,共同体是一个以行动为核心的社会性存在,社会行动的逻辑是共同体的深层逻辑。对社会行动而言,需要同时具有三个最小特征:目的、处境、选择标准。其一,目的是社会行动也就是共同体存在的核心依据。一个共同体的形成与维护总是围绕一些目标而进行,而不管这种目的是一种情绪、意义、事态还是利益①。其二,处境,具体包括手段和条件,是共同体存在的重要基础、客观环境。一方面,共同体的产生往往源于某种环境压力;另一方面,离开了恰当的环境和条件,没有恰当的手段,共同体的维持也会存在问题。其三,选择标准是共同体得以形成的具体限制性条件。目的和处境通过选择标准得以联系起来。选择标准在相当程度上决定了一个具体共同体的紧密程度、成员多少等特点。在帕森斯看来,这三个要素又通过行动者的主观意志得以贯通。"这些范畴只有包括了主观的观点即行动者的主观观点才有意义。"②可以看到,帕森斯站在唯意志论的角度,十分强调行动的主观意志对共同体、社会行动的基础意义。考虑到帕森斯社会学理论的唯意志论特质,可以说,帕森斯代表了一种唯意志论、行动主义向度的共同体逻辑。

奥尔森(Mancur Olson)则从个体理性主义出发,对共同体的利益逻辑进行了探索。人们往往认为"有共同利益的个人组成的集团通常总是试图增进那些共同利益"③,但在奥尔森看来,这一点是值得怀疑的。奥尔森认为,人们之间即使存在共同利益,行动者也往往不会采取行动自觉地维护共同利益,而总是会理性地选择采取搭便车行为。也就是说,集体行动、共同体的维系,始终面临着个体的自利倾向这个深层挑战。"在一个大型的潜在集团中,即使意见完全一致,集团也不会通过成员自发的理性行动组织起来实现集团目标。"④而在实践中,意见一致的情况又往往十会罕见。共同体的规模越大,成员越多,其所面对的各种分裂力量越大。奥尔森认为,除非有压力存在,共同体总是存在分裂的倾向;除非有来自内部或外部的压力,人们才会被迫选择以共同体的整体利益为导向的行动。这就需要进行自觉的制度设置、制度干预,通过正向的激励与反向的强制,建构一种共荣利益,使共同体的整体目标、整体利益与其成员的个体目标、个体利益实现动态的平衡、制度性实现。可以说,奥尔森代表了一种制度主义向度的共同体逻辑。

吉登斯则对共同体的运行与维护、共同体的存在逻辑,进行了另外一种向度的探索。在吉登斯看来,一个共同体的存在,需要同时具有四个方面的

---

① 〔美〕塔尔科特·帕森斯:《社会行动的结构》,张明德、夏遇南、彭刚译,南京:译林出版社,2003年,第81页。
② 同上书,第85页。
③ 〔美〕曼瑟尔·奥尔森:《集体行动的逻辑》,陈郁、郭宇峰、李崇新译,上海:上海三联书店,1995年,第1页。
④ 同上书,第70页。

因素:合理的经济、合理的政治、合理的生态、合理的暴力。没有合理的经济运行方式,一个共同体将失去存在的物质与资源基础;而有效的政治与监控机制,则是实现共同体存在的重要秩序保障;生态环境的改变与调适,是共同体存在与发展的客观条件保障;而以军事、武力等形式存在的暴力,则是维护共同体存在的一个必须的强制性因素。在吉登斯看来,一个共同体也就是一个政治、生态、经济、暴力四方面因素同时起作用的有机体。只有实现这四个方面的有机协调,找到其合理的互动机制,一个共同体才能良好、持续地运行。不管是作为宏观共同体的人类世界,还是作为微观共同体的单位,都是经济、生态、政治、暴力这四个因素的结构有机体,都需要处理好四个方面的关系。"凡是人类的互动,就都包括意义的沟通、权力的运作(资源的援用)以及规范的制度模式(包括运用体罚或威胁要运用体罚)。"[1]在这四个因素中,吉登斯特别强调暴力的重要性,认为所有的共同体都不可避免地具有暴力属性,只是暴力的形式与程度不同而已。可以说,吉登斯代表了一种结构主义的共同体逻辑。

不同于其他学者,在制度经济学家诺思(Douglass C. North)看来,一个共同体的维护,需要人口、资源、技术、资本等因素的有机互动,更需要合理的制度和规则。制度与规则的制定与执行,可以降低共同体运行的交易成本,提高共同体运行的效率。但制度与规则的运行本身也需要成本,这样,如何使制度与规则内化为行动者的自觉素养、内在知识,就成为一个重要问题。也就是说,共同体的存在其实需要一种知识、共识作为基础,只有有了共同体成员对规则、制度的认同和共识,才能使共同体的存在与运行获得根本的基础与保障。在诺思那里,知识与规则是一种互动的关系。一方面,一种规则的确立会建构起一种社会性的共同知识;另一方面,一种共同知识的形成会导致一种规则的生成。这样,共同体的良性存在其实是知识-规则与人口、资源、技术、资本等因素共同作用的结果。知识-规则是共同体存在的底板与基础。可以说,诺思代表了一种知识规则论、制度主义向度的共同体逻辑。

思想家、学者们对共同体问题的思考和探索,主要呈现出这样几个规律性特点。其一,在一定的时代条件、发展阶段、时代主题等具体语境下,人们所面对的共同体问题有所不同,与此基本契合,特定时代和时期的思想家、学者往往会建构、主张具有其时代特点的共同体理论。比如,古希腊时以城邦为语境的共同体理论,就不同于当代市场经济条件下的共同体理论。一方

---

[1] 〔英〕安东尼·吉登斯:《民族-国家与暴力》,胡宗泽、赵力涛、王铭铭译,北京:生活·读书·新知三联书店,1998年,第21页。

面,一个时代的共同体问题会催生那个时代的共同体理论;另一方面,如果条件和机遇恰当,一种契合时代要求的共同体理论也会对其时代的共同体建构甚至后世的共同体建构产生一定的影响。社会史与概念史,共同体理论与共同体实在,在总体上具有对应性。其二,在社会史与概念史、共同体理论与共同体实在的对应、互映中,共同体实在与共同体理论的一个基本趋势是从强调共同体的整体性、一元性,逐步走向强调共同体的多样性,强调尊重、保障个体性、个体权利对于共同体的作用与意义。这一点,同文艺复兴、启蒙运动以来世界文明史的总体走向基本契合。在这个意义上,可以说,时代条件与时代精神,从根本上决定着一个时代的共同体的类型与特点,同时,一个时代的共同体又催生、确认着特定时期的时代精神。其三,从历史转换看,共同体实在与共同体理论都仍处于过程之中,人们并没有找到相对完善、终结性的共同体形式与共同体理论。比如,全球化与世界一体化似乎把人类结合成了一个人类共同体,但全球人类共同体的脆弱性、复杂性也日益突显。人们对如何建构与认识人类共同体的分歧有加大的趋势。全球化不仅仅意味着一体化,似乎更意味着多元化。在一定意义上,全球化与多元化甚至可能成为同义词。再比如,对家庭这个历史与现实中的重要微观共同体,人们的认识与行动分歧似乎也在不断加大。一方面,家庭特别是核心家庭是人们的一个重要选择;另一方面,在不断加大的生存与社会压力下,核心家庭又不断面临重组与分裂的压力。可以说,这是一个复杂的城市世界,也是一个复杂的共同体世界。一方面,共同体是一种必需;另一方面,人们并没有找到可以安妥一切的合理的共同体形式与共同体关系。在实在与理念两个层面,我们都仍然处于对合理共同体的寻找状态。

三

如果说,人们始终需要一种本体论安全,那么,共同体正是人们希望以此获得本体性安全的一种文化调适物。但问题在于,共同体总是具体的,在当代城市社会这个共同体日益人工化的时代,任何具体的共同体都无法给人以真正的本体性安全。人与共同体的矛盾,其深层本质是人的总体性与共同体的片面性之间的矛盾。人的总体性表现在两个层面。从既存现实看,具体的人性构成、人的内在需要具有多样性,任何现实的主体都具有生理与心理、社会与经济、政治与文化等多种需要。从未来可能看,当一种需要得到相对满足时,人总会产生新的需要,人性、人的需要具有相对无限、不能穷尽的可能性。在一定意义上,社会发展的过程,也就是人的总体性不断得到实现与展开的过程。这是问题的一个方面。从共同体这个维度看,社会发展的过程,是共同体不断走向分化、专业化、任务化、多样化的过程,是不同的共同体对应或者说满足人的某一种需要的过程。以专业、分化的方式获得发展的具体共同体,一方面使人的某一方面需要获得日益充分的满足;另一方面,也使人异化为只是某一方面能力、某一方面需要获得相对发展的片面的人,从而丧失了人的总体性与可能性。

在列斐伏尔、苏贾、芒福德等看来,当代社会的根本特征是这个世界正在变成一个城市社会、城市世界。城市化是这个世界的现实,也是我们理解这个世界的根本语境。当代城市社会的推进,为解决人性的全面性、总体性与共同体的片面性、任务性之间的矛盾提供了重要条件。当代城市化在空间特征上有两个特点,一是城市的规模不断扩大,大城市、大都市的作用日益突出;一是城市化以城市群的方式在推进,不同城市间的联系日益紧密。这两种特征的空间生产、城市化,在本质上都是异质性的产业、技术、资源等多样文明要素在相对有限空间中的聚集与压缩。这种聚集与压缩,使人们能够日益方便、快捷地满足多样性的需要,为人的总体性、可能性的实现不断提供现实条件。在这个意义上,可以说,城市化是人总体性的一种现实实现,是实现人的总体性的一种空间路径。

但问题在于,现实中的城市往往分割为不同的有形及无形区域,这些区域由不同的异质性人群所掌握。或者说,现实中的城市是由不同的异质性、专业化的共同体所构成,这种共同体往往各自掌握着一定的物质与社会空间。也就是说,现实中的城市是由不同空间的共同体构成,这些空间共同体相互之间往往具有深层的不信任感,具有或明或暗的排他性。在这个意义上,又不得不承认,当代城市化虽然为实现人的总体性提供了更大的空间、更好的条件,但由于共同体问题并没有真正得到解决,当代城市化又可能甚至现实性地成为制约、压制人性,阻碍人的总体性实现,使人走向异化的一种巨大现实力量。如何建构、重构共同体,是当代城市社会的一个根本问题。

面对仍处于过程中的城市化,仍处于过程之中、仍具有诸多问题、日益复杂的城市共同体,人们还无法给出终极性的解决方案,无法提出一般共同体理论。但厘清、明晰共同体特别是当代共同体的以下"辩证"问题,无疑有助于人们寻找合适的共同体策略,针对共同体问题进行现实调适,并为未来的一般共同体理论的深层建构寻找可能的基础。

其一,共同体的"语境辩证法"。"二战"以后,特别是 20 世纪 70、80 年代以来,这个世界发生了诸多重要的变化,这些因素深刻影响着共同体的总体特征与微观结构。在法国学者、《地理学思想史》的作者克拉瓦尔(Paul

Claval)看来,"过去40年,世界发生了极大的变化"①。运输、交通、传播方式的变革,造就了新的网络结构;自由经济和知识的扩散,造就了新的经济竞争形式;全球经济的发展,使世界的经济重心发生了重要转换;城市化的推进、大都市的发展、乡村的终结,使世界的空间与结构发生着革命性的变化;在新的技术、空间等推进下,社会生活、政治生活、生态结构、文化生活、价值理念与意识形态都在发生深刻的变化。在这种语境下,共同体的结构、功能、形态、作用等,也都发生着重要的变化。虽然城市社会是这个世界的现实,是理解当代共同体的根本语境,但不能把城市化仅仅理解为空间生产、空间的变革,而需要从空间、技术、经济、政治、文化、交往与传媒等的多要素互动中理解城市化,并以此为基础理解共同体。也就是说,当代城市社会语境下的共同体问题,不仅是一个人与人之间的空间与社会关系问题,也同时是一个涉及科学、技术、政治、经济、文化、生态等因素的综合性问题。

其二,共同体的"正义辩证法"。从古希腊开始,思想家们就把共同体与正义问题联系起来,认为正义是共同体存在的重要价值基础。但人们往往是在宏观、绝对这个意义上理解正义,往往认为正义有一种绝对正确的含义,以及与此对应的唯一合理的社会实在、共同体结构,虽然人们对什么是正义的共同体的理解其实并不相同:或者认为以帝王或贵族为中心的等级性共同体结构是正义的,或者认为以市民阶级为核心的共同体结构是正义的。在利益与价值不断多元化的当代城市社会语境下,这种绝对化的正义逻辑正在遭遇挑战:一方面,正义是一个基础性的价值导向,在遭遇问题时,一般而言,人们仍会要求正义、诉诸正义;另一方面,人们对正义的理解又不断多样,往往从具体的语境与目的出发来理解正义,往往认为自己是正义的,最起码不是非正义的,而指认、指责竞争对手行动与动机的不正义性。人们能否对正义、正义的共同体内涵形成最终的共识,还有待于时间的检验。面对正义的世俗化、多元化趋势,一个现实的选择是在坚持正义观时,不把正义及其共同体内涵绝对化、固定化、自我中心化,而建构一种具有宽容底蕴的正义观。在这个意义上,当代城市社会语境下的所谓正义的共同体,并不是那种坚持所谓唯一正确的意识形态的共同体,而是能够实现共同体整体发展与其成员个体发展相契合的共同体,并能够恰当、宽容、合理地处理与其他共同体关系的共同体。

其三,共同体的"生命辩证法"。对个体这个有限的生命存在而言,面对

---

① 〔法〕保罗·克拉瓦尔:《地理学思想史》,郑胜华、刘德美、刘清华、阮绮霞译,华昌宜校,北京:北京大学出版社,2007年,第272页。

不断遭遇的不确定性,理想的状态是进入、建构一个可以在其中安妥自身总体存在的共同体。卢梭就曾构想、向往过这种共同体。在他看来,理想的共同体是这样一种存在,人们让渡出一定的权利,正如没有让渡一样,仍然可以保有原来的权利甚至获得更多的权利。但正如卢梭所看到的,当人们让渡出权利后,这种权利往往会被公共权力的实际使用者所私有,用来谋取自身的私利,而多数让渡权利的主体其权利会受到损害。这样,人们就只能被迫起来反抗,重构共同体,以重获自身的权利。人们为了自身的权利结成具体的共同体,又为了自身的权利终结具体的共同体。这种让渡、收回、再让渡的不断循环,对共同体而言,也就是一个生成、衰退、再生成的生命周期、生命过程。反思所有类型、时期的共同体,可以看到:一方面,天下没有不散的筵席,没有一成不变的共同体。即使中国这个被诸多研究者称为唯一的从生成起便始终存在、不断延续的文明共同体,其实也经历了多次的种族与民族的分化、整合、再分化、再融合,其实已经不是一个单一未变的共同体。另一方面,共同体又是人类的终极命运,人类只能选择参加共同体这个筵席。只要人类还存在有限性,共同体就是人生存与发展的必然选择、历史命运。在当代时空压缩语境下,共同体的生命周期有加速的趋势。面对这种格局,调整进入、建构共同体的文化心态,超越单一、永恒的共同体文化,以一种参加流动筵席、组建有限责任公司的态度对待共同体,可能是一种现实的保护性选择。

其四,共同体的"精英辩证法"。平等是一种理想,差异是一种现实。对共同体而言,如何理解、处理共同体成员之间的差异,是关乎共同体结构与特征的一个根本问题。柏拉图的方法很简单,承认、确认甚至固化人与人之间的差异。近代自由主义的方法也很简单,承认、确认、努力实现人与人之间的平等。这两种方法都是一种理想主义的方法。问题的关键在于,在历史与现实中,人与人由于各种原因存在差异,而这种差异又处于不断的变动之中。人与人之间既不是固化的差异,也不是固化的平等,而是流动的差异与流动的平等。这样,现实的共同体就总是由不断变动的精英与普通人所构成,并往往由具体的不断变动的精英所实际掌握。由于各种原因,在传统共同体中,精英的数量往往相对较少,精英之间的竞争也就相对较少,共同体也往往相对稳定。随着教育水平的提高,各类教育的逐步大众化,精英的产生途径越来越多,现代社会、现代共同体的精英数量与结构都发生了重大变化。当越来越多的精英希望在共同体中发挥作用时,共同体就产生了内在的不稳定。在奥尔森看来,精英特别是知识精英的上升通道被阻断,是导致共同体内部存在矛盾甚至走向分裂的一个重要原因。也就是说,个体与共同体的关系,个体与共同体的矛盾,往往表现为精英与共同体公共权力之间的关系和矛盾。当一个社会的精英能够比较顺利地上升进入公权领域发挥作用时,这个共同体往往比较稳定且充满活力。反之,当一个社会的精英不能进入公权领域时,这个共同体往往会产生内部矛盾甚至走向分裂。这样,如何在共同体内部构建一种流动性、循环性的精英上升与下降机制,或者采取自觉的共同体分化、多元策略,使社会精英的作用得以发挥、各有归宿,就成为维护共同体稳定和健康发展的现实选择。

其五,共同体的"微观辩证法"。历史是人的创造物,人是历史的主体,但历史的真正行动主体却只能是具体的共同体。反思世界文明史,可以发现,历史转换中,作为历史的具体的共同体,呈现出比较明显的微观化趋势。这表现在两个方面:一是个体的地位与作用不断得到重视;一是小型的共同体的地位与作用不断突显。20世纪70、80年代以来,历史主体、共同体的微观化趋势日渐明显,这其实反映了世界宏观格局的相对稳定。只有在宏观格局相对稳定的语境下,历史主体与共同体的微观化才会得到发展,才会成为一种现实。反对宏观与宏大,强调微观与个性的后现代思潮的兴起,正是对这种相对稳定的宏观格局的一种辩证反映。在这个意义上,可以说,没有宏观格局的改善与稳定,所谓的尊重微观、发展个性其实是抽象的、没有意义的。微观与宏观的统一是共同体发展的重要条件,但这只是问题的一个方面。在当代城市社会语境下,维持一个共同体的关键其实已经不在于要不要宏观决策、宏观干预,而在于要什么样的宏观决策、宏观干预。在社会与共同体成员的素质已经得到普遍提高的语境下,简单的、压制性的、意识形态性的、封闭性的宏观决策与顶层设计,已经很难使共同体得到健康的发展。微观活力不足,微观创新能力受到束缚和限制,已经成为阻碍共同体发展的根本障碍。这样,强调微观辩证法,强调微观的重要性,强调从微观出发,就成为实现共同体的宏观与微观有机统一的现实选择。

总之,在城市社会语境下,虽然共同体出现了深刻的问题,呈现出新的特点,但共同体始终是人类的终极命运。不管主观上是否接受,是否意识到,人们必然并且只能处于某一种或几种共同体之中。对共同体的思考,也就是对我们自身的历史经历的深思,对现实处境的直面,对未来命运的探索。不论我们是选择推进现有共同体的合理化,或进入、建构新的共同体,都需要从现实出发。从现实出发,是应对共同体问题,推进共同体发展,重构人与共同体关系的根本原则。

第九章　城市社会的生态问题

生态是文明诞生、延续的重要基础,生态文明是物质、政治、精神、社会、生态"五大文明"的重要组成部分。城市是多样文明的空间化聚集,是文明的核心标志与空间载体,城市社会是人类文明的发展方向。能否科学营建生态城市、美丽城市,对能否真实建构可持续的城市社会、具体统筹好"五大文明"具有路径意义。

近年来,我国的生态文明、生态城市建构取得了重要进展,但也呈现出一些问题。比如,在经济竞争语境下,人们往往把生态城市、美丽城市建设作为拉动经济的手段;在消费社会语境下,人们往往把良好生态作为一种消费品、奢侈品看待,而没有把生态逻辑、生态价值上升为城市社会的基础逻辑、基础价值;在交流交往、学习借鉴都更为便利的语境下,不同区域的生态城市营建往往有趋同化倾向,缺少区域自觉、区域自信、区域个性;在营建生态正义时,往往更为注重生态成果的共享、生态权益的平等,而较少关注生态风险、生态代价的共担;在人地矛盾日益严重,土地日益稀缺、生态日益脆弱的情况下,仍然采取外拓型、奢侈型、松散型的生态营建策略。产生这些问题的根本原因是在思考生态问题、生态城市时,缺少更为自觉的人文视角、人文关怀。

生态问题历来具有深刻的社会性、人文性,生态问题在本质上是自然生态与社会人文的关系问题,是社会化的人们如何认识、规范和约束自身,如何形成合理的人文素养,以与生态自然良好相处、共同进步的问题。推进生态文明、营建生态城市,需要自觉的人文视角。把握生态城市的人文底蕴,厘清生态城市的人文走向,对于更为合理地营建生态文明、生态城市,具有重要意义。

一

回顾全球文明史,特别是早期文明史,城市是几大文明体兴起的标志。而几大文明都诞生于生态条件最适于人们从事农业生产、物质交换、社会聚集等活动的大河流域,也都产生了其特有的制度、宗教、生活方式等人文基质。在城市早期起源这个意义上,可以说,城市是良好生态的产物,没有原始技术条件下对人而言相对良好的生态条件,城市不可能兴起,不可能存在。随着人口的增多、技术的发展、人们组织化程度的提高,也就是社会人文条件的不断成熟与层级提升,城市才开始向生态条件不是十分自然优越的地方拓展,人类似乎可以超越生态制约在任何地方发展文明、兴建城市。

但随着与城市化进程相伴随的环境破坏、资源枯竭等问题的日益突出,人们渐渐发现,不论人的技术能力与组织能力发展到何种程度,不论人的认识能力、社会能力、技术能力提升到何种程度,生态都是人类社会包括城市发展的最基本制约,同时,人也始终有其与自然相统一的很难改变的自然属性、自然本性。也就是说,外在自然的先在性、外在生态的承载能力,以及人的内在自然、内在生态的变化限度,永远都是人们在推进城市发展时需要首先考虑的因素。反思近代以来的城市思想史,特别是人文城市思想史,从莫尔(St. Thomas More)、霍华德、格迪斯到芒福德,对生态的关注一直是城市理念的一个内嵌性构成。

莫尔的《乌托邦》是现代社会学、政治学的重要起点性著作,也是现代人文城市学的一部起点式著作。正如芒福德所评价的,"莫尔实际上是想提供一个理想的城市模式"①。"也许莫尔最大的发明是他在制度上保证了中世纪城镇居民对乡村生活和体育运动的爱好。"②"乌托邦人不分男女都以务农为业",同时"还得自己各学一项专门手艺"③,从事农业、接触田野是人们必需的经历和体验。莫尔的目标是消除城市中的阶层差异,以土地公有制保证社会的平等,其愿景是大家平等地劳动,都可以过上一种生态性的生活,都可以有同自然亲密接触的平等机会。对乌托邦这种城市而言,生态性与人文性是一种相互支撑的关系。离开了普惠的生态性,所谓的社会平等便没有了可能。正因为如此,莫尔认为,"乌托邦人酷爱自己的花园……—见而知,花园是对全城人民最富于实惠及娱乐性的事物。这个城的建立者所最爱护的似乎也是花园"④。当然,莫尔的城市生态、城市人文观,也不是没有问题。芒福德批评莫尔的乌托邦具有一定的专制性,因为它缺少多样性,乌托邦中的每个城市都是一样的。莫尔乌托邦的一个重要空间特点,是通过一道人为的海峡把乌托邦与其他世界隔离开来,以获得安全。考虑到这一点,可以说,莫

---

① 〔美〕刘易斯・芒福德:《城市发展史——起源、演变和前景》,宋俊岭、倪文彦译,北京:中国建筑工业出版社,2005年,第346页。
② 同上书,第346页。
③ 〔英〕莫尔:《乌托邦》,戴镏龄译,北京:商务印书馆,1982年,第55、56页。
④ 同上书,第53页。

尔的城市观是一种孤立、封闭、非开放语境下的生态城市建设思路。

在《明日的田园城市》中，霍华德认为"城市磁铁和乡村磁铁都不能全面反映大自然的用心和意图。人类社会和自然美景本应兼而有之。两块磁铁必然合而为一，正如男人和女人互通才智一样，城市和乡村亦应如此"①。霍华德希望未来的城市能够兼备城市的便利、效率与乡村的美景，其田园城市也就是一种生态城市。从空间看，这种生态田园城市具有三个特点：一是每个城市都规模不大，两到三万人口，城市周边有绿带环绕；二是一旦一个城市的人口增多，其方案不是把这个城市的周边做大，而是另选地点，建设一个新的城市，其规模也是两到三万人，有绿带环绕；三是这样的小型城市间通过交通线连接，互联成社会城市，这样，整个城市的空间形态就是不同的小型城市镶嵌在绿色的自然之中。可以看到，霍华德的生态田园城市是人地矛盾已经出现，但仍不十分突出情况下的城市化策略，是一种以可能无限供给的自然为假设前提的生态城市建设思路。

作为一位具有生物学背景的学者，《进化中的城市》的作者格迪斯非常关注城市发展的生态基础与生态制约。在格迪斯看来，近代以来的城市化可以分为两个阶段：旧技术阶段和新技术阶段。旧技术阶段是以煤炭能源为代表，人为了获取能源对自然进行破坏的阶段。新技术阶段是以水力能源等新型技术为基础，人与自然开始走向和谐共生的阶段。"旧技术时代的思想……过分地关心商业收益的增长及分配，却一直很少关心提高实际效率和经济节约"②，其结果是人与自然关系的恶性循环。"新技术时代的经济学家开始对国家资源进行精心的节约利用。例如，他注重植树造林以弥补被砍伐的树木，甚至种植比砍伐量更多的树木，这才是在进行真正的储蓄。"③格迪斯认为，"保护自然、更合理利用自然的事情，必须比通常更认真地、更坚强地确定下来"④。格迪斯对技术的未来、城市的未来持乐观态度，认为，人类有能力以新技术为基础，营建一种生态型城市社会。格迪斯的城市观，是一种以技术进步为基础的生态城市思想。

芒福德是一位享誉世界的城市史学者，在《城市发展史》等著作中，他认为，中世纪的城镇是一种理想的城市。这种城市规模不大、建筑精美、有社区

---

① 〔英〕埃比尼泽·霍华德：《明日的田园城市》，金经元译，北京：商务印书馆，2010年，第9页。
② 〔英〕帕特里克·格迪斯：《进化中的城市——城市规划与城市研究导论》，李浩等译，邹德慈校，北京：中国建筑工业出版社，2012年，第36页。
③ 同上书，第37页。
④ 同上书，第48页。

感,更有良好的生态环境,是一种典型的可持续的生态型城市。"在某些方面,中世纪的城镇取得了过去城市文化从未获得的成功。"①"从生态上说,城市与乡村是一个整体,谁也离不开谁。"②正是基于对城市生态性的认同,芒福德对工业城市以及其后的金融化大都市提出了深刻的批判。他认为,近代以来的工业城市是一种焦炭城,既破坏了自然环境,也破坏了社会关系、文化传统;而现代无限蔓延的大都市,则以追逐利益为核心,成为人际关系淡漠、人情冷漠,对于自然生态有巨大破坏性的异化空间。"我们时代流行的技术工艺,不把人与空气、水、土壤以及他的全部有机伙伴的关系看作是他一切关系中最古老最基本的关系。"③芒福德希望营建一种具有自觉生态底蕴、人文底蕴的城市社会。芒福德代表了一种强调人对自身及城市发展进行伦理与人文约束的生态城市观。

反思人们对生态问题的关注,反思城市社会的历史变迁,可以发现:

其一,生态城市与人文城市深层融通,生态城市在本质上是一种人文城市。一方面,生态观在本质上是一种更为周全的人文观,生态关怀在本质上是一种人文关怀;另一方面,人文观也具有自在的生态内涵,经过反思的生态观点是人文城市学及所有城市思想的一个重要构成。努力解决社会与生态、城市与生态的矛盾,使城市与生态和谐共处、和谐共进,始终是城市发展与更新中的一个基础性问题。人们之所以日益关注生态问题,是因为人对自身的需要、行为及其与外界世界的生态关系日益有了更为深入的认识。生态问题本质上有其人文性,甚至可以说是一种另类的人文问题,解决生态问题离不开人文关系、人对自身人文观的调整。

其二,在不同的人口与技术条件下,人们面临的生态问题其实有所不同。虽然生态是城市与社会发展的基础性制约,但在不同的时代、空间、人口、技术等条件下,人们面对的生态问题其实有所差异。在近代以前的技术条件下,城市面临的生态问题是如何在多样自然生态中选择安全、适宜人与城市存在的空间,规避不利于人存在的空间。在近代工业与商业城市语境下,人们面临的生态问题是如何应对由于人自身的大规模社会性行动所导致的区域性的生态环境破坏。在当代普遍城市化、全球城市社会语境下,人们面临的生态问题,则是如何应对在全球、区域、地点各层面全面存在的生态环境破坏。

---

① 〔美〕刘易斯·芒福德:《城市发展史——起源、演变和前景》,宋俊岭、倪文彦译,北京:中国建筑工业出版社,2005年,第336页。
② 同上书,第357页。
③ 同上书,第540页。

其三,在不同的城市时代,人们对生态的人文思考有所不同。在城市化的农耕阶段,也就是以农耕为基础的城市时代,人们把自身看作自然生态的一部分,强调人对自然的尊重与顺应,强调人性与自然性的统一。城市化的工业化阶段,也就是以工业为基础的城市时代,人们日益具有改造、破坏自然的能力,人们开始用对立性、破坏性思维看待自然,强调人独立于自然的主体性。在当代全球城市化、普遍城市化语境下,人们开始遭遇复杂而全面的生态问题,开始注重向早期人文生态观回归,开始强调对人的主体性进行制约与规范。

二

人们对城市之生态性的发现,有一个从本能到自觉、从笼统到具体的过程。走向人文底蕴化、深层机理化、普惠大众化,是生态城市营建的总体趋势。

所谓人文底蕴化,是指生态城市营建本质上是如何同时地处理由于人的空间生产等行为所导致的不同人群之间、不同区域之间、城市与自然之间出现的各类问题的过程,是如何自觉培育更为合理的城市人文素养的过程,而不仅是选择、修复、改造自然生态的问题。随着城市化进程的深化、问题的复杂化,人们日益发现,城市是一个人文生态体,一个由多样自然、多样建筑、多样产业、多样生活方式、多样社会理念等构成的复杂人文生态体。

所谓深层机理化,是指生态城市营建日益需要人们对城市与人的关系,城市与各类自然物、自然空间的关系,城市与全球、技术、市场、行为的关系等进行系统、科学的具体把握。没有对城市运行与发展涉及的诸多关系的内在机理的把握,所谓的城市生态、生态城市建设可能是一种短期行为,从长远与更大区域看,甚至可能是一种破坏性行为。比如,以对其他区域的破坏来营建、改善、美化自身的城市生态,就是一种短期性的行为,并最终会影响自身的城市环境。系统把握城市存在与运行的内在机理,是营建合理可持续生态城市的基础。

所谓普惠大众化,是指生态城市服务与惠及的对象不仅是少数精英、上层社会,而且是所有的城市成员、社会阶层。在城市发展的早期,只有少数人能够有条件享有、拥有、占有生态良好的建筑空间与城市区域。而在社会平等化日益推进的今天,城市发展的目的包括生态城市的目的,已经不仅仅服务于小众与精英,也服务于所有的社会成员。确认河流、湖泊、公园等生态空间、绿色空间的公共性,为所有城市主体营建可共享的绿色空间,正是这种趋势的重要表现。生态公正、生态正义已经成为生态城市营建的基础价值与伦理走向。

　　人口巨量与生态有限,是当代城市发展的基本语境与约束条件。在这种约束条件下,生态城市的构成呈现出以下特点。

　　其一,紧凑、浓缩的生态多样性。城市是一个聚集体,既是多样文明要素的聚集地,也是多样生态的聚集地。回顾文明史,一方水土养一方人,也生成一方文明。在相对原初的意义上,所谓文明,正是人们选择、适应环境的产物。不同的生态环境会生成不同的文明。生态环境的多样性是文明多样性形成的一个基础成因。对城市而言,文明的多样性与生态的多样性相互生成。城市的聚集功能日益包括聚集多样生态。对一个较为成熟的城市而言,其多样性不仅包括技术、产业、观念等文明多样性,也包括多样的空间、多样的植物、多样的水体等自然生态要素的多样性。同时性地营建、聚集、保护文明多样性与生态多样性,是生态城市营建的重要方向。正如生态城市研究者瑞杰斯特(Richard Register)所说的那样,"多样性,有利于生态系统的健康,同样也有利于城市社会和经济系统的健康"[1],营建生态城市"要增加人类的多样性,与此同时尽可能多地保留自然的多样性,并强化场所的特殊性"[2]。

　　问题的关键,在于应该以何种空间形式保护、聚集生态与文明的多样性,是以蔓延空间还是紧缩空间的形式进行多样性聚集。如果说,在人地矛盾还不突出的情况下,人们可以通过扩大、扩展空间的方式营建生态城市,可以在相对较大的空间聚集生态多样性;那么,在当代人地矛盾日益突出,生态弹性日益减少、生态承载力日益减弱的情况下,城市对生态及文明多样性的聚集,则不宜再采取那种空间无限扩张的方式,而需要采取在相对有限的空间中进行多样生态聚集的方式,也就是以生态聚集、生态浓缩、生态紧缩的方式营建生态城市。"土地的高密度必须与使用功能的混合相结合。"[3]推进生态空间与生活空间、工作空间的混合,营建紧凑型城市、紧凑型生态城市,是人口多、土地少这个现实约束条件下城市发展的方向。

　　其二,开放、共享的生态公共性。私人性与公共性的关系是城市营建与发展中的一个重要问题。城市及城市财富是少数人的还是大多数人的,如何设置城市公共性及私人性的弹性与边界,对此人们历来存在争议。在自然生态日趋脆弱,而人们的生态需要又不断增长的情况下,推进生态共享,营建更

---

[1] 〔美〕理查德·瑞杰斯特:《生态城市伯克利:为一个健康的未来建设城市》,沈清基译,北京:中国建筑工业出版社,2005年,第21页。
[2] 同上书,第119页。
[3] 同上书,第21页。

多开放、可共享的生态空间,是一个趋势。其实,在18世纪,人们就对城市生态的共同性、共享性进行过反思。"默西埃在他描绘未来乌托邦世界的《在2000年》一书中(1770年出版),预见到一个博物馆,那里'各种各样的动物、蔬菜的矿物都安排在一起,一目了然'。"①这种生态博物馆,一方面具有多样性,是生态的多样性聚集;另一方面又具有共享性,是社会成员都可以相对自由地进入的公共生态空间。

减少、克服生态的私人化、私有化倾向,是生态城市营建的重要方向。或出于本能,或出于自觉,人们都有对良好生态的需要,也都会在有条件时营建生态良好的空间。比如,家境富庶的家庭会营建私家花园、私家园林,家境中等的可能会养一些花卉、植物,即使贫困者也有对良好景致的自然依赖。也就是说,追求良好的生态是一个内生性、普遍性的人性需要、人文需要。但在实现方式上,一直以来,城市生态空间的主导营建方式往往是私人化的、自我导向的。不管是家庭、社区,还是城市、区域,人们往往从自身的利益出发营建良好生态,这种生态空间相对封闭,只能被单位主体所使用。进一步推进城市生态的公共性、开放性,相对减少城市生态的私人性,是城市生态性转换的重要方向。

其三,感性、可触及的生态亲密性。人是一种感性的存在,也是一种对象性存在,因而人是一种感性的对象性存在,或者说对象性的感性存在。这就意味着,人和人之间、人和自然之间永远需要感性的接触。虽然随着知识的普及、信息化的推进,人们可以通过图像、影像等非直接的方式进行沟通与交流,但这种交流总具有片面性,其传递的信息、形成的情感总具有虚幻性、单维性。人与人之间面对面的接触具有综合效应,可以传递、生成多维度、多层面的信息与情感。同时,人与土地、植物、水体等自然的感性接触,其功用也是复合的,具有安全、教化、治愈等综合效应。生态城市、生态空间营建,需要更加便利于人与人、人与自然的感性直接交流。

格迪斯在《进化的城市》中,对可进入的公园等生态空间的功能进行过描绘。在他看来,可亲近的自然对人,尤其是年轻人,具有教育、教化功能。"导致年轻人的精神逐渐向小流氓转变(或被压抑在更糟糕的层次之下)的,正是由于第一手乡村体验的缺乏。"②"在公民关系方面,在寻求健康的机会方面,

---

① 〔美〕刘易斯·芒福德:《城市发展史——起源、演变和前景》,宋俊岭、倪文彦译,北京:中国建筑工业出版社,2005年,第397页。
② 〔英〕帕特里克·格迪斯:《进化中的城市——城市规划与城市研究导论》,李浩等译,邹德慈校,北京:中国建筑工业出版社,2012年,第51页。

有什么训练能比共同分担和维护我们的公园和花园更值得我们去做?"①正是基于对感性、便利直接交流的强调,格迪斯主张以更为合理的形式营建生态空间。"现在城镇必然停止像墨迹和油渍那样的蔓延;一旦真要发展,它们要像花儿那样呈星状开放,在金色的光芒之间交替着绿叶。"②人性的培育、人格的完整,需要人与多样自然、多样人群的亲密接触、直接交流。

反思目前的生态城市营建,人们往往更为注重生态空间的可视性,把生态空间封闭起来作为一个只可以远观的景观,而没有更为注重生态的可进入性、可接触性、可亲近性。只可以远观、不可以进入的生态景观,同保障安全的条件下,人们可以在其中结伴或独自行走,可以同土地、植物、水体相亲近的生态景观,具有本质上的不同。一个是远人的自然,一个是人在其中,同自然融为一体的自然。"两种目标——一种是提供一个健康、可以让人创业的、美丽的环境,另一种是满足人类个人和集体的需求与愿望的功能——都应当在生态城市中加以考虑。"③更为注重可触及生态的营建,是生态城市营建的重要方向。

三

生态城市是具有良好的自然或准自然环境,人们可以同多样的植物、水体、土壤等自然物相亲近的城市。反思历史与现实,人文与生态是城市的两大基本构成,人文性、生态性是城市的两大基本属性:城市是人文与生态的互动产物,是人文与生态的交融体,良好的生态条件是城市兴起、发展的重要条件,良好的人文条件是城市持续存在和发展的内在支撑。

营建生态城市不是单纯地把自然景观引入城市、再造城市物理空间的过程。生态城市建设涉及城市存在目的、城市发展方式、城市运行方式等的全面调整。生态城市营建同人文城市营建、正义城市营建、创新城市营建等有机统一。目前生态城市建设中的一个根本问题,是人们还缺少对生态的敬畏,还没有树立一种以经过反思的敬畏为基础的深层、系统生态观,对城市运行的整体逻辑、伦理逻辑、正义逻辑、区域逻辑等还缺少更为自觉的反思性确认。

其一,营建生态城市需要一种以敬畏为底蕴的城市整体观、城市生命观。

---

① 〔英〕帕特里克·格迪斯:《进化中的城市——城市规划与城市研究导论》,李浩等译,邹德慈校,北京:中国建筑工业出版社,2012年,第51页。
② 同上书,第49页。
③ 〔美〕理查德·瑞杰斯特:《生态城市伯克利:为一个健康的未来建设城市》,沈清基译,北京:中国建筑工业出版社,2005年,第15页。

相对于对生态问题的漠视,营建生态城市、绿色空间,开始注重城市的生态性,无疑是一种进步。但问题在于,目前的生态城市建设往往是一种以生态为修饰的逐利行为,仍带有很强的经济性,其真实目的往往是为了土地以更高价格出让,房地产更快地增值。在市场化、金融化、消费社会语境下,生态确实可以并且已经成为商品。历史地看,生态成为一种商品与消费品,毕竟是一种进步。这说明,人们已经开始从"存活论"向"生活论"转换,说明人们已经更多地关注人们的生态需要。但问题在于,这样一种以生态为工具的城市发展思路,是否有悖于城市的本性,是否真正有利于生态城市的可持续。

文明演进涉及天、地、人之间的复杂关系,涉及区域地理条件、人口总量与结构、技术发展水平、制度机制、生活方式、社会观念等诸多因素。作为文明核心载体的城市是一个多因素共存互动的生命生态体,其变迁是一个多因素互动的复杂生命生态过程。城市及其运行具有深刻的生态性、生命性,是诸多活因素互动意义上的总体活关系、总体活过程。"生态城市是一个方向,而非终极结果,并且没有城市会静止不前。"[①]任何主体、任何一种技术或文明要素,都是这个活过程、总过程、活关系、总关系中的一个环节。营建生态城市,需要超越片面的工具论思维,对城市存在与发展的逻辑进行整体性反思与整体性确认。以经过反思的敬畏为底蕴的城市整体观、城市生命观,是生态城市建设的重要价值与方法基点。

其二,营建生态城市需要一种以约束为底蕴的城市主体观。城市是自然的造物,更是人的造物,是人的主体性的一种综合对象性实现。近代以来,人们往往把主体性的觉醒和实现理解为对自然、他人等外在对象物的征服、改造,理解为用人的尺度、自身的标准来改造世界、改造他人、改造社会。在康德看来,所谓启蒙也就是人不依附于他人和外部世界,在行为和思想时可以遵从自身的要求与尺度。康德所代表的正是近代以来以确立自我、扩张自我为特点的主体性。在人与地矛盾不十分突出的语境下,在主体性发育的早期,这种以自我为尺度,强调对外扩张、向外拓殖的主体性思路,有其合理性甚至必要性。但在人口与资源、空间的矛盾已经非常突出的情况下,这种外拓式的主体性思路就表现出深刻的问题。摊大饼式的城市化,无约束、无限制地向自然空间拓殖的城市化,正是近代以来的外扩式主体性成长的一种典型表现。

相对于巨量的人口,今天的生态资源已经呈现出深刻的有限性。这就需

---

① 〔美〕理查德·瑞杰斯特:《生态城市伯克利:为一个健康的未来建设城市》,沈清基译,北京:中国建筑工业出版社,2005年,第135页。

要调整主体性的成长思路,逐渐树立一种内外挖掘、内向精细化的主体性营建路向。正如芒福德所说,城市化有一个从粗放向精细转换的过程,人们不应该继续无限地侵占自然空间,而应该更多地去挖掘已有空间,把已有的人化空间精细化。这种精细化的城市化思路,其主体性特征是人从追求占有更多的外在财富,向追求提升文化素养、丰富精神文化与精神生活转换,其价值本质是人的主体性从外拓粗放型向内聚精细化转换,从外向拓展向约束自我转换。正如芒福德所言,调整人性发展方向,约束城市发展行为,推进主体性、城市化向精细化转换,对解决诸多城市问题有基础性意义。

其三,生态城市营建需要一种以风险共担为底蕴的城市正义观。正如苏贾等城市学学者所认为的,正义是城市持续存在的重要基础,没有正义,也就没有城市的和平与发展。问题在于,人们所理解和要求的城市正义,究竟是一种什么样的正义。反思人们的城市需要,可以看到,目前,人们对城市正义的要求往往是要求获得更多的利益、好处、效用,比如,要求更好的住房、更好的空间、更好的工作、更好的空气等。人们要求获得更好的城市条件,共享更好的城市财富、城市生态,无疑是合理的。共享,无疑是城市正义的一个基本内容。问题的关键在于,城市发展始终是一个有代价、有成本、有风险的过程,这种代价、风险、成本是否应该共享?人们是否应该共同承担城市发展中的问题、风险与成本,一种没有风险共担机制的城市发展是否可持续,是否是正义的?

当代的城市生态等问题之所以日益突出,在很大程度上,正是因为人们更愿意要求共享城市成果,而不愿意共同承担城市发展的风险与代价。这就导致一种悖论:一方面,人们都希望获得更好的城市成果,希望城市不断向好的方向发展;另一方面,由于没有人对城市发展的代价负责,又会实质上导致城市问题更为突出甚至向更坏的方向发展。我们认为,营建生态城市,需要树立一种充分考虑风险、代价、成本分配问题的城市正义观。生态城市的可持续,需要风险共担、成本共担、问题共担意义上的城市正义。没有这个维度的城市正义,只推进以成果分享、财富共享为目的的城市正义,所谓的生态城市营建、城市可持续发展,最终只能是一种良好愿望。这样,超越城市权利的片面个体导向,营建更具公共性的城市权利配置制度,就成为城市发展可持续的必要选择。

其四,营建生态城市还需要一种以区域自觉为基点的生态地理观。营建生态城市是城市发展的方向,不同区域的城市具有不同的生态基质,需要采取不同的营建策略。但在当前的生态城市营建中也出现了某些趋同化倾向。比如,营建形式、结构大致相同的水岸、花园、植物园、生态走廊,在降水充沛与降水不多的地方都建设所谓的空中花园。这实质上是一种格式化甚至异化的生态城市营建方法,其本质是对生态概念、城市生态的区解与误解,其重要原因是对所处区域地理的生态特点还缺少应有的自觉与自信。

反思城市发展史,可以看到,不同的区域的气候、水文、植被等生态具有重要差异。近代以前的城市之所以各具特色、更为生态,其基质性原因正在于人们是根据自身的区域生态条件进行空间营建、生态营建。这种以区域生态条件为基础的城市往往更加可持续,是真正的生态城市。也就是说,了解、尊重区域生态的特点,从自身区域生态条件出发,是生态城市营建的一个基本条件。但在当代技术条件下,人们出于各种目的,往往把生态城市营建等同于攀比性、奢侈性、炫耀性的空间生产,甚至背离当地生态条件,推进维护成本很高的所谓绿色工程。这在本质上是在用非生态、反生态的方式营建所谓的生态城市,这种生态工程、生态城市注定不可持续。推进区域生态自觉,增加区域生态自信,从自身的生态基础出发营建更适宜于自身区域条件的生态城市,对生态城市的可持续具有基点意义。

总之,生态城市营建是一个生态选择与生态营建的过程,也是一个自觉的人文选择与人文营建过程,一个人对自身不断进行新自觉、新营建的过程。文明越推进、城市越发展,越需要人们对城市的生态本性进行人文确认,越需要人们更为全面地把握、更为具体地确认城市的整体逻辑、主体逻辑、正义逻辑、区域逻辑,并将这种把握内化为一种自觉的人文素养。没有这种确认与内化,也就没有生态城市与文明演进的未来。

第十章　城市社会的生活逻辑

我们正在进入城市社会、城市现代性。列斐伏尔主要立足于生产逻辑确认与反思城市社会,认为城市社会的变迁本质上是一种空间生产。其实,在生产逻辑的背后,存在更为深刻与现实的生活逻辑。从生产逻辑走向生活逻辑,从生产时代走向生活时代,是城市社会的重要趋势。揭示空间生产的可能生活问题,厘清城市社会的合理生活内涵,对建构更为合理的城市社会具有基础意义。

一

列斐伏尔用"空间生产"这个范畴来反思全球化、机体化特别是席卷世界的城市化浪潮,其意义是双面的。在突显空间与城市的主体性、实践性的同时,突显了当代空间与城市变迁主要由生产逻辑所主导这个问题,亦即空间与城市成为掌握权力、资本的强势集团生产和再生产自身地位、利益的工具。列斐伏尔用生产逻辑来揭示城市社会的深层本质,无疑具有重要的现实政治批判与方法论意义。但问题在于,生产范畴、生产逻辑是否能够成为揭示当代社会变革、城市现代性的核心范畴、唯一逻辑?

我们认为,对生产范畴的深入理解离不开生活范畴,揭示空间变革等当代现代性问题,需要引入经过反思的生活范畴。正如马克思所揭示的,生产、分配、交换、消费是一个统一的过程,而消费的真正本质,是人的生产、劳动力与主体的再生产。这样,马克思所说的消费,在一定意义上也就是生活。我们需要全面的生活。生活逻辑的自觉与突显,对揭示现代性的问题,对建构更为合理的现代性,具有重要意义。

生活逻辑的自觉,也就是人的逻辑、主体逻辑的具体自觉。在芒福德看来,近代以来城市发展的根本问题,是城市化与人的尺度、人的需要的严重背离。在应然和趋势的意义上,"城市的任务是充分发展各个地区,各种文化,各个人的多样性和他们各自的特性"①。"城市的主要功能是化力为形,化能量为文化,化死的东西为活的艺术形象,化生物的繁衍为社会创造力。"②但在现实中,城市呈现异化发展的趋势。城市被扭曲为追求财富与权力的工具,成为奴役大多数人的场所和工具。"20世纪的城市历史也许可以叫做一部奇怪医疗故事,这种治疗方法一方面寻求减轻病痛,另一方面却孜孜不倦地维持着导致疾病的一切令人痛苦的环境——实际上产生的副作用像疾病本身一样坏。"③因此,我们需要回归城市发展、空间生产的人性目标、生活本质。

现代城市观、空间观的最大问题,是从客观、客体的角度,而不是从主体的角度来理解空间、城市,没有把空间变革、城市变迁理解为以人、主体为中轴的"革命的实践活动"。马克思认为,"从前的一切唯物主义——包括费尔巴哈的唯物主义——的主要缺点是:对对象、现实、感性,只是从客体的或者直观的形式去理解,而不是把它们当作人的感性活动,当作实践去理解,不是从主体方面去理解"④。这种方法也适用于对城市、城市社会的理解。仅仅从客体的角度理解城市,是城市社会走向狭义化、异化,成为远离、背离人的主体需要,与主体的全面生命活动、全面生活进程相背离的重要方法论原因。城市变迁的诸多问题,在方法论上都同生产逻辑的过强及其具体表现(经济逻辑与权力逻辑对城市变革的主导)有关。

在狭义的生产逻辑主导下,城市变革、空间变迁主要呈现出以下问题与矛盾:其一,从城市的物质形态看,宏观空间生长无序与微观空间发育不足相同步。权力与资本往往会选择建造宏大建筑、开辟宽阔的道路,以体现其力量与权威。但在这些宏大建筑的背后,往往就是狭小、无序的破旧建筑,在宽阔道路的背后也往往是狭小的道路,在这些宏大建筑的内部也往往充满了零乱、无序。其二,从城市的权利归属看,不同主体之间的城市权利不平等。在资本与权力逻辑主导下,掌握权力与资本的主体,成为空间与城市变革的主体,并能够通过空间与城市生产获取更大的利益,获得更多更宏大的增殖资本。而处于权力与资本掌握下的主体,则成为空间生产、城市经营的工具,只能拥有相对狭小的空间,甚至没有属于自己的居住、生活空间。其三,从城

---

① 〔美〕刘易斯·芒福德:《城市发展史——起源、演变和前景》,宋俊岭、倪文彦译,北京:中国建筑工业出版社,2005年,第580页。
② 同上书,第582页。
③ 同上书,第545页。
④ 《马克思恩格斯选集》,第1卷,中共中央马恩列斯著作编译局编译,北京:人民出版社,1995年,第58页。

市所承载的社会关系看,城市风险不断加剧并可能导致激烈的社会冲突。空间权利是一种基本的主体权利,在前现代,空间权利的重要基础是土地权,在现代性语境下,空间权利不仅表现为土地权,也表现为建筑、道路等的所有权、使用权、收益权等。土地等空间权利历来是导致社会冲突、社会变革的重要原因,当这些权利的不平等日益加剧时,必然导致综合性的社会风险甚至政治风险。

面对城市变迁中日益突出与异化的生产逻辑,需要自觉厘清城市存在与变革的生活本质,使空间生产、城市变迁回归生活逻辑,并以此为基础推动空间变迁、城市发展的伦理转换。

二

20世纪晚期以来,人类深刻地从生产时代进入生活时代,不同的学者对这种转换有不同的表述。丹尼尔·贝尔(Daniel Bell)称之为后工业社会,利奥塔(Jean-Francois Lyotard)等称之为后现代,波德里亚(Jean Baudrillard)则把这个新的阶段称之为消费社会。《世界文明史》的作者麦克高希则称之为娱乐时代。"将娱乐作为取代过去500年旧文明的新文明的基础,这似乎有点奇怪。然而,这占优势地位的文化的表征在20世纪晚期正在发挥着强烈的吸引力。"[①]我们认为,这种文明转变的深层本质是从以大工业为基础、以物质财富增长为目标的生产时代,进入了以城市为载体,以人的尺度和需要的更多满足为目标的生活时代。生活,以城市为载体的生活,是20世纪晚近以来的时代主题,从"生产文明"、生产型城市,向"生活文明"、生活型城市的转换,是现代性变迁的重要特征。

问题的关键在于,虽然我们正在步入文明与城市变迁的生活时代,虽然生活正在日益成为文明与城市推进的主题词,但这并不意味着我们已经拥有了一个没有问题的理想的生活时代。我们既要看到生活时代的成就,也要看到生活时代的问题。对生活时代的问题可以从诸多维度进行分析和考察。以空间为线索,城市时代的生活问题主要表现在以下几个方面。

其一,生活空间的分化与主体间性的断裂。以城市化为基础,当代社会生活呈现出区域分化的现象。作为人们总体性存在的时间与空间被分割为不同的区域性时间与区域性空间。一方面,人们需要在不同的时段扮

---

① 〔美〕威廉·麦克高希:《世界文明史——观察世界的新视角》,董建中、王大庆译,北京:新华出版社,2003年,第289页。

演不同的角色,进行不同的活动;另一方面,人们也需要在不同的功能性区域扮演不同的角色,进行不同的活动。虽然人们会在一定的时段和区域相遇,比如在工作时段和工作区域相遇,或者在消费时段和消费区域相遇,但人们之间已经并不存在传统意识上的总体性,而是日益成为一种被不同时段与区域分割开来的孤独个体。一方面,城市内部主体之间的主体间性走向断裂;另一方面,城乡之间的主体间性也更为断裂。"城市导致了资源——尤其是行政管理资源——的集中,从而带来了比部落社会中更广泛的时空距离化。"①

其二,生活空间在主体之间的不平等分配有扩大和固化的趋势。从历史上看,虽然生活渐成空间与城市变革的主题,人们的生活空间总体上在不断改善,但在资本主导下,主体之间的生活空间并不平等,主体之间生活空间的差异有拉大的趋势,空间生活以及生活本身趋于异化。正如皮凯蒂(Thomas Piketty)在《21世纪资本论》中所说,资产对人们收入的影响日益扩大。"资本一旦形成,其收益率将高于产出的增长率。这样一来,过去积累的财富要远比未来的收入所得重要得多。"②当城市与空间成为资本时,主体之间的生活等差异将不断拉大。没有城市权利、空间等所有制的合理化,也就没有城市生活的合理化。

其三,生活空间成为一种偶然性的存在,成为机会性、机遇性、投机性的对象。空间是人们生活与生存的基本条件,但在资本与权力现代性语境下,空间日益成为一种商品,生活本身也日益深刻地沦为了商品。以空间的不断商品化为标志和象征,城市生活的所有内容都成为了可以交换、交易的商品。这无疑对社会既有的价值观念体系形成了巨大的冲击,使投机成为生活的内容与目标,使生活日益走向异化。人们已有的生活概念,人们对更好生活与生活空间的向往成为空间资本攫取更大利润的工具。"空间的商品化带来了一种具有独特特征的'人造环境'——表现出新的制度结合形式。这样一些新形式的制度秩序改变了社会整合和体系整体的条件,因而改变了时空中临近与遥远之间关系的性质。"③

其四,生活空间的生态足迹日益扩大,不断挑战自然的承载力,使生活本

---

① 〔英〕德雷克·格利高里、约翰·厄里编:《社会关系与空间结构》,谢礼圣、吕增奎译,北京:北京师范大学出版社,2011年,第290页。
② 〔法〕托马斯·皮凯蒂:《21世纪资本论》,巴曙松、陈剑等译,巴曙松、陈剑校,北京:中信出版社,2014年,第590页。
③ 〔英〕德雷克·格利高里、约翰·厄里编:《社会关系与空间结构》,谢礼圣、吕增奎译,北京:北京师范大学出版社,2011年,第291页。

身日益处于增大的风险之中。现代性的一个基本事实是人口不断增长,与此同时,人们的欲望也在不断增长,在竞争中追求无限的舒适、无限的财富、无限的空间,而这些都以对自然的破坏为基础。这种以城市化为代表的空间生产,日益成为风险的制造机。城市作为一种综合性的聚集过程,也成为一种综合风险的聚集过程。城市在强大的同时,也日益脆弱,随时可能发生始料未及的灾难。城市日益表现出"人为的不确定性"。"在人为不确定的全球世界中,个人生活经历和世界政治都在变为'有风险的'。"[①]没有对城市化进程的深刻人文自觉,没有对城市之生活内涵的人文自觉、伦理反省,城市化的综合风险将日益增大。

从生产转向生活是城市社会的一种进步,但是,如果把转向生活逻辑放大为追求无限的生活,却可能又是一种倒退。需要对生活逻辑本身,对生产逻辑与生活逻辑的关系,进行更为自觉的人文与伦理确认。

三

后福特制、消费社会、后工业社会等概念的兴起,标志着我们所处的现代性已经从生产时代进入了"后生产时代"、生活时代。但问题在于,在这样一个"后生产时代",生活在成为目的的同时,也成为诸多问题的重要源头。生活本身已经成为一个需要反思和确认的范畴。正如亚里士多德所说,没有经过反思的生活是不值得过的。如果缺少自觉的反思和确认,生活范畴有可能如生产范畴一样,成为造就新问题的恶范畴。所谓伦理,也就是一种经过主体自觉反思、符合规律、可以持续的与人相关的综合关系。所谓伦理反思,也就是对什么是可持续的多重主体性关系进行合理性厘清、规范性把握。建构合理、可持续的城市社会,需要对以下问题进行哲学反思、伦理确认。

其一,对空间与生活的多重间性进行伦理反思。当下的中国,建构城市社会,尤其需要反思和改善三个方面的生活关系。(1)城市与乡村之间的生活差异问题。在马克思看来,城乡关系一改变,整个世界也随之改变。中国的城乡关系虽然在总体上有所改善,但城乡之间的生活差异仍然巨大。没有城乡之间生活的基本平等,也就没有城市生活的真正伦理化。(2)不同区域之间的生活差异问题。几十年来,中国客观上走的是一条区域差异化发展的道路,在社会总体发展水平不断提升的同时,不同区域之间生活水平的差异

---

① 〔德〕乌尔里希·贝克:《世界风险社会》,吴英姿、苏淑敏译,南京:南京大学出版社,2004年,第6页。

已经成为影响我国发展与稳定的一个重要问题。(3)生活改进同自然生态的关系问题。如果继续走一条以无限度破坏自然、无限度使用资源为基础的城市化与城市生活建构之路,已经提高的生活可能在自然的报复面前突然倒退甚至消失。

其二,对生产与生活的历史关系进行伦理确认。片面强调生产逻辑与片面注重生活逻辑都会生成与积累问题。生产逻辑与生活逻辑不平衡,是现代社会、城市社会变迁问题频繁的一个重要原因。在工业现代性时期,生产逻辑成为主导逻辑有其历史合理性,这与那个时代人类亟需以规模化的方式从自然中获取生存资料有关。但即使在那个时代,生活范畴仍然作为一种重要的、潜在的力量而存在。当代城市现代性语境下,生活范畴正日益成长为一种目的性的范畴。但生活范畴的目的化,并不意味着生产范畴已经不再重要。需要对生产与生活的关系、生产伦理与生活伦理的关系进行更具体的总体性、平衡性的反思与确认。

其三,对生活本身的张力和限度进行伦理反思。现代社会,人们主要是立足无限性思维来理解生活,并把生活的改善和提升理解为一种没有尽头和约束的过程。这实质上是以一种欲壑难填、欲望无限式的思维在理解生活。人作为自然有机体、社会有机体等的统一,虽然具有无限发展的可能,但这种无限的可能需要框定在一定的自然、机体、社会边界之内。也就是说,人作为处于特定有利环境下的幸运性、机遇性存在,可以在思维中无限扩展自身的欲望,但在现实中,人的欲望的实现和拓展受到外在与内在尺度的双重制约。这双重制约提醒我们,需要以有限性思维、有限性伦理为基础来重构生产逻辑、生活逻辑。人们进入城市、建造城市是为了生活,为了更好的生活,但如果把生活本身理解为一个无限欲望的过程,那么不断扩大的城市反而会成为一种反生活的巨大风险场域。

其四,对城市生活的改进路径进行伦理确认。城市生活的合理化需要观念、习惯、行为、制度等的全面转换。宏观路径与微观路径的统一,是推进空间生活伦理化、合理化的重要选择。所谓宏观路径,也就是宏观上的制度变革,以公共领域为主导,建构一种同生活时代、城市现代性相匹配,对城市生活有规范和引导作用的生活制度。所谓微观路径,也就是微观上的行为变革,以城市民众为主体,建构同生活时代、城市现代性相匹配的生活方式。推进城市社会需要同时性地注重私人领域与公共领域。但在现实中,我们往往以二元对立的方式处理公共领域与私人领域的关系。宏观策略与微观策略内在相通,"我们需要通过提出为什么'微观'与'宏观'之分并不是特别有用的问题来继续上述思考"①。超越宏观与微观的二元对立,统筹宏观建构与微观调适这两种策略,对于城市社会、社会生活的合理化,具有重要意义。

---

① 〔英〕德雷克·格利高里、约翰·厄里编:《社会关系与空间结构》,谢礼圣、吕增奎译,北京:北京师范大学出版社,2011年,第289页。

第十一章　城市社会的文化逻辑

文化研究(以文化为视野、从文化的角度把握世界)是当代社会理论的一个重要特点。文化研究的兴起,一方面,标志着人的主体性有了新的扩张,人能够把自身的痕迹烙在与人相关、我们所遭遇的所有可能世界的所有领域,人开始从更为全面的层面在总体上把握世界;另一方面,也标志着人的主体性的扩张与运用可能出现了问题,人需要对自身的主体性及其限度进行自觉的反思,需要对人与世界的关系进行更为全面的总体性反思。

城市化在全球的广泛、深层推进,使现代性成为一种城市现代性,使我们所处的世界成为城市世界。城市的重要特点是其人为性、人工性,城市的每一个构成部分、每一个领域和侧面都是人的生产物、创造物,人的主体性投射在城市的每一个方面,城市运行的所有方面与过程日益需要人的关照与参与。城市的这种人化特质说明,城市是一种与人的主体性、总体性深刻关联、辩证互动的文化有机体。

在城市现代性语境下,一方面,人的主体性进一步增强,人在城市中可以更为全面地实现、拓展自身的主体性;另一方面,城市作为一种文化有机体,也暴露出深刻的问题,成为主体异化的场域,面临深刻的文化危机。"城市文化从一开始就出现释放与奴役,自由与强制。"[①]"大都市的文明包含着尖锐的矛盾。"[②]厘清文化性、主体性、城市性的内在关系,把握城市现代性的文化危机的哲学本质,探索克服这种危机的可行路径,对建构一个更为合理、良性、可持续的城市社会,具有基础意义。

一

文化不仅是一种研究对象,更是一种研究视野。文化是主体性的对象性

---

① 〔美〕刘易斯·芒福德:《城市发展史——起源、演变和前景》,宋俊岭、倪文彦译,北京:中国建筑工业出版社,2005年,第570页。
② 同上。

投射,也是主体对这种投射的意向性"回收"与反思。所谓以文化为视野、从文化的角度进行研究,是指强调人的精神性、意识性或者说知识性、意向性因素在社会、历史以及人自身的发展中的作用,强调以人的主体性为线索进行社会、历史、世界及人本身的研究的一种方法、维度、范式。文化研究的兴起不仅标志着人的主体性的新拓展,也标志着人对主体性拓展与运用的一种反思。不同于从经济、政治、社会、自然等出发的研究视角,从文化的视角对对象进行研究,更为注重人本身的内在需要、内在特质、主体地位,更为注重从人的立场与特点把握人与世界的意向性、总体性关系,更为注重对人的主体性本身的确认与反思。这样,所谓对对象进行文化研究,其本质也就是以人为尺度,去研究人的对象性活动,研究世界、对象同人的关系,也就是以研究世界、对象为策略研究人本身,研究人本身在具体对象性世界、多层面对象性活动中的遭遇与处境、问题与成就、历史与趋向等。

  基于文化与主体、文化性与主体性、文化维度与主体维度的内在统一,可以说,所有的社会理论都是一种文化研究,或者说都内含一种文化视域。反思功能主义、结构与后结构主义、后现代主义、解释学、女权主义、后殖民主义等社会理论思潮或流派,可以发现,这些流派或思潮的一个重要特点或者说共性,就是从不同维度对人的主体性进行研究与确认,并以不同层面的主体性为视域进行对象、世界研究,它们的重要基础是一种"以人类文化为依据的人的定义"[①]。功能主义注重的是研究对象相对于人而言的功能;结构主义注重的是研究对象相对于人而言、与人相关的结构;解释学强调的是不同主体在文本理解中的地位和作用;后现代主义对宏大叙事的反抗,其本质是强调不同类型主体的权利和地位;女权主义希望通过强调女性的权利与地位,实现主体视域的新变革;后殖民主义则对边缘他者的主体地位和权利进行确认和反思。可以说,不同形态的社会理论,也就是不同形态的主体性理论、不同形态的文化理论,从不同维度和层面对人的主体性进行反思与确认的文化研究理论。

  文化研究是主体性确认与主体性反思的统一,文化视域在本质上也就是一种具体与总体、确认与反思相统一的主体性视域。文化研究、文化视域的兴起,有着深刻的社会实在论、城市实在论原因。中世纪后期至近代早期,伴随着城市的复兴、教育的发展、商业的扩大、技术的创新、生产方式的进步、交往方式的改进,人的主体性以城市为语境不断觉醒与成长,为西方文艺复兴、启蒙运动的兴起与推进奠定了重要的场域、条件与人口基础。文艺复兴、启

[①] 〔德〕恩斯特·卡西尔:《人论》,甘阳译,上海:上海译文出版社,1985年,第81页。

蒙运动的深层本质,是对人的主体地位的确认。这一点正如康德所说,"启蒙运动就是人类脱离自己所加之于自己的不成熟状态。不成熟状态就是不经别人的引导,就对运用自己的理智无能为力"①。"必须永远有公开运用自己理性的自由,并且唯有它才能带来人类的启蒙。"②康德哲学的核心价值,是对人的主体地位进行了明确而系统的哲学确立。在这个意义上,可以说,文化研究、从文化的角度对对象与世界进行系统、总体性研究,从文艺复兴与启蒙运动就已深层启动。

工业革命以后,特别是晚近以来,城市的数量与规模不断扩大,社会的物质总财富不断增长,教育进一步普及,同时社会分化也日益加剧,人与环境的矛盾也不断恶化。人的主体性在向纵深推进的同时,也开始遭遇深刻的危机。正是在这种背景下,以结构主义、存在主义、后现代主义等为标识的诸多学者,从不同向度进行主体性反思,文化研究、以文化为视域的研究成为社会理论中的显学。在这个意义上,可以说,所谓文化研究,也就是一种以特定的社会实在、城市实在为语境的主体性研究、人学研究,一种关于人的主体性问题的哲学研究,一种以作为主体的人、经过反思的人为视角,对对象、世界以及人与对象的关系进行研究的方式与范式。

在广义或更为宽泛的意义上,只要是从人的角度进行对象与世界研究的理论、方法都可以称之为文化研究,以文化为视角的研究。这样,文化研究的源头甚至可以远溯至古希腊等早期文明社会。苏格拉底、柏拉图、亚里士多德等先哲对人是什么的反思,对人性的反思,对人与世界的关系的反思,都是一种文化研究。虽然文化、文化研究作为范畴出现是较为晚近的事,但从实质内容看,可以说,以人的主体性确认与主体性反思为特点的文化研究,其实贯穿于人类思想史、人类文明史的始终,是人类思想史、思想变迁史的一个深层脉动、重要线索。

反思文化与主体的历史关联,可以看到,文化性的本质也就是主体性,文化与主体、文化性与主体性的深层统一离不开城市这个实在性的空间、场域。"文明和城市在历史上就是珠联璧合的——拉丁文中的 civitas(城市)就是文明(civilization)的词源。从一开始,城市就一直是在人类进步中创造某些最不可思议的突破和发明的试验炉。"③城市是主体的创造、文化的空间载体与

---

① 〔德〕康德:《答复这个问题:"什么是启蒙运动?"》,江怡主编:《理性与启蒙》,北京:东方出版社,2004年,第1页。
② 同上书,第3页。
③ 〔美〕保罗·诺克斯、琳达·迈克卡西:《城市化》,顾朝林、杨兴柱、汤培源译,北京:科学出版社,2009年,第23页。

核心标志。文化研究、文化视域生成与兴起的重要实在论条件正是城市。纵观世界文明史,文化、文化研究、文化视域具有深刻的空间性,特别是城市性。可以说,没有城市的兴起也就没有人的主体性的真正确立,城市是文化研究、文化视域、文化自信得以兴起、确立与发展的根本场域。只有在希腊古典城邦这种空间与城市场域中,才会产生古希腊的人文思想。只有在中世纪后期以及现代早期的城市中,才可能产生以确立人的主体性为重要特点的文艺复兴、启蒙运动。同时,也只有在现代大都市、现代城市社会这种空间场域中,才可能产生当代文化哲学、文化批判理论。

城市与文化的关系是双向的。一方面,城市是文化变迁、文化研究的空间条件,没有与城市发展相伴随的多样异质文明要素在相对有限空间中的汇集,也就没有多样主体的真实持续的聚集与交往,也就没有主体意识、文化意识的真正自觉,没有文化研究的兴起;另一方面,文化又是城市的深层根底,文化意识的不断自觉、不断建构,是城市得以存在的重要条件,不管是何种类型的城市,专制的、民主的或混合的,都需要一种具体类型的文化与主体意识作为其存在的合理性支撑,文化与主体意识的自觉化、合理化,日益成为城市稳定与发展的重要基础。

在苏贾看来,文明变迁中存在一种社会性、历史性、空间性三者相互作用的"三元辩证法"。在他看来,已有的社会理论研究往往更为注重社会与历史因素,注重从社会与历史出发理解空间,而相对忽视空间因素,忽视从空间的维度来理解社会与历史。苏贾认为,空间性是一个不可忽视的本体性因素,是同社会性、历史性相交融并同等重要的因素。离开了空间,离开了对空间因素的考察,所谓的社会与历史研究将具有深刻的抽象性。"城市空间指的是城市是一个历史的-社会的-空间的现象。"[1]"把三者同等地链接在一起是都市研究的空间性转向和空间性化的要点。"[2]对具体的文明、文化存在与研究而言,空间的核心内容就是城市,空间性的重要本质就是城市性。

苏贾深刻认同雅各布斯所倡导的城市优先、"首先是城市"的文明观、发展观[3]。不同于比较流行的农业革命先于城市革命的观念,在雅各布斯看来,城市革命先于农业革命,正是在城市革命的推动下,才产生了农业革命。按照这个逻辑,可以说,正是在城市化的不断转型与升级中,才产生了商业革

---

[1] 〔美〕Edward W. Soja:《后大都市:城市和区域的批判性研究》,李钧等译,上海:上海教育出版社,2006年,第10页。
[2] 同上。
[3] 同上书,第25页。

命、工业革命、后工业革命,推动着人类文明进入后工业社会、后现代社会。对文化研究、文化视域而言,可以说,正是在城市这个具体、综合的空间、场域中,才激发了文化视域、文化研究的勃兴。城市化的不断转型与深化,深层推动着文化视域与文化研究的转型与深化。

我们认为,文化、主体、城市,文化性、主体性、城市性是一种三元互动、三元统一、三位一体的关系。一方面,主体性是文化性、城市性的深层本质;另一方面,主体性又通过文化与城市得以实现与确认。文化、主体、城市的三元互动与统一关系,可以从三个维度来认识。其一,从主体这个维度看,文化与城市都是主体的创造物,主体又通过文化与城市得以确认和实现。如果说人的主体性表现为总体性、可能性、社会性、公共性,那么,只有通过文化与城市的形式,主体的这些具体特性才能得以展现和实现。其二,从文化这个维度看,如果正如卡西尔(Ernst Cassirer)所说文化是一种符号,那么,文化作为符号的根本创造者正是生成于不同的城市中、创造城市并在城市中进行创造的作为主体的人;而文化作为创造物,又成为表征主体与城市的统一性的重要形式与总体范畴。其三,从城市这个维度看,城市是主体与文化生成、发展的场域,主体和文化又是城市的创造者与主要特征。如果说,文化是一种公共主体性,那么,城市则是这种公共主体性的空间化实存。正如卡西尔所说,人是一种具有公共性的人类存在,作为一种"公共的人类存在",人都同时具有政治、社会、宗教、艺术等属性[①],而这种属性的共时性存在、发展,只有在城市这个场域中才可能实现。

人作为主体是一种总体性、可能性存在,这种可能性与总体性具体展现为社会、政治、宗教、艺术、语言等文化现象,而城市在本质上也就是不同形态、多样性的社会、政治、宗教、艺术、语言,多样与异质性的人口、文化样态的汇集体,也就是人的总体性与可能性的具体实现。在文化-主体-城市、主体性-文化性-城市性的三元统一中,在人们相对忽视空间维度的情境下,强调文化与主体的空间性特别是城市性,具有重要的方法论意义。当我们突出城市与空间维度时,可以说,所谓文化视角,其本质就是一种在城市与空间这个实在语境中不断生成与变迁的主体性视角。在具体的历史进程中,主体-文化-城市的三元统一关系,不仅表现为成就性、成果型关联,也表现为一种问题性、危机性关联。当代城市社会面临着作为根本危机、总体危机的文化危机,对这种危机需要进行更为具体的揭示。

---

① 〔德〕恩斯特·卡西尔:《人论》,甘阳译,上海:上海译文出版社,1985年,第81~82页。

第十一章 城市社会的文化逻辑

二

文化是人的主体性的外化与对象化凝结,是作为主体的人的社会性、公共性的一种对象化、符号化实现。当人们用文化危机来表征一个时代或研究对象时,往往是指处在这个时代和对象关系中的主体面临着一种深刻的危机。城市化的快速推进,为主体的发展提供了重要条件,但同时也使我们遭遇一种深刻的总体性、根本性危机,也就是文化危机。

中世纪后期以来,世界文明的转换、现代性的演变主要经历了三个阶段:商业现代性、工业现代性、当代城市现代性。商业革命代表着现代性的早期阶段,其重要空间成果是产生了威尼斯(Venice)等一批商业城市,并以此为载体和场域产生了以自我、世俗、利益为特点的新的主体意识、主体性,也使人们开始遭遇同神圣世界相脱离的主体性危机、文化危机。工业革命代表着现代性的中期阶段,也就是我们所熟悉的经典现代性阶段。在这个阶段,产生了曼彻斯特(Manchester)、芝加哥(Chicago)等一批工业城市,并以此为载体和场域产生了以资本、技术、工具理性为特点的主体性、主体意识,也催生了以人的片面化、异化、物化为特点的主体性危机、文化危机。"二战"以后,特别是20世纪70、80年代以来,现代性进入成熟或者说晚期阶段。城市化成为世界性潮流,巴黎(Paris)、纽约(New York)等城市进一步成为全球城市、世界大都市,现代性进入以城市成就、城市问题并存为特征的城市现代性阶段。在这个阶段,以空间革命、新科技革命、消费革命、知识革命等为标志,人的主体性、主体意识、主体能力发展到新的阶段,同时,也产生了以虚无、孤独、焦虑等为特点的主体性危机、文化危机。

在列斐伏尔看来,我们这个世界已经进入新的阶段,技术社会、丰裕社会、休闲社会、消费社会等范畴已经不足以揭示我们这个世界的特点[①]。而"城市社会"(urban society)这个范畴,则能够比较全面地描绘、揭示我们这个世界的特点。技术社会、后工业社会、后现代社会、消费社会等,都只是城市社会的某些方面的特点。城市是一个总体性过程、总体性现象、总体性后果,城市是多样异质文明要素的空间化聚集,城市同时包含着人的主体性在现实中展开的所有维度与方面。在这个意义上,我们在当代所面临的主体危机、文化危机,在本质上都是一种城市危机:以城市变迁为语境和场域的总体性、根本性危机。在城市已经成为我们所处世界的主导空间形态这个语境

---

① Henri Lefebvre, *The Urban Revolution*, Minneapolis, University of Minnesota Press, 2003, p. 2.

下,主体危机、文化危机、城市危机已经成为具有统一性的一种危机,主体性-文化性-城市性的危机性关联,比商业现代性与工业现代性阶段都更为明显和突出。

对这种城市-主体-文化三元统一中的危机,也就是城市现代性的危机,不同的学者有不同的认识。在哈维与卡斯特看来,城市社会、城市现代性的根本危机是一种深层逻辑的危机,是资本逻辑成为社会运行的主导逻辑,城市发展、空间生产日益成为资本摆脱自身困境、维持自身存在、实现自身增值的工具。也就是说,在哈维与卡斯特那里,城市危机与城市现代性的危机在本质上从属于资本危机,是一种与资本问题、资本主义危机深层统一的特定历史危机。在列斐伏尔看来,城市社会、城市现代性的问题、危机具有一般性、普遍性,不管是东方社会还是西方社会,不管一个社会与国家以什么样的意识形态为指导,只要其城市化进入一定阶段,都会遭遇这种根本性、总体性的危机。列斐伏尔认为,这种城市危机具体表现为人们的城市权利不能得到保障,作为空间与城市生产主体的人们特别是普通人,没有参与城市决策与管理的权力,享受不到平等的生产、生活、居住等城市权利,甚至没有进入城市公共空间的权利,从而使城市面临着随时爆发激烈矛盾与冲突的可能。列斐伏尔指出,造成这种城市危机的根本原因在于掌握城市发展权力的主体,自认为掌握了唯一正确的方法与理论,并用一种强制、强权的方式改造城市、发展城市。也就是说,在他看来,城市现代性的危机,在本质上既是一种权利(城市权利)危机与制度(城市制度)危机,也是一种方法(城市方法论)危机与知识(城市知识)危机。

作为人本主义城市规划大师格迪斯的学生,芒福德强调城市的文化本质、文化属性、文化功能。他认为,文化的根本功能是为人的成长提供条件,但现实中的城市却往往是一种异化的存在。"一个以营利为目的而不是以满足人民生活需要为目的的扩张中的经济必定创造一个新的城市形象。就是:一个永无止境日益扩大的无底洞的形象。……扩张本身就成了目的。"[①]也就是说,在芒福德看来,城市现代性的根本危机、文化危机,是人的主体性与人的目的、地位被人自身的不当与失控行为所侵害。在科特金看来,城市社会、城市现代性的危机,本质上是一种结构性危机、结构失衡的危机。在他看来,人是城市的主体与中心,城市与人的关系具体展开为安全、繁荣、宗教三个方面。一个良性存在的城市,离不开安全、繁荣、宗教三大系统的同时存

---

① 〔美〕刘易斯·芒福德:《城市发展史——起源、演变和前景》,宋俊岭、倪文彦译,北京:中国建筑工业出版社,2005年,第557页。

在、有机均衡。缺少其中的任何一个都会导致城市的问题、危机与衰落①。但在现实中,人们往往注重经济功能,而忽视城市秩序、城市意义的基础作用,这种城市认识与城市行动中的偏差,是导致城市现代性危机重重的根本原因。

我们认为,城市是一种综合有机体,城市危机、城市现代性的危机是一种综合危机,具有综合性,可以从诸多层面对城市社会的文化危机进行哲学定位。在城市与危机的关系中,一方面,城市是人类化解、应对危机的一种文化选择;另一方面,城市的中性聚集功能也会使城市成为生成诸多危机的场域。在反思与应然的意义上,人的总体性、可能性,文化的总体性、可能性,城市的总体性、可能性,是一种有机互动、相互统一的关系。但在具体的城市发展实践中,处于具体的制度、认识、利益与问题情境中的人们却往往采取一种片面、异化的方式推进城市发展,使现实中的城市成为一种片面的、有问题的危机性存在。在这个意义上,城市现代性的危机,也就是一种理想与现实、应然与实然关系中的总体性危机、可能性危机,是人-城市-文化的总体性、可能性在现实与实然中无法实现的危机。

城市现代性遭遇作为根本性危机、总体性危机的文化危机的原因是多方面的。从主体这个维度看,人们遭遇文化危机一般需要两个条件:一是主体性的成长,特别是主体性的普遍成长。随着教育特别是世俗教育的不断大众化,人们对问题与成就的感知与确认能力不断提升。在方法论上,"没有意识到的存在是非存在",认识到的存在才是真正的存在,人们对危机与风险的感知能力是城市现代性成为风险现代性的一个社会知识论条件。一是问题本身的存在与突显。如果城市现代性本身不存在问题,城市现代性语境下人的主体性不遭遇异化、物化,也不会存在人们对其危机与风险的感知与确认。主体异化的不断加深是城市现代性成为一种危机现代性的社会实在论原因。

反思历史,可以发现,人类其实始终处于一种文化危机之中。但在不同的阶段,文化危机的具体内容又有所不同。从主体性这个维度看,人类遭遇的文化危机可以分为两类:一是以主体不自信为基础的危机,一是由主体过度自信导致的危机。在人类早期,也就是早期复杂性社会,文化危机是一种生存论意义上的危机,是一种主体发育不足,人的能力与自信发育不足意义上的危机。在这一时期,人们更多地选择以神话、原始宗教等形式获得危机中的心理稳定、社会稳定。随着工业现代性特别是城市现代性的推进,人类

---

① 〔美〕乔尔·科特金:《全球城市史》,汪旭等译,北京:社会科学文献出版社,2006年,"前言"第3页。

遭遇的文化危机发生了质的转换：从主体性发育不足意义上的危机进入主体性扩张过度、运用失范意义上的危机。随着技术条件改善、实践能力的提升，诸多具体领域的主体生成了一种盲目的自信，以为自己掌握了某种绝对正确的方法、绝对真理，认为自己可以无限度、不受制约地改变对象、改造世界。

我们认为，城市社会、城市现代性的文化危机，在本质上是一种主体性扩张过度与运用失范意义上的危机。如果说，现代性的精神起点是启蒙，那么，当代城市社会的危机，其本质就是全面的启蒙精神被片面化、异化的危机。这种片面化具体表现在两个方面：一是人文与科学之间的失衡，过于注重技术理性而相对忽视人文理性；一是个体与公共之间的失衡，过于注重个体理性而相对忽视公共理性。当胡塞尔（Edmund Husserl）指认近代以来的欧洲存在科学危机时，正是指向这种失衡。当施特劳斯认为近代以来的文化自觉从霍布斯以来就出现了个体性偏差时，也正是指向这种失衡。在麦克里兰（J. S. McClelland）看来，启蒙在起源意义上就是一种全面、均衡意义上的启蒙。"启蒙运动有志将宽容与节制的原则扩充为个人生活及社会、政治生活的通则。"① 克服现代性的危机，是离不开对这种均衡启蒙、全面启蒙的回归。

城市现代性的主体性迷失、文化危机，主要呈现出这样几个特点。其一，在方法论层面，这是一种反思性危机，是缺少对主体自我的反思这一意义上的迷失与危机。缺少对自我的深层、自觉反思，走向绝对、盲目自信的自我，是城市社会最根本的文化危机。其二，在意义论层面，是一种价值性危机，是缺少对人的价值、对主体价值的全面确认这一意义上的迷失与危机。当人们停留、迷失于对物质财富与物化空间的追求时，必然遭遇深刻的意义危机、文化危机。其三，在行动论层面，是一种实践制度的危机。当人们对自身行动的效果缺少自觉的反思，对行动对象的存在规律缺少必要的敬畏时，遭遇危机便是一个必然的结果。其四，在结构论层面，这是一种发展结构失衡的危机。城市运行是政治逻辑、经济逻辑、文化逻辑、生态逻辑等的统一，但在现实中往往是政治逻辑与经济逻辑在结构中处于强势地位，这种结构性失衡是导致城市现代性存在深刻危机的现实原因。其五，在主体间性层面，是一种个体性过剩、公共性不足的危机。过于强调个体的权利与利益，而相对忽视公共的权利与利益，是导致城市现代性发展方向走偏的重要原因。从个体主体性回归公共主体性，是城市现代性可持续存在必需的条件。

---

① 〔美〕约翰·麦克里兰：《西方政治思想史》，彭淮栋译，海口：海南出版社，2003年，第338页。

人是一种能动的主体,"在人类社会的原始阶段,这种能动性还几乎觉察不到,它好像还处在最低的水平上。但是人类越发展,这种特征就变得越来越明显和越来越重要了"①。在城市化的积累与加速效应下,人的能动性在扩展的同时也呈现出走偏的趋势,呈现出脱离生态、社会、传统等限制的趋势。主体性、能动性是创造与传承的统一,城市是创新的场域,也是传承的空间。但在现实中,人们往往更为注重主体的创造维度而忽视其传承维度,注重城市的创新功能而忽视其传承功能,走向了创造与创新的过度、无度、失范。人是文化危机的根本原因,主体的创新过度、能动性失范,对创新与传承、能动与受动的关系处理失衡,使城市现代性深陷危机。

三

关于如何拯救现代性、城市现代性的根本危机、文化危机,从不同的角度和方法出发,会有不同的方案。按照胡塞尔的思路,现代性的危机是一种科学与精神的危机,拯救现代性危机的办法就是克服非理性主义,重建一种全面的科学精神,重建对科学的信仰,回归同全面理性相统一的精神性的生活世界。在丹尼尔·贝尔看来,现代性的危机既是社会运行构架的危机,也是意义的危机,其本质是个体理性、个体本位成为社会运行的基础逻辑。解决现代性危机的重要路径是重构经济领域的公共性,重建一种适应现代社会,具有公共性的新宗教。在亨廷顿(Samuel Phillips Huntington)看来,解决现代性的危机和冲突需要提高文明主体的道德和文化水平,需要不同文明主体间的相互尊重,"各文明的人民应寻求和扩大与其他文明共有的价值观、制度和实践"②。在吉登斯看来,现代性的危机是一种系统性危机,"我们生活在一个被撕裂的世界之中,它一边是离奇的机遇,另一边却是最大规模的灾难"③。拯救这种危机的根本方法是理顺政治、经济、社会、暴力之间的关系,重建信任与本体性安全。在芒福德看来,解决城市现代性的危机需要回归、重构人与城市的关系,重建一种以人为目的城市。"我们必须使城市恢复母亲般的养育生命的功能,独立自主的活动,共生共栖的联合,这些很久以来都被遗忘或抑止了。因为城市应当是一个爱的器官,而城市最好的经济模式应

---

① 〔德〕恩斯特·卡西尔:《人论》,甘阳译,上海:上海译文出版社,1985年,第282页。
② 〔美〕塞缪尔·亨廷顿:《文明的冲突与世界秩序的重建》,周琪、刘绯、张立平、王圆译,北京:新华出版社,2010年,第295页。
③ 〔英〕安东尼·吉登斯:《民族-国家与暴力》,胡宗泽、赵力涛、王铭铭译,北京:生活·读书·新知三联书店,1998年,第4页。

是关怀人和陶冶人。"①在列斐伏尔看来,解决城市社会、城市现代性的危机需要回归到一种多元平等的方法论,克服城市与空间知识、生产、管理中的意识形态霸权、方法论霸权。

以上思路对具体探索解决现代性、城市现代性危机的路径都具有重要启发。但问题在于,这些思路基本上是一种宏大理想、宏观行动的思路。在历史转换的剧变期,当一个社会亟需结束无序状态,亟需解决积习难改的重大问题,亟需进行社会动员以应对突然遭遇的外部冲击与变故时,这种立足宏大理想与宏观行动的思路,有其重要的历史价值与历史作用。但在城市社会与城市现代性语境下,人口、空间、生产、生活、意义与价值的多元化、马赛克化已经成为一种现实,不同主体的多元互动与竞争使社会运行在整体上进入相对稳定期,多样人群在竞争互动中不断激发主体活力,不断生成内在秩序,再单纯地立足宏观与宏大就会问题频发。在一定意义上,城市社会、城市现代性之所以会形成文化危机,其重要现实原因是人们不能从已经变革的现实出发,不能从已经非常深刻的微观化了的现实出发,而仍然相对简单地固守从宏大与宏观出发的思路。

启蒙运动以来,人们往往比较注重宏观启蒙、理想启蒙,而相对忽视微观启蒙、现实启蒙。解决当代城市社会、城市现代性的文化危机,尤其需要一种从微观与现实出发的思路。如果说,城市现代性仍是一种现代性,而现代性的重要内容是启蒙,那么,在当代城市社会,启蒙的重要时代特点就是从微观与现实出发。没有微观启蒙与现实启蒙的真实推进,也就没有城市现代性文化危机的真正克服。

从理想出发无可厚非、意义重大,理想给人以希望。但是,如果对理想的倡导走向脱离现实、非现实,甚至反现实,那么,理想本身也就成为一种无根基的抽象空想。在黑格尔看来,现实的就是合理的,合理的就是现实的。这里,所谓的现实,也就是一种现实性,一种具有规律性的现存。现存可以分为两类,一是符合规律、必然成为未来现实的存在;一是不符合规律,在未来必然消失的存在。规律又可以分为两类,一是正能量意义上的规律性;一是负能量意义上的规律性。符合发展趋势的关系与力量有其规律性,不符合发展趋势的关系与力量也有其规律性。在这两层意义上把握城市社会的变迁规律,尤其是城市问题的生成规律,对克服城市现代性的文化危机,方法论意义巨大。

---

① 〔美〕刘易斯·芒福德:《城市发展史——起源、演变和前景》,宋俊岭、倪文彦译,北京:中国建筑工业出版社,2005年,第586页。

第十一章 城市社会的文化逻辑

在普遍多元与普遍交往的当代城市社会语境下，宏观格局的真实改善日益取决于微观结构的合理化。我们不仅处于一个普遍联系的宏观社会，更具体地处于具有不同特点的此在单元之中。如果没有人们所处的此在单元的微观结构的合理化，没有微观秩序、微观意义、微观制度、微观行动的合理化，所谓的社会宏观结构、宏观制度等的合理化将会流于抽象与形式化。也就是说，我们这个世界不仅存在宏观领域的政治、经济、文化等问题，更有微观领域、此在单元的政治、经济、文化等问题。一方面，宏观领域的变迁会深刻影响微观领域；另一方面，微观领域又是宏观领域存在与运行的基础与现实。缺少微观领域的合作与协调，所谓的宏观变革将阻力重重。

微观领域由不同的此在单元构成，不同的微观领域、此在单元往往有其特殊性，往往具有只有身处其中的人才能真正了解或更为了解的特点、优点与问题。这也是雅各布斯为什么强调城市变革需要充分尊重传统社区、街道的作用与地位的原因。在她看来，传统社区、传统街道，是城市多样文明的重要载体，往往具有其存在的深层合理性，内含巨大的生命活力。但在现实城市变革中，体系与宏观力量往往作为一种外部力量强制性地改变、消灭这种承载着深层活力的传统社区和街道。这种忽视微观、不尊重微观的城市变迁，已经成为激发现代城市的危机与冲突的重要原因。

化解城市现代性的文化危机，尤其需要推进微观启蒙。微观启蒙主要包括两个向度。一是重视、尊重既有的微观领域、此在单元的权利与存在合理性，使宏观领域认识到微观领域的基础性、重要性；一是对微观领域本身进行启蒙，使微观领域认识到自身可能存在的问题，认识到微观领域与宏观领域必然不可分。

城市社会、城市现代性是主体-城市-文化的现实有机辩证统一过程，是人与自然在新的基础上的相互作用与统一过程。探索化解、克服城市社会、城市现代性文化危机的具体路径，离不开对主体、城市、文化、自然等问题的微观反思、现实确认。

其一，重新确认主体的有限、公共本性。主体性是变化的，在不同的时代，人的主体性具有不同的内容与特点。正如施特劳斯等所指认的，当代主体性的一个根本问题是人的个体理性、个体性发育过度，主体的公共性、有限性被主体自身所遗忘。其实，在传统社会，人们就已经意识到主体性的盲目运用会对主体本身造成危害。所以，人们通过自然禁忌、伦理禁忌等方式来限制人对主体性的乱用。但在当代科技的支持下，现代性语境下的人们日益丧失对主体性自身的反思，日益走向对主体性的乱用。人具有能动性，但在本体意义上，面对客观的自然、无限的宇宙，人又只能是一种有限的主体，需要始终在自然、环境的制约下行动。人的能动性可以一时越界,但不可能长久越界,否则必然遭遇报复、深陷危机。"关键在于我们要认识有机限制的必要性并强制实行有机限制。这意味着要用一种重视生命的目标和利益的经济来取代重视机器的大都市经济。"①对主体性本身进行反思与规范,回归有限理性、公共主体性,是克服城市现代性文化危机的必然选择。

其二,重新确认城市的多样、公共本质。城市是人的创造物,城市也塑造人的主体性。在相互塑造中,城市与人都是一种总体性与可能性的存在。"城市的主要功能是化力为形,化能量为文化,化死的东西为活的艺术形象,化生物的繁衍为社会创造力。"②但在实践中,城市与人往往成为片面、异化的存在,丧失了总体性与可能性,从而也就丧失了可持续发展的能力。城市现代性的一个根本问题是城市被片面地理解、建构为一种经济增长的工具。"将来城市的任务是充分发展各个地区,各种文化,各个人的多样性和他们各自的特性。"③"现在是回到地球上的时候了,面对生命的有机世界的富饶、多样性和创造性,而不是去躲到史后人类的小天地里去。"④对城市性本身的反思与规范,用总体性、可能性逻辑来重构城市,就成为克服城市现代性文化危机的重要选择。

其三,重新确认文化的神圣、公共本质。在芒福德看来,古代城市是神性、权力和人性的复合物,正是这种复合使古代城市得以产生⑤。在科特金看来,城市是神圣之地,以神圣性为特点的宗教是城市合理良性存在的重要基础⑥。也就是说,良性可持续的城市必然是神圣性与世俗性有机整合的城市,必然是人们对城市的公共性具有深层认同的城市。但在工业、科技、资本的左右下,不仅广义上文化的神圣性、公共性丧失殆尽,甚至相对狭义上的文化与知识领域比如教育机构也逐渐沦为经济与政治、利益与权谋的场所和工具。文化日益成为私人事务、世俗事务,人们对文化本身已经没有基本的敬畏感。一个没有神圣文化、公共文化的社会必然问题丛生。对文化性本身进行反思与规范,在新的条件下重构文化的神圣性、公共性,对化解城市现代性的深层危机具有基础意义。

---

① 〔美〕刘易斯·芒福德:《城市发展史——起源、演变和前景》,宋俊岭、倪文彦译,北京:中国建筑工业出版社,2005年,第554页。
② 同上书,第582页。
③ 同上书,第580~581页。
④ 同上书,第581页。
⑤ 同上书,第586页。
⑥ 〔美〕乔尔·科特金:《全球城市史》,汪旭等译,北京:社会科学文献出版社,2006年,第5页。

其四，重新确认自然的本体、公共本质。吉登斯认为，"都市主义的扩散将人们与自然在表层的意义上分离开来，因为人们住在人工环境里面"，而人与自然不断分离的根源，在于"资本主义与工业主义相互交换"①。在利益与个体逻辑的主导下，自然不再是人们的公共资源、公共物品，而成为拥有巨大资本与权力的所谓精英主体谋求利益、实现统治的工具。可以看到，以个体为本位的自由主义的无限扩张，使自然丧失了公共性，成为一种私有财产。但问题在于，生态与自然有其运行的内在规律，仍不受人左右的作为一个整体而运行。人与自然的分离只能是表层的，当人们对自然与生态的私人化占有与无序无度改变超越自然的限度时，自然会强制性的表现其整体性、统一性，使人类面临生态灾难并引发综合危机。虽然问题重重，但改变与修复的机会仍然存在，"一个总体性的关怀全球的体系可能被创造出来，它的目标将是把世界的生态健康作为一个整体保留下来"②。对人与自然的关系进行深层反思，重新确认自然的本体、神圣、公共特质，是化解现代性、城市现代化文化危机的必要基础。

---

① 〔英〕安东尼·吉登斯：《民族-国家与暴力》，胡宗泽、赵力涛、王铭铭译，北京：生活·读书·新知三联书店，1998年，第391页。
② 〔英〕安东尼·吉登斯：《现代性的后果》，田禾译，南京：译林出版社，2011年，第149页。

第十二章　城市社会的情感逻辑

　　当代社会发展与学术研究正在发生一种情感转向，一种从政治史、经济史、社会史等实体史向精神史、情感史的转换。以情感为重要线索的新历史学，"共感的历史学"，"期待……能够培养出比读写能力更为重要的'情感素养'……力求理解隐藏在历史人物行为背后的情感和动机"①。在一定意义上，可以说，真正的历史是情感的历史，或者说，缺少了情感因素的历史是不完整的历史。历史学的这种情感转向，深刻反映和说明了当代社会发展与社会研究的深层化，说明人的内在需要，人本身的复杂性、完整性，正在日益获得更多的关注。李泽厚先生所提出的情本体、情感本体论，虽然可以商榷，但也有巨大意义，深刻反映、契合了当代社会与研究的情感转向。

　　情感是人与世界、人与自身等关系的一种深层触发，是人性之总体性、完整性的一种内向性确立与升华。作为一种身心一体、物我一体的综合性、整体性律动，情感既不是简单的精神与认识现象，也不是简单的肉体与生理现象。人的本质具有复杂性。人不仅是一种经济、政治与社会存在，也是一种内在性的精神存在，一种综合性的情感有机体。人的精神存在是多维、多面、复杂的，情感是人的精神存在的一个重要核心内容。

　　对个体而言，情感是人作为总体性、精神存在的一个本体性内容，是人存在与行动的一种重要的本源性支撑与深层动力，是人的生存与活动具有意义与动力的重要原因。对社会而言，情感是和人有关的对象性关系在人的精神中的沉淀与凝结，情感是一个具体社会、具体共同体得以维系的重要纽带。情感一旦形成，就成为人们之间、人和对象性世界之间的一条根本纽带。情感一旦丧失，人与人之间的联系也便不复存在。

　　在个体与社会的统一中，情感的最根本问题是，作为对象性存在物，人自身的归属问题是从根本上可以把自己托付给谁的问题，是信任谁，把本体论的信任交付给谁的问题。家庭、朋友、民族、国家、人类、世界，其形成与维系，

---

① 白永瑞：《走向"共感"与"批评"相融合的新历史学》，《南国学术》2014年第2期，第112页。

第十二章　城市社会的情感逻辑

最终都离不开情感的生成。喜爱与憎恨,归属与排斥,黏合与分裂,是情感的两个基本维度。

从情感与社会的关系看,一方面,在不同的历史语境与现实条件下,情感的触发因素会有所不同,情感的内容也会有所不同;另一方面,只有当社会发展到一定程度时,人们才有条件关注作为人的内在需要的情感。一个无法安放人们情感的空间,必然走向虚无;一个没有合理情感基础的社会,必然问题频发;一种随意操控、利用人们情感的体系,必然走向崩溃。

城市化的深层、快速推进使我们进入城市现代性。城市化是一个多元、异质人口与文明要素的复杂聚集过程。城市现代性的复杂、多元、异质性推进,给人们带来了巨大的生活便利、发展红利,也使人们及社会包括人的情感世界遭遇了诸多深刻的挑战与冲突。现代性、城市现代性的推进,使人们的情感内容、情感方式、情感结构等发生了重要转换。厘清情感的历史变迁与可能走向,把握现代性、城市现代性的情感逻辑,对个人、个体,对社会、整体,都很重要。

一

人是一种总体性的存在,一种具有无限可能性的存在。情感是人作为总体性、可能性存在的一个重要构成。在这个意义上,人是一种情感性存在,情感与人的本质具有直接而密切的关联。但近现代以来,随着现代性的推进,以培根(Francis Bacon)、笛卡尔(René Descartes)、霍布斯、康德、黑格尔等为代表,人们往往更多地关注、强调人作为理性存在的意义,而相对忽视人作为情感存在的意义。以理性替代人性,虽然产生了巨大的发展与财富收益,但也造成了深刻的问题,人成为理性的机器、发展的工具、财富的奴隶、片面的存在。强调人的情感维度、情感本质,是对理性维度过度的一种纠偏。注重人的情感本质,注重从情感的维度揭示人的本质、本性,标示着社会的进步、文明的推进。对人的情感本质、情感逻辑进行揭示,存在多种维度、多种可能。可以通过比较情感与情绪、情感与理性来切入,也可以通过揭示情感的对象、内容、类型等来推进,更可以通过揭示人与情感的历史和逻辑关联来深化。

从情感与情绪的关系看,情感与情绪都是人的一种精神状态,都是人对与自身相关的对象性世界、对象性存在的一种精神反映。情感与情绪的不同在于情感更具有稳定性,情绪更多的带有即时性、非恒常性、非稳定性。在这个意义上,可以说,情感是一种稳定性的情绪,是情绪的一种沉淀。情感是人对自身与对象关系的一种更具稳定性、可预期性的精神凝结。受情绪支配与受情感左右是两种完全不同的状态。

从理性与情感的关系或者说比较看,情感与理性都是一种相对稳定的精神状态。作为一种精神性存在,理性往往可以用相对线性、秩序性、普适性的范畴、公式、原理等标示;情感则更多的具有非线性特征,很难用线性、秩序、普适性的范畴、公式、原理来表示。一方面,情感是一种稳定性的情绪、精神;另一方面,这种稳定性的运行与作用方式比理性更具有综合性、复杂性、无序性、不可知的特性。情感的点燃、消退,往往带有突然性、偶然性,往往超越理性的控制。正源于此,人们常常认为,情感具有非理性的特征,是一种非理性的存在。但这种"非理性"并不意味着情感不具有稳定性,并不意味着其运行方式是完全无序与偶然的。如果我们站在理性霸权、理性与情感相对的立场,把"非理性"作为一种否定性的价值判断使用,那么,用非理性来揭示情感,只能说明我们的所谓理性方法论存在问题,只会走向对情感的武断否定,而不能走向对情感的真正具体揭示。如果我们不是站在理性霸权、绝对理性的立场谈论问题,那么,认为情感具有非理性特征,则为揭示情感不同于理性的自身独特性,提供了一个重要起点。

在文明的较早时期,人们其实已经在用一种兼容、包容的方法与态度来认识人的本质,认识理性与情感的关系。在古希腊,人们认为,哲学是爱智慧,也就是爱与智慧的结合,情感与理性的结合。在中世纪,人们也仍然认为,人是情感与理性的统一体。"人若要得拯救即获得永生,并了解拯救之道,他就得具有爱和信仰;情感必须参与进来扮演重要角色。然而,拯救并不能通过受感觉支配的本性得来。理智要参与进来直接指导激情似的欲望,把它提升为受理性允准的欲望,即意志或意愿。"①"思想和情感……这两种方式尽管可以明确地区分开来,但它们通常一起发挥作用,只是其中一方在共同的进程中起决定作用。"②可以看到,在近代以前,人们并没有用一种理性至上的思路来认识人性,情感是人们认识人的本质时的一个内在向度。

只是到了近现代,以笛卡尔、霍布斯等为重要代表或者说起点,人们才更多地把情感与理性分开,更多地强调理性的作用,甚至走向对工具理性的强调,走向突出人的理性本质、理性维度。比如,康德就把理性、科学作为最根本的尺度,认为人的真正本质是理性,人生来具有一种先天综合判断的能力,也就是理性的能力。黑格尔则进一步把理性的地位与作用放大,认为人类的

---

① 〔美〕亨利·奥斯本·泰勒:《中世纪的思维:思想情感发展史》,第二卷,赵立行、周光发译,上海:上海三联书店,2012年,第1134页。
② 〔美〕亨利·奥斯本·泰勒:《中世纪的思维:思想情感发展史》,第一卷,赵立行、周光发译,上海:上海三联书店,2012年,第14页。

历史也就是一部理性的历史,理性是贯穿人类发展的主线,并认为,西方代表了肯定意义上的理性与进步,东方则代表着否定意义上的非理性与落后。但即使在近代,也仍然存在强调的人的情感本质的声音。比如,对亚当·斯密而言,人既是一种理性的经济存在,也是一情感的精神存在;在卢梭看来,情感是人之为人的一个基本要件,回归本真的情感是对人本身进行救赎的重要路径。可以说,强调理性、忽视情感,只是在特定的语境下,人们为了实现某一种特定目的而进行的一种暂时性选择。对人的真实存在而言,情感与理性从未分开,是人之为人的两个重要的稳定性维度。

20世纪中后期以来,一方面,科学与理性的作用与领地日益扩大;另一方面,理性对人性的压制也日益深化。在这种语境下,以反思、制约、批判理性为特点的文化思潮(比如后现代思潮)以及社会实践(比如后福特制)逐渐兴起,人们开始自觉地批判片面理性、工具理性、绝对理性,而强调有限理性、生态理性,强调人的本质与存在的总体性、可能性、情感性。比如,在列奥·施特劳斯看来,以宗教、习俗、传统为载体的情感对社会系统的稳定具有基础作用,认为霍布斯、马基雅维利等对理性和人之功利的片面强调,实际上为现代性问题的深化、为现代政治社会与政治哲学的利益化、世俗化开了一个十分不好的头。"正如后来霍布斯丢弃了智慧的本来含义,是为了确保智慧之成为现实一样,马基雅维利丢弃了善的社会或善的生活的本来含义。"[①]重新确立情感的基础地位,特别是以超越个体与世俗、通达整体与神圣为特点的情感的基础地位,对规范与解决现代性的问题具有积极的作用。

从情感与语境的关系,从情感的对象、内容、类型与作用看,情感虽然是一种精神现象,但却不是一种纯粹的精神领域的现象。情感总是处于某种环境下的情感,为某类人所拥有的情感,关于某种关系的情感,也就是归属于某种类型并具有某种功能与作用的情感。具体而言,情感具有以下特点。

其一,情感是一种地理对象性存在,总与某种空间地理相关联。地理环境、自然与社会空间,是人们生成与维系情感的重要基础。情感往往生成、依赖、归属于某种地理、某种空间,往往表现为对自身所处的地理、空间的依赖感、归属感、所有感。比如,民族情感往往体现为人们对一个共同体所处的地理家园、文化地理的热爱。民族情感如此,国家情感、宗教情感、家族情感等也是如此。在同地理语境的互动、互生中,情感在相当程度上也就是一种对具体地理空间的热爱,一种具体的空间地理情感。也正是因为情感具有深刻

[①] 〔美〕列奥·施特劳斯:《自然权利与历史》,彭刚译,北京:生活·读书·新知三联书店,2003年,第182页。

的空间与地理属性,因而人们往往以捍卫对某个空间与区域的所有权的方式来捍卫自己的民族、家庭等。失去了自身的地理空间,也就在相当程度上失去了民族情感赖以生成的感性基础、实在场域。具体的空间与具体的情感是一种双向生成的关系。一方面,在某种空间中会生成某种特定的情感;另一方面,以某种特定的情感为基础,也会促使人们去维护、生产某种特定的空间。

其二,情感是一种社会对象性存在,总与某种社会关系相关联。具体的社会与具体的情感也是一种相互生产的关系。一方面,某种社会关系的持续存在会产生某种情感;另一方面,某种情感一旦生成,也会再生产某种社会关系。不管是民族情感、家族情感、人类情感或者其他情感,情感始终具有深刻的社会性,在本质上是某种社会关系的产物,并为某种社会关系的维系、稳定服务。共同的起源、共同的经历、共同的苦难、共同的成就,往往是人们生成某种共同情感的行动论基础。情感是人们在一定的复杂竞争环境中,为了共同的生存与利益而形成的一种社会性精神纽带,情感一旦形成,就会为共同体的存在提供一种基本的可预期的精神底板,为人们提供一种基本的本体性安全,成为集体行为的深层动力。情感是社会团结、社会运行、社会动员的一种重要精神资源。正是在这个意义上,诺思的制度经济学认为,作为信任的情感为人们之间的经济等交往提供了一种低成本的运行规则。

其三,情感是一种具体的政治对象性存在,具有深刻的政治性。不管其生成的原因何在,情感都是人类社会总系统中的一种重要力量。在历史转换中,人们日益发现,情感并不是一个纯自然生成的现象,而是一个一直被人为干预,甚至被强制建构并作为工具来使用的力量。反思历史,不同的政治力量、政治体系在生成初期往往以一定的自然共同体情感为基础,比如,以民族情感、宗教情感为基础,但政治力量一旦产生,政治体系一旦形成,又往往会走向对已有的民族情感、宗教情感等所谓自然情感的变形与利用,往往把操控民族情感与宗教情感等作为维系自身政治存在合法性的重要工具。政治与情感也是一种复杂的相互生产、相互作用的关系:一方面,被政治力量所操控的情感往往成为引发政治冲突甚至战争的原因;另一方面,具有不可告人目的的政治也会成为激化情感冲突的原因。亨廷顿对文明冲突的揭示,在很大程度上也就是对宗教情感与世界政治之复杂互动关系的揭示。一部政治史,同时也是一部政治与情感的复杂关系史,一部政治被情感左右又左右情感的历史。

二

人类的历史不仅是一部政治、经济、社会的变迁史,也是一部人本身的变迁史,一部人的情感的变迁史。在不同的历史时期,人们创制了不同的政治、经济、社会、文化,也生成、创制了不同的情感。情感与文明在相互作用中不断转换。情感同人的聚集方式、生产方式、社会结构、交往方式等具有内在关联。不同的文明形态往往对应着不同的情感形态。一部世界文明史,也是一部人类情感史。与文明的形态转换基本同步,人类的情感也经历着内容与形态的转换。

在人类文明的神话时期,相对于较低的生活与生产水平,人结合为不同的氏族性共同体,以应对自然与其他氏族的挑战、竞争。在这种语境下,人的情感也就是一种没有自我的氏族感、共同感,人们在精神上、情感上把自己同氏族、共同体融为一体。这个时期,人的精神空间同社会空间、地理空间是一种融为一体、物我两忘的关系。人对自身的情感,也就是对人们所处于其中的自然和氏族的一种不加反思、不会怀疑的依赖、信任、融为一体,沉醉其中、迷狂其中。在这个阶段,人的个体意识并未发育,肉体与精神、个体与整体、人与自然,都处于混沌的统一状态,情感也就处于一种自在的特定完整状态。神话正是这种状态的一种典型反映。虽然不同的氏族往往会信仰不同的神,也会有不同的神话,但自然、自我、共同体相互交融在一起是神话的重要特点,也是人类早期情感的重要特点。神话中的神既是神,也是人;既是祖先,也是自我;既是社会,也是自然。早期的人类在这种一体化的混沌、交融的情感中生生不息、周而复始,经历了万年、数万年,甚至十数万年、数十万年。

在人类文明的帝国时期,随着农业的发展、人口的增多、社会结构的复杂、交往范围的扩大,人类的情感也发生了重要改变。帝国作为一个庞大的共同体必然要求维系这种共同体的更有包容性的神话,更有包容性的宗教,更有一致性的共同情感。与维护帝国的统一相契合,人们的精神世界逐渐从分散的神话走向统一的神话,从多神教走向一神教。在这个时代,扶持、依附于一种更具统一性的宗教与神话以建构共同的情感,是诸多帝国集体无意识式的共同选择。其中有一部分人逐渐独立出来,建立起专门的机构和体系,专门从事精神生产包括情感的营建、维系。反思历史,但凡比较好地解决了共同情感这个问题的帝国,其延续的时期会长一些,但凡没有解决好共同情感这个问题的帝国,其分裂的速度则会快一些。建构情感成为一种政治行为,作为情感载体的神话与宗教都成为一种政治。努力实现政治情感与国家情感、宗教情感的同一,努力神话自身,把自身塑造成帝国情感的象征,成为帝国首领的核心诉求。可以看到，正是在帝国文明这个阶段，情感的政治属性、政治兼容性、可塑性得以初步呈现。

在人类文明的启蒙与现代性这个阶段，商业革命、文艺复兴、启蒙运动、工业革命的来临和推进使文明进入新的阶段，也使人类情感的基础、内容、结构与存在方式发生了重要转换。印刷方式的变革，不仅标志着文字载体与传播方式的变革，更标志着人们可以以个体的方式直通宗教经典，导致了宗教情感的变革。生产方式的变革，社会流动的增加，使传统的大家庭解体，而日益采取核心家庭的形式，导致了家庭情感的变革。与机器化大生产相伴随的专业分工、人口聚集，使传统的共同体情感走向边缘，而代之以职业为基础的人与人之间的新的社会情感，甚至阶层与阶级情感。人改造自然能力的提升，也使人与自然的情感方式发生了重要变革，在自然被转换为生产资源的同时，也生成了以浪漫主义为特色的自然乡愁，一种以怀念自然的美好为特点的新的自然情感。

现代性是人们的情感出现深刻的矛盾与张力的阶段。一方面，现代性是人类情感走向丰富、分化、多样性的阶段。与社会共同体的分化相统一，情感分化为家庭情感、宗教情感、民族情感、国家情感、自然情感、职业情感等；与社会领域的分化相统一，情感分化为政治情感、社会情感、文化情感等；与社会阶层的分化相统一，情感分化为不同阶层与阶级的情感；与地域的分化相统一，情感分化为具有不同文化区域特点的情感。另一方面，现代性又是人类情感走向单一、淡化、后台运行的阶段。人们日益从工具理性、利益出发思考人与世界、存在的关系，日益走向对情感的限制、隐藏甚至漠视。理性与情感的分裂、断裂，似乎在成为现代性特点。人似乎逐渐成为一种理性与利益的存在，不再需要情感。但问题的关键在于，情感却始终作为一种潜在的力量在运行。伴随着现代性的推进，情感并未消失，只是以一种隐匿、不同于以往的方式在后台运行而已。即使是对以利益增长为直接目标的经济活动而言，人们及诸多学者——比如制度经济学的重要代表诺思——日益发现，情感是使交易可持续、可信任的一种保证，是降低交易成本所必须的。

揭示现代性本身的转换及与此相对应的人的情感的阶段性转换，对认识当代情感的特征与趋势将有所助益。

商业现代性、商业社会是现代性的第一个阶段。商业社会生成于中世纪后期。在传统的教会与领主控制的边缘与缝隙，商业开始兴起。商业的繁荣，商业城市的不断涌现，为人类文明带来了革命性变化，使人类进入商业现代性这个阶段，也使人类的情感纽带与情感内容发生了重要变化。不同于教会与领主统治下的虔诚与服从，人们在情感上逐渐远离非在世的神圣，而更多以在世、世俗的生存、享受为重要的人生目标。情感的世俗化,建立与世俗生活相统一的情感,在世俗生活中生成与寄托情感,成为情感转向的重要方向。如何解决世俗与神圣、世俗情感与神圣情感的关系,成为人们面临的情感纠结。正是在这种语境下,在西方产生了以世俗为基点,力图调和世俗利益与神圣追求、世俗情感与神圣情感关系的新教。新教逐渐成为商业革命、商业现代性语境下人们寄托情感的重要方式。同时,随着社会流动性的增加,人们日益看重家庭的作用,随着行业竞争的加剧,行会的作用也日益为人们所重视。可以说,新教组织、核心家庭、商业行会是商业现代性这个阶段的主要情感载体。以新教、核心家庭、行会为载体的情感,是商业现代性的生成物,也成为维系、推动商业现代性发展的重要纽带和力量。

工业现代性、工业社会是现代性的第二个阶段。世界的扩大、需要的拉动、技术的变革,为工业从小型作坊到大型工厂的转换提供了重要条件。诸多工业城市不断崛起,来自不同的区域与背景的人们聚集到新兴的工业城市。工业化、工业城市深刻改变了人类文明,也深刻改变了人类的情感。面对着基本相同的工作方式、工作环境与工作压力,人们逐渐生成了以工业、工厂为背景的职业情感;在同传统有产阶级与新的资产阶级的博弈中,工人们生成了自身的阶级意识、阶级情感,有产者也生成与强化着自身的阶级意识与阶级情感;同时,工业革命时期也是民族国家崛起的时期,民族国家成为工业化的重要推动力量,成为人们的重要情感载体,民族情感成为人们重要的情感内容。在工业现代性这个阶段,人们既面临着传统情感的消失与解体,也面临着新型情感的建构与生成。同过去相比,财富的归属、国家的边界、国际的格局、职业的所在,都处于变化之中,情感的载体与实现形式,比如,宗教、家庭、国家、阶层、社团、政党,都在不断发生变化,人们需要不断进行情感调适、情感重构。工业现代性是一个与人相关的外部世界大变革的时代,也是人们的情感世界遭遇大挑战的时代。一方面,情感呈现出分裂、易变、无常的特点;另一方面,在内心深处,人们总在渴望一种可以带来本体论安全、内容与形式都相对稳定的情感。

后工业社会、后现代性是现代性的第三个阶段。"被当作现代主义之激进形式而非对立面的后现代主义破坏了我们理解历史的基本观念。"[①]信息革命、城市革命、新全球化,以及后福特制、后凯恩斯主义、新古典主义、新市场主义等的推进,使这个世界包括人的情感世界发生了新的变化、遭遇了新

---

① 〔波兰〕埃娃·多曼斯卡:《普遍史与后现代主义》,陈新主编:《当代西方历史哲学读本》,上海:复旦大学出版社,2004年,第353页。

的挑战。一方面,全球交易与交往的便捷,使人类情感、人类意识日益成为一种现实,甚至成为全球商业等得以进行的客观条件,人们日益需要一种更为宏大、更具全球性的情感;另一方面,人们日常所面对的问题、所处的语境等,其实又在日益微观化,人们日益局限于有限的生活与交往圈子中,这样,生存与情感的微观化、个体化也成为一种现实与需要。宗教、政党、社团、职业、家庭甚至国家的分化与重构,都在成为一种常态。在这种背景下,在后现代社会,人类的情感必然遭遇日益加大的撕裂性张力。当吉登斯指认我们这个时代缺少本体论安全与本体论信任时,在一定程度上正深刻揭示了人们在现时代的情感处境。在这样一个时空压缩与时空延展同步加速的时代,如何安置我们的情感,日益成为一个深刻的问题。

三

反思文明与情感的历史与逻辑关联,可以发现这样几个特点或者说趋势。其一,情感是人类文明的重要构成,也是推动人类文明变迁的重要动力。情感是人类文明的重要基础性逻辑,甚至可以说,任何具体或者说物化形态的文明,都内含一种深层的情感逻辑。如果说,人类的精神需要是一个具有无限可能的领域,那么,情感则是这个领域中的一个核心构成,情感是人之所以成为可能性存在、文明性存在的一个重要原因。其二,情感是人类的一种特定精神需要,情感逻辑并不能被完全还原为经济、政治、社会等其他逻辑。尊重情感逻辑的特殊性,日益重视文明的情感内涵,日益尊重不同文明主体情感本身的多样性,日益走向不同情感的宽容性相处,是文明变迁的一个重要趋势。其三,社会发展文明程度越高,人类情感获得满足的可能性与程度也就越高。情感得到拓展、深化与满足的程度,日益成为衡量文明程度的重要标准。服务于人的情感,满足人的情感需要,开启新的情感内容,是文明变迁的重要任务。

正如列斐伏尔、苏贾等所指认的,20世纪后期以来,人类文明从工业文明加速进入城市文明这个阶段,人类正在加速步入城市现代性、城市社会。城市社会一方面为人们多样情感的生成与满足创造了诸多有利条件;另一方面,也使人类的情感内容与情感方式遭遇了深刻的危机与问题。城市社会、城市现代性对情感的影响与挑战,主要来自、表现在这样几个方面。其一,人口的结构性变化。快速而广泛的城市化使大量的异质人口聚集在相对有限的空间中。人的聚集度与聚集方式的变化,从低密度社会进入到高密度社会,必然伴随着人们情感的结构性变化。如何处理同诸多异质人口相共生的差异性情感,如何让这些差异性的情感获得归宿与满足,如何避免不同形态情感之间的矛盾与冲突,是城市社会面临的一个重大挑战。其二,财富的结构性变化。在当代城市社会,财富与产品正在进一步从相对稀缺走向相对富裕,消费特别是普通人的消费成为推动发展的重要力量。在这样一个财富与财富生产过剩的社会,人与人之间的直接依赖相对弱化,情感似乎正在成为一种可以相对随意获取,也更容易失去的对象甚至商品。这实际上导致了真实情感的稀缺。能否、如何建构真实情感,是城市社会面临的一个重大挑战。其三,空间的结构性变化。城市化的推进使人类所处的环境进一步从自然环境变成人工环境。在这样一个人工的自然社会,人们已经很难获得可以寄托情感、托物言志的客观自然、自然空间,在人化空间、人工自然中生成的情感,表现出深刻的仿真性、幻象性、机械性。生长于人工自然、人化空间之中,还能否生成真实的情感,成为一个让人们焦虑和纠结的问题。其四,交往的结构性变化。情感的生成与升华是需要时间与距离的。城市社会具有更为便捷、先进的交通与信息传播手段。当人们之间的交往变得更为容易、便捷时,特别是人们可以通过日益增多的情感产品,比如所谓的都市情感剧,来获得情感消费、情感满足时,人们是否还可能、可以、愿意去生成、培育真实、持久、浓烈的情感,便成为一个值得怀疑的问题。

如果情感还是人们存在中的一个必须的内容,那么,面对城市社会、城市文明、城市现代性的这些新挑战,就需要进行更为自觉的情感调适,以实现文明与情感、城市与情感的良性互动。城市社会、城市文明还处于进程之中,虽然我们无法具体设想城市社会的情感形态、情感方式,但参考人类情感已经走过的历史,参照文明与情感的历史变迁,在城市社会、城市现代性语境下,似乎可以从以下几个方面进行情感调适。

其一,进一步重视城市与城市社会的情感底蕴与情感逻辑。一般而言,人们往往更加注重城市的经济、政治与社会内涵,注重从政治、经济的维度发展城市,而相对忽略城市的情感属性,忽视情感对城市生成与发展的基础作用。反思城市发展史,从起源开始,城市就不仅是经济与政治的产物,也是人的情感造物。情感创制城市,城市也创制情感。在芒福德看来,"即使是最原始的城市起源形式,也要比单纯的动物性需求丰富得多"[①]。在《城市的伦理功能》的作者卡斯腾·哈里斯看来,建筑、空间与城市历来具有深刻的伦理与情感意蕴。也就是说,城市从产生起就具有深刻的情感内涵,城市是人们的情感创制,是汇集人们情感的处所,也是人们实现情感的记忆与传承的处所,

---

[①] 〔美〕刘易斯·芒福德:《城市发展史——起源、演变和前景》,宋俊岭、倪文彦译,北京:中国建筑工业出版社,2005年,第4页。

需要更加自觉地重视情感对城市存在、发展、稳定的基础作用。"我们必须使城市恢复母亲般的养育生命的功能……因为城市应当是一个爱的器官,而城市最好的经济模式应是关怀人和陶冶人。"① 充分注重城市、城市社会的情感基石、情感逻辑,对建构更为完善、和谐的城市与城市社会,具有基础意义。

其二,重新确立、努力回归、培育情感的率真性、朴素性。情感具有神圣性也具有世俗性,具有终极性也具有现实性。其终极性表现在,情感是人类与个体的本体性皈依,人作为人,其存在终究离不开情感之维;其现实性表现在,面对经济、政治、生存等挑战时,人们往往会从现实利益出发选择牺牲情感。城市社会是一个高流动性社会、高竞争性社会,在利益、权力、生存等诱惑、压力的左右下,在神圣与世俗的张力中,情感的世俗化有强化的趋势,甚至在沦为一种商品。情感的商品化,已经成为一种现实现象,这不仅表现在个体层面,有诸多个体把情感作为工具,利用自己及别人的情感来牟取利益;也表现在社会整体层面,诸多企业、公司、组织甚至宗教场所,把情感作为商品,专门从事以营利为目的的情感的生产、包装、运营、销售,其结果是造成了人们对情感的冷漠,人们的情感阀门日益提高。卢梭在现代性的初期就已经遭遇并思考过这个问题。在卢梭看来,现代社会是导致人们的情感丧失率真与朴素本质的重要原因,并希望通过回归原初社会来解决这个问题。回归原初社会或者说前社会状态,显然无从着手,但回归、反省、培育我们每个人内心仍然一息尚存的朴素情感,推进主体自身的情感启蒙,对减弱、克服情感的无限世俗化、利益化倾向,也将具有汇聚星星之火的作用。

其三,探索有利于不同情感共处、合理发展的包容性城市制度。显然,面对情感世俗化、利益化、复杂化等问题,不能仅仅依靠心性哲学、个体良心发现这个路径,还需要一种相对宏观的制度路径。城市社会日益成为一种强异质性社会,不同的异质性人口、异质性生活、异质性文化、异质性情感聚集到同一个空间中,既为城市社会带来了活力与动力,也使城市成为冲突与问题随时可能爆发的场域。如何处理不同社会群落与社会情感之间的关系,是培育一个主导性的情感,比如强化某一种宗教情感或民族情感,还是让不同的情感包容性共处,比如让不同的宗教与民族情感都自由发育,已经成为事关城市社会深层合法性的一个基础性问题。建构既有利于不同情感共处,又有利于共同情感合理生成,同时又避免情感逻辑至上化的包容性城市制度,是应对这个问题的一种现实选择。对城市制度设置而言,在处理情感问题时,

---

① 〔美〕刘易斯·芒福德:《城市发展史——起源、演变和前景》,宋俊岭、倪文彦译,北京:中国建筑工业出版社,2005年,第586页。

关键在于处理好两个问题：一是不同情感的关系，既需要尊重不同情感特别是不同情感载体，比如不同宗教的平等地位，又不能让某一种情感载体比如某一种宗教成为至上的情感载体；一是情感与社会的关系，既需要尊重情感的作用，又不能让情感成为至上的逻辑，情感非常重要，但如果走上情感唯一论、情感至上论，也会导致问题与冲突。

其四，建构有利于情感、权利平衡发展的政治与权力环境。虽然情感是人的一项基本权利，但从历史与现实看，对社会情感的干预、控制已经成为一种重要的政治工作与政治手段，而政治与经济的公开或私下结盟，则更使人们的情感处于一种被探索、被控制、被消费的状态。不管是民族情感、国家情感，还是宗教情感，在相当程度上，已经成为政治体系谋求自身的政治合法性甚至经济利益的手段，一般的民众则往往处于一种被操控了的情感所操控的状态。少数人操控情感，多数人被这种情感所操控。也就是说，人的情感权利，在实然上往往处于一种被剥夺的状态。人与人之间的情感关系，其实是一种具体的社会结构、社会阶层关系在情感领域的反映。现实中的某种情感载体，比如某种形态的宗教的受扶持或被压制的状态，往往是现实中不同利益集团的消长关系在情感领域的反映。社会越发展，越需要一种能够平衡不同利益集团关系、不同情感形态关系的公共权力。在这个意义上，没有对现实政治体系、权力结构的调整，没有政治权力的公共化、合理化，也就没有人的情感权利的真正的、合理的实现。建构一种公开、公平、公正的权力体系，既是情感权利发展的内在要求，又是实现人们之间情感权利平等的重要保障。

总之，总有一束光会引领我们，也总有一种情感可以安放我们。情感是我们可以沉浸其中、忘我于其中的一种精神状态，但情感也往往被利益、权力、欲望所操控。在日益复杂的城市社会、城市现代性语境下，真实、合理的情感不会自然来临。规范利益、欲望与权力，对合理实现情感权利，具有基本意义。

主要参考文献

《马克思恩格斯全集》,第30卷,中共中央马恩列斯著作编译局编译,北京:人民出版社,1995年。
《马克思恩格斯文集》,中共中央马恩列斯著作编译局编译,北京:人民出版社,2009年。
《马克思恩格斯选集》,中共中央马恩列斯著作编译局编译,北京:人民出版社,1995年。
〔德〕马克思:《资本论》,中共中央马恩列斯著作编译局译,北京:人民出版社,2004年。
〔古希腊〕柏拉图:《理想国》,郭斌和、张竹明译,北京:商务印书馆,1986年。
〔古希腊〕亚里士多德:《尼各马可伦理学》,廖申白译注,北京:商务印书馆,2003年。
〔德〕黑格尔:《法哲学原理》,范扬、张企泰译,北京:商务印书馆,1961年。
〔德〕黑格尔:《自然哲学》,梁志学、薛华等译,北京:商务印书馆,1980年。
〔德〕黑格尔:《精神现象学》,贺麟、王玖兴译,北京:商务印书馆,1979年。
〔德〕马克斯·韦伯:《经济与社会》,林荣远译,北京:商务印书馆,1997年。
〔法〕卢梭:《社会契约论》,北京:商务印书馆,1980年。
〔德〕马丁·海德格尔:《存在与时间》,北京:生活·读书·新知三联书店,1999年。
〔美〕比尔·麦克基本:《自然的终结》,孙晓春、马树林译,长春:吉林人民出版社,2000年。
〔美〕丹尼尔·贝尔:《资本主义文化矛盾》,严蓓雯译,南京:江苏人民出版社,2012年。
〔英〕安德鲁·海伍德:《政治学》,张立鹏译,北京:中国人民大学出版社,2006年。
〔美〕迈克尔·罗斯金、罗伯特·科德、詹姆斯·梅代罗斯、沃尔特·琼斯:《政治科学》,林震等译,北京:华夏出版社,2001年。
〔法〕亨利·勒菲弗:《空间与政治》,李春译,上海:上海人民出版社,2008年。
〔英〕安东尼·吉登斯:《民族-国家与暴力》,胡宗泽、赵力涛、王铭铭译,北京:生活·读书·新知三联书店,1998年。
〔英〕安东尼·吉登斯:《现代性的后果》,田禾译,南京:译林出版社,2011年。
〔德〕乌尔里希·贝克:《世界风险社会》,吴英姿、苏淑敏译,南京:南京大学出版社,2004年。
〔德〕乌尔里希·贝克:《风险社会:新的现代性之路》,张文杰、何博文译,南京:译林出版社,2004年。
〔美〕塔尔科特·帕森斯:《社会行动的结构》,张明德、夏遇南、彭刚译,南京:译林出版社,2003年。

〔美〕曼瑟尔·奥尔森:《集体行动的逻辑》,陈郁、郭宇峰、李崇新译,上海:上海三联书店,1995年。

〔德〕斐迪南·滕尼斯:《共同体与社会》,林荣远译,北京:北京大学出版社,2010年。

江怡主编:《理性与启蒙》,北京:东方出版社,2004年。

〔英〕齐格蒙特·鲍曼:《共同体》,欧阳景根译,南京:江苏人民出版社,2003年。

〔美〕约翰·麦克里兰:《西方政治思想史》,彭淮栋译,海口:海南出版社,2003年。

〔美〕迈克尔·林奇:《科学实践与日常活动:常人方法论与对科学的社会研究》,邢冬梅译,苏州:苏州大学出版社,2010年。

〔美〕威廉·A.哈维兰:《文化人类学》,瞿铁鹏、张钰译,上海:上海社会科学院出版社,2006年。

〔美〕A.J.M.米尔恩:《人的权利与人的多样性——人权哲学》,夏勇、张志铭译,北京:中国大百科全书出版社,1995年。

〔美〕罗纳德·德沃金:《认真对待权利》,信春鹰、吴玉章译,北京:中国大百科全书出版社,1998年。

〔美〕列奥·施特劳斯:《自然权利与历史》,彭刚译,北京:生活·读书·新知三联书店,2003年。

〔美〕约翰·菲尼斯:《自然法与自然权利》,董娇娇、杨奕、梁晓晖译,苏苗罕、张卓明统校,北京:中国政法大学出版社,2005年。

〔美〕塞缪尔·亨廷顿:《文明的冲突与世界秩序的重建》,周琪、刘绯、张立平、王圆译,北京:新华出版社,2010年。

〔法〕克洛德·莱维-斯特劳斯:《结构人类学》,第二卷,俞宣孟、谢维扬、白信才译,上海:上海译文出版社,1999年。

万俊人主编:《20世纪西方伦理学经典(IV)——伦理学前沿:道德与社会》,北京:中国人民大学出版社,2005年。

〔德〕恩斯特·卡西尔:《人论》,甘阳译,上海:上海译文出版社,1985年。

〔英〕阿诺尔德·汤因比著,D.C.萨默维尔编:《历史研究》,刘北成、郭小凌译,上海:上海人民出版社,1997年。

〔美〕斯塔夫里阿诺斯:《全球通史:从史前史到21世纪》,下,董书慧、王昶、徐正源译,北京:北京大学出版社,2005年。

〔德〕斯宾格勒:《西方的没落》,第二卷,吴琼译,上海:上海三联书店,2006年。

〔美〕威廉·麦克高希:《世界文明史——观察世界的新视角》,董建中、王大庆译,北京:新华出版社,2003年。

〔美〕坎迪斯·古切尔、琳达·沃尔顿:《全球文明史——人类自古至今的历程》,陈恒、李若宝、谭顺莲、汤艳梅、奚昊杰译,上海:格致出版社,2013年。

〔美〕丹尼斯·舍曼、A.汤姆·格伦费尔德、杰拉尔德·马科维茨、戴维·罗斯纳、琳达·海伍德:《世界文明史》,李义天、黄慧、阮淑俊、王娜译,李义天统校,北京:中国人民大学出版社,2012年。

〔美〕杰里·本特利、赫伯特·齐格勒:《新全球史》,魏凤莲译,北京:北京大学出版社,2007年。

〔英〕诺曼·戴维斯:《欧洲史》,郭方、刘北成等译,北京:世界知识出版社,2007年。

〔美〕菲利普·拉尔夫等:《世界文明史》,赵丰等译,北京:商务印书馆,1998年。

〔美〕亨利·奥斯本·泰勒:《中世纪的思维:思想情感发展史》,赵立行、周光发译,上海:上海三联书店,2012年。

〔英〕凯·安德森、〔美〕莫娜·多莫什、〔英〕史蒂夫·派尔、〔英〕奈杰尔·思里夫特主编:《文化地理学手册》,李蕾蕾、张景秋译,北京:商务印书馆,2009年。

〔法〕保罗·克拉瓦尔:《地理学思想史》,郑胜华、刘德美、刘清华、阮绮霞译,华昌宜校,北京:北京大学出版社,2007年。

〔美〕大卫·哈维:《希望的空间》,胡大平译,南京:南京大学出版社,2006年。

〔美〕戴维·哈维:《后现代的状况——对文化变迁之缘起的研究》,阎嘉译,北京:商务印书馆,2003年。

〔美〕戴维·哈维:《巴黎城记》,黄煜文译,桂林:广西师范大学出版社,2010年。

〔美〕戴维·哈维:《叛逆的城市:从城市权利到城市革命》,叶齐茂、倪晓晖译,北京:商务印书馆,2014年。

〔美〕里德:《城市》,郝笑丛译,北京:清华大学出版社,2010年。

〔美〕约翰·J.马休尼斯、文森特·N.帕里罗:《城市社会学:城市与城市生活》,姚伟、王佳译,北京:中国人民大学出版社,2016年。

〔美〕保罗·诺克斯、史蒂文·平奇:《城市社会地理学导论》,柴彦威、张景秋译,北京:商务印书馆,2005年。

〔英〕A. E. J. 莫里斯:《城市形态史》,成一农等译,北京:商务印书馆,2011年。

〔美〕刘易斯·芒福德:《城市发展史》,宋俊岭、倪文彦译,北京:中国建筑工业出版社,2005年。

〔美〕刘易斯·芒福德:《城市文化》,宋俊岭、李翔宁、周鸣浩译,郑时龄校,北京:中国建筑工业出版社,2009年。

〔美〕凯文·林奇:《城市意象》,方益萍、何晓军译,北京:华夏出版社,2001年。

〔美〕凯文·林奇:《城市形态》,林庆怡等译,北京:华夏出版社,2001年。

吴良镛:《广义建筑学》,北京:清华大学出版社,2011年。

薛凤旋:《中国城市及其文明的演变》,北京:世界图书出版公司,2010年。

〔英〕帕特里克·格迪斯:《进化中的城市——城市规划与城市研究导论》,李浩等译,邹德慈校,北京:中国建筑工业出版社,2012年。

〔英〕埃比尼泽·霍华德:《明日的田园城市》,金经元译,北京:商务印书馆,2010年。

〔法〕勒·柯布西耶:《光辉城市》,金秋野、王又佳译,北京:中国建筑工业出版社,2011年。

〔法〕勒·柯布西耶:《明日之城市》,李浩译,北京:中国建筑工业出版社,2009年。

〔法〕勒·柯布西耶:《人类三大聚居地规划》,刘佳燕译,北京:中国建筑工业出版社,2009年。

〔美〕简·雅各布斯:《城市经济》,项婷婷译,北京:中信出版社,2007年。

〔加拿大〕简·雅各布斯:《美国大城市的死与生》,金衡山译,南京:译林出版社,2006年。

〔美〕简·雅各布斯:《城市与国家财富》,金洁译,北京:中信出版社,2008年。

〔美〕Edward W. Soja:《后大都市:城市和区域的批判性研究》,李钧等译,上海:上海教育出版社,2006年。

〔美〕Edward W. Soja:《第三空间——去往洛杉矶和其他真实和想象地方的旅行》,陆扬等译,上海:上海教育出版社,2005年。

〔美〕皮特·N.斯特恩斯等:《全球文明史》,上,赵轶峰等译,赵轶峰校,北京:中华书局,2006年。

〔英〕伊丽莎白·伯顿、琳内·米切尔编著:《包容性的城市设计:生活街道》,费腾、付本臣译,北京:中国建筑工业出版社,2009年。

〔丹麦〕扬·盖尔:《人性化的城市》,欧阳文、徐哲文译,北京:中国建筑工业出版社,2010年。

〔美〕理查德·瑞杰斯特:《生态城市伯克利:为一个健康的未来建设城市》,沈清基译,北京:中国建筑工业出版社,2005年。

〔美〕保罗·诺克斯、琳达·迈克卡西:《城市化》,顾朝林、杨兴柱、汤培源译,北京:科学出版社,2009年。

〔比利时〕亨利·皮雷纳:《中世纪的城市》,陈国梁译,北京:商务印书馆,2006年。

〔美〕爱德华·格莱泽:《城市的胜利》,刘润泉译,上海:上海社会科学院出版社,2012年。

〔美〕斯皮罗·科斯托夫:《城市的形成:历史进程中的城市模式和城市意义》,单皓译,北京:中国建筑工业出版社,2005年。

〔美〕科特金:《全球城市史》,汪旭等译,北京:社会科学文献出版社,2006年。

〔美〕丝奇雅·沙森:《全球城市:纽约 伦敦 东京》,周振华译,上海:上海社会科学院出版社,2005年。

〔美〕布莱恩·贝利:《比较城市化》,顾朝林译,北京:商务印书馆,2010年。

〔美〕卡斯腾·哈里斯:《建筑的伦理功能》,申嘉、陈朝晖译,北京:华夏出版社,2001年。

〔美〕保罗·M.霍恩伯格、林恩·霍伦·利斯:《都市欧洲的形成:1000—1994年》,阮岳湘译,北京:商务印书馆,2009年。

〔美〕Michael J. Dear:《后现代都市状况》,李小科等译,上海:上海教育出版社,2004年。

〔美〕詹姆斯·E.万斯:《延伸的城市:西方文明中的城市形态学》,凌霓、潘荣译,北京:中国建筑工业出版社,2007年。

〔英〕彼得·克拉克:《欧洲城镇史:400—2000年》,宋一然、郑昱、李陶、戴梦译,宋俊岭校,北京:商务印书馆,2015年。

〔美〕简·德·弗里斯:《欧洲的城市化:1500—1800》,朱明译,北京:商务印书馆,2015年。

Henri Lefebvre, *Writings on Cities*, Oxford, Blackwell Publishers Ltd., 1996.

Stuart Elden, etc., *Henri Lefebvre Key Writings*, New York, Continuum, 2003.

Henri Lefebvre, *The Urban Revolution*, Minneapolis, University of Minnesota Press, 2003.

Andrzej Zieleniec, *Space and Scial Theory*, Los Angeles, SAGE Publications Ltd., 2007.

David Harvey, *Social Justice and the City*, London, Edward Arnold (Publishers) Ltd., 1973.

Des Gasper, *The Ethics of Development*, Edinburgh, Edinburgh University Press Ltd., 2004.

后 记

21世纪以来的十年,我主要从事城市哲学的教学与研究。随着时间推移,日益觉得,一方面,城市是一个高复杂性问题,任何一个现有学科都不足以单独承担起揭示城市本相的重任,城市研究需要多学科的交汇。这也是我们不断参与、组织多学科研讨,并努力学习、获取多学科方法与资源的重要原因。另一方面,城市研究尤其需要人文、哲学、伦理的视角。在一个计量方法兴盛,日益注重通过大数据把握变化和行为趋势的时代,人们会发现总有一些东西是计量、量化研究所无法呈现的。随着城市社会的推进,人文与哲学视角的重要性将日益凸显。

近十年来进行城市探索的成果主要收录在两本书中,一是已经出版的《空间与城市哲学研究——人文城市学(第一卷)》,一是这本《城市社会的哲学自觉——人文城市学(第二卷)》。第一本更为注重"空间与城市",侧重对城市进行空间哲学反思;第二本更注重"城市社会",侧重把城市作为一个社会性、人文性、伦理性的整体看待。之所以把"人文城市学"作为两书的副标题,是希望强调用经过反省、反思的人文性、人本性进行城市研究。在这样一个效用化、效率化、经济化、物质化日益强盛的城市时代,强调有约束、有反省的人文性、人本性,尤为必要。

十年前,我国的城市哲学研究、人文城市学蹒跚起步;十年后,我国的城市哲学、人文城市学研究蓬勃兴盛、渐入佳境,开始产生跨学科及社会影响。有幸和诸多学界同仁一起参与、共同见证了我国城市哲学、城市人文学的韶华十年。相信并期待,在大家的共同努力下,伴随我国城镇化进程、城市社会的不断成熟,我国的城市哲学、人文城市学研究将迎来下一个十年韶华。

本书的文字已经发表于我国的诸多期刊。为了成书,对文章的标题等作了修改,对所涉及的诸多期刊及编辑表示衷心的感谢。本书得到了国家哲学社会科学基金后期资助项目的支持,对国家哲学社会科学基金办公室及各位专家评委的支持与厚爱表示衷心的感谢。在编辑出版过程中,复旦大学出版社的编辑为本书的修改、完善提出了非常中肯而有价值的意见,对他们的辛勤付出表示衷心的感谢。

图书在版编目(CIP)数据

城市社会的哲学自觉:人文城市学.第二卷/陈忠著. —上海:复旦大学出版社,2020.9
ISBN 978-7-309-15136-7

Ⅰ.①城… Ⅱ.①陈… Ⅲ.①城市学-研究 Ⅳ.①C912.81

中国版本图书馆 CIP 数据核字(2020)第 109550 号

城市社会的哲学自觉:人文城市学.第二卷
陈　忠　著
责任编辑/陈　军

复旦大学出版社有限公司出版发行
上海市国权路 579 号　邮编:200433
网址:fupnet@fudanpress.com　　http://www.fudanpress.com
门市零售:86-21-65102580　　团体订购:86-21-65104505
外埠邮购:86-21-65642846　　出版部电话:86-21-65642845
上海四维数字图文有限公司

开本 787×1092　1/16　印张 11.75　字数 205 千
2020 年 9 月第 1 版第 1 次印刷
印数 1—2 100

ISBN 978-7-309-15136-7/C·396
定价:58.00 元

如有印装质量问题,请向复旦大学出版社有限公司出版部调换。
版权所有　　侵权必究